KB117149

어쩌다
한국인

대한민국 사춘기 심리학

어쩌다
한국인

허태균 지음

중앙books

나는 누구인가에 대한 물음, 그것 때문이다

"도대체 심리학이 왜 이렇게 인기가 있어요?"

최근에 심리학자인 필자가 가장 많이 받는 질문이다. 심리학이 인기가 있다니, 기분 좋은 질문인 동시에 매우 어렵고 조심스러운 질문이다. 20여 년 전만 해도 제일 많이 받던 질문이 "심리학 같은 거 해서 뭐해서 먹고사냐?"였다.

필자의 가장 친한 학과 동기는 당시 심리학을 공부한다는 이유로 사랑하던 애인과 헤어졌다. 심리학 전공이 속된 말로 비전이 없다고 애인의 부모가 반대했기 때문이다. 하지만 이제 심리학과는 대학 입시에서 의대에 버금갈 만큼 최고 경쟁률을 자랑하는 학과가 되었다. 베스트셀러의 상당 부분이 심리학 관련 책이라는 사실과 최근에 불고 있는 인문학 열풍의 중심에 항상 심리학이 언급되는 것을 보면, 한국 사회에서 심리학에 대한 인식과 관심이 엄청나게 향상된 것이 분명하다. 도대체 왜 이런 일이 일어나고 있나?

 사람들은 심리학에 대한 자신의 관심을 그저 심리학이 흥미롭고 재미있기 때문이라고 얘기한다. 하지만 자신과 아무런 관련이 없는데도 특정 학문과 그 지식 자체를 궁금해하고 관심을 가지고 탐구할 정도로 순수하게 학구적인 사람은 세상에 그리 많지 않다. 오히려 자신이 가진 의문들에 대한 해답을 그 학문이 알려주기 때문에 흥미로운 것이다. 결국 사람들도 심리학이 자신과 관련되어 있다고 믿기에, 자신이 궁금해하는 질문에 답을 제공해줄 것이라 믿기에 심리학이 재미있는 것이다.

 심지어 심리학자들조차도 '순수한 학문적 관심보다는 자기 자신의 문제를 해결하려고 심리학을 공부한다'는 자조적 농담을 한다. 심리학에는 전통적으로 지각심리·발달심리·성격심리·사회심리·임상심리학과 같은 세부 전공이 있는데, 지각심리학자는 지각이 없는 사람들이요, 발달심리학자는 발달장애자들이며, 성격심리학자는 성격 파탄자들이고, 사회심리학자들은 반사회적이고, 임상심리학자들 중에 정상은 없다라고 한다(농담이다. 혹여 필자가 왜 사회심리학을 하는지 절대 오해하지 말길 바란다). 심리학이 원체 인간의 본질을 다루는 학문이다 보니, 자기 인생에 대한 스스로의 고민이 심리학 탐구의 원동력이 된다는 뜻일 게다.

그렇다면 그 많은 한국 사람들이 현재 심리학을 통해 알고 싶어 하는 것은 도대체 무엇일까? 바로 '나는 누구인가?'에 대한 답이다. 지금까지 자신이 해온 것이 무슨 가치가 있고, 현재 자신의 존재와 의미에 대한 혼란스러움과, 미래에는 무엇을 위해 살 것인가에 대한 의문이 가득 차 있는 사람들이 해답을 심리학에서 찾고 있는 것이다. 그런 한국 사람이 모여 사는 한국 사회는 묻고 있다. 나는 누구인가?

대한민국은 몇 살일까?

한 국가의 발달과정을 심리학적 관점을 통해 한 인간의 발달과정으로 이해해보는 것은 충분히 흥미로운 일이다. 한 개인은 태어난 순간부터의 신체적 나이와 심리행동 특징을 통해 발달심리 관점에서 어떤 단계에 속하는지 판단한다. 너무나 다양한 요인과 변수가 존재하기에 그것을 단순화하는 일은 쉽지 않지만, 같은 논리들로 한국 사회가 심리적으로 몇 살인지를 추정해보면 한국 사회는 지금 한창 사춘기를 겪고 있다. 바로 질풍노도의 시기를 통과 중이다.

우선 한국의 나이를 추정해보자. 어떤 사람들은 한국 사회의 기원을 한민족의 역사로 보고 2017년을 단기 4350년으로 부르면서 반만년의 역사를 강조하기도 한다. 또 어떤 사람들은 일제강점기에 국권을 잠시 상실한 시기를 제외하면, 지금의 한국 사회가 조선시대를 계승한 것이라고 인식하기도 한다. 모두 나름 일리가 있는 의견일 수 있겠지만, 심리학적으로 보면 현재의 한국 사회는 한국 전쟁 이후에 새로 시작되었다고 보는 게 더 합당하다. 물론 과거의 유교 가치관과 관습적 요인들이 일부 남아 있기는 하지만, 사실 지금 한국 사회의 모습에서 근대 이전의 모습을 찾아보기는 힘들다. 이 책을 읽고 있는 독자들도 마찬가지일 것이다. 과학기술의 발전에 의해 더욱 편리하고 윤택해진 의식주의 변화는 어쩔 수 없다고 하더라도, 우리 조상들이 가지고 있던 가치와 행동, 삶의 모습을 보존하고 간직한 사람은 얼마 되지 않는다. 더구나 현대 문명의 편리함을 포기하면서까지 전통을 유지하고 있는 사람은 더욱더 찾기 어렵다. 하지만 과연 과거의 그것들은 다 미개하고 열등하고 잘못된 것이므로 사라지는 것이 당연한 걸까?

이제 우리 일상에서 한복은 없어진 지 오래고, 일 년에 단 하루라도 한복을 입는 사람 역시 그리 많지 않다. 우리에게는 너무나 당연해 보이는 이 현상은 동남아, 중동, 일본, 아프리카의 수많은 나라들이 일상에서 여전히 자신들의 전통의상을 즐겨 입는다는 사실을 고려하면 그리 당연할 수 없다. 더구나 현재 즐겨 입는 정장과 같은 일상의 옷들이 반드시 더 편한 것도 아니다. 결혼식에서 신부가 하얀 웨딩드레스를 입는 것은 세상에서 그 옷이 가장 아름답기 때문일까? 가난 때문에 결혼식을 못 올린 신부들은 웨딩드레스를 입지 못해 한이 맺혔다고 하는데, 재밌게도 한복을 못 입었거나 폐백을 못 했다고 한이 맺혔다는 얘기를 들어본 적은 없다. 어떤 옷을 입어야 한다는 현재의 신념은 과거 우리 조상들과 다른 어떤 옷을 입어야 한다는 생각과 크게 다르지 않을 것이다. 그냥 옷만 바뀐 것뿐이다. 결국 우리의 삶에서 전통 가치와 삶은 사라져버린 것이다. 우리는 과거의 삶이 불편하고 덜 발전된 것이기에 새롭게 바꾸는 것이 당연하고 필연적이라고 스스로 합리화하지만, 그게 반드시 사실도 아니다. 더 중요한 것은 그런 어려움에도 불구하고 유지되는 것이 진정한 전통이며 가치다. 그럼 언제, 왜 우리는 그 가치들을 다 잃었을까?

일제강점기와 한국 전쟁을 겪으며 한국 사회는 극한의 상황까지 몰렸다. 일제강점기는 무려 35년 동안 이어졌다. 1930년대 한국인의 평균 수명은 40세도 안되었을 것으로 추정된다. 즉, 그 시대의 우리 조상들은 거의 한평생을 일제강점기에서 살았다는 얘기다. 일제가 우리 조상들의 고유문화와 정신을 파괴하기 위해 갖은 짓을 다 했다는 사실을 고려할 때, 당시 사람들이 느꼈을 정신적 가치의 혼란과 상실은 어마어마했을 것이다. 게다가 광복 직후에 터진 3년이 넘는 한국 전쟁은 한국인의 정신세계에 마지막 직격탄을 날려버렸다. 한국전쟁은 다른 나라와의 싸움도, 다른 민족과의 싸움도 아니었다. 외부의 적으로부터 자신이 가지고 있는 그 어떤 무언가를 지키기 위한 싸움이 아니었다. 같은 민족끼리 낮과 밤, 아침저녁으로 피아가 뒤바뀌는 동족상잔의 전쟁이었다.

이런 지옥 속에서 문화·정신·전통적 가치를 지킬 수 있는 사람은 극히 드물다. 유일한 목표는 자신과 가족의 생존이 될 수밖에 없었고, 그 생존을 위해서는 뭐든지 할 수 있게 된다. 아무리 고매한 가치와 정신을 지닌 사람이라도 극단적인 배고픔 앞에서는 쓰레기통을 뒤질 수밖에 없다. 처음이 힘들 뿐, 그것 또한 익숙해지고 만다. 전쟁이란 그래서 무서운 것이다. 인간을 극한까지 몰아넣고, 절대 하지 못할 것 같은 행동을 결국 하게 만들기 때문이다. 전쟁 당시 대부분의 한국인들의 정신은 그 단계까지 갔었다. 그 이전의 한국 사회를 지배하고 있던 수많은 가치는 더 이상 그들의 심리와 행동에 중요한 영향을 미치지 못하게 된 것이다. 그래서 한국인의 심리는 극심한 진통을 겪으며 그때 다시 탄생되었다.

이렇게 탄생한 한국은 혼돈의 신생아기를 거쳐 폭풍같이 성장하는 유아기를 지나면서 지난 70년 동안 물질적으로 엄청난 성장을 해왔다. 그나마 한국인의 문화와 정신 깊숙이 자리해 잊히지 않았던 일부 가치들은 아마도 아이가 원래부터 가지고 태어나는 유전자와 같은 역할을 했을 것이다. 훌륭한 유전자와 환경적 요인의 조합으로 한국은 마치 날마다 성장하는 아이처럼 잘 성장했다. 그리고 그 폭풍 성장기를 막 끝내고 이제는 질적 변화를 모색하는 사춘기에 접어들고 있다. 지금 우리가 겪고 있는 갈등은 우연이 아닐 수도 있다. 한반도의 대표적 통일국가인 고려와 조선은 각각 475년과 518년간 유지됐었다. 대한민국의 수명을 대략 500년 정도로 예상해보면(당연히 영원히 계속되길 바라지만) 한국 사회는 현재 시기적으로 중학교 1학년인 만 12세에 해당한다. 딱 사춘기가 시작할 때다.

눈에서 레이저가 나오는 한국

아이를 키워본 부모는 자녀의 중학생 시기가 가장 어렵다는 것을 안다. 실제로 필자의 아내가 중학교에 다니던 아들에게 뭐라 꾸짖을 때, 아들의 눈에서 레이저가 나오는 걸 본 적이 있다. 이런 얘기도 있다. 북한에 핵무기가 있다면, 우리에겐 중 2가 있다고. 청소년기에는 남성과 여성호르몬의 수준을 통제하는 내분비계의 변화에 따라 성적인 충동과 신체적인 변화가 엄청나게 일어나고, 이런 급격한 변화로 인해 정신적 혼란이 극대화된다. 이 시기는 신체적으로는 이미 성인에 가깝고 성인들만의 전유물로 알았던 성욕과 사회적인 정의 욕구가 무섭게 일어나지만, 아직 사회적으로는 그 역할과 행동 규범이 충분히 성숙하지 않은 상태다. 그래서 이 시기에 대부분의 청소년들은 부모, 친구, 사회와의 갈등을 경험하고 자존감의 위기, 불안, 우울 감 등을 호소한다. '누가 건드리기만 해봐'라며 잔뜩 웅크리고 있는 맹수처럼 분노를 가득 품고 있다.

이 모든 혼돈은 '나는 누구인가'의 답을 찾는 과정이다. 심리학에서 가장 넓게 인용되는 8단계 심리발달 단계를 제안한 에릭 에릭슨 Erik Erikson은 12세에서 18세에 해당하는 청소년기에 '정체감 대 역할 혼미'의 과제를 경험하게 된다고 주장했다. 바로 이 시기에 '나는 누구인가?'를 고민하고, 혼란의 시간을 경험함으로써 일관되고 가치 있는 자아정체감을 깨닫게 된다는 것이다.

최근 한국 사회를 보면 바로 이런 모습을 볼 수 있다. 짧은 시간 동안 유례없는 경제 성장을 이루어 전 세계 수많은 나라들이 배우고 싶어 하는 세계 10위권의 경제 대국이 되었지만 동시에 OECD 국가 대비 국민행복지수 역시 최하위, 사회적 갈등 지수는 2위, 자살률은 11년째 부동의 1위다. 세계 여러 국가를 여행해보면 한국만큼 각종 인프라가 잘 갖춰진 나라를 찾기도 쉽지 않은데, 아이러니하게도 한국 사회는 헬조선, 7포세대 등의 불만들로 가득 차 있다. 또 사회 전반에 불신이 만연해 있는데, 최근 일어난 각종 사건과 스캔들에 대한 국민들의 반응을 보면, 누구 하나 걸리기만 하면 아주 생매장을 시켜버리겠다는 듯 달려드는 모습을 보인다. 과거에 대한 평가가 첨예하게 대립하고, 채워지지 않는 현재의 욕구에 대한 불만으로 가득 차 있으며, 미래에 대한 불안에 짓눌린 모습은 사춘기 청소년의 전형적인 모습이다.

그래서인지 최근 한국인과 한국 사회에 대한 평가는 극에서 극을 달린다. 2015년 화제가 되었던 경희대 임마누엘 페스트라이쉬 교수의 《한국인만 모르는 다른 대한민국》은 한국 사회와 한국 문화의 무한한 가능성을 극찬하고 있다. 그런데 이와는 정반대로, 프랑스인 에리크 쉬르데주가 한국 대기업에서 10년간 임원으로 일했던 경험을 바탕으로 쓴《한국인은 미쳤다》는 제목 그대로 한국 사회와 한국인의 모습을 이해할 수 없다고 얘기하고 있다. 이렇게 한국을 경험한 외국인의 시각이 아니더라도 한국 사회 내부에서도 스스로에 대한 평가가 첨예하게 대립하고 있다. 이런 정체성 혼란이 바로 사춘기의 전형적인 모습인 것이다.

심리발달의 관점에서 한국 사회를 해석해 본다면 지금의 한국 사회가 경험하는 혼란과 갈등은 어찌 보면 그리 잘못된 것이 아니다. 발달과정에서 당연히 경험해야 하는 것이며, 주어진 과제에 도전하지 않고 아무런 고민 없이 지나가는 것이 오히려 발달장애의 원인이 될 수 있다. 사춘기를 충분히 경험하지 않은 청소년은 성인이 된 후에 정체감위기identity crisis를 경험하게 되는 것이다. 필자의 은사이신 고려대 한성열 교수는 이것을 '지랄 총량의 법칙'이라고 하셨다. 인생에서 해야 하는 지랄의 총량은 정해져 있고, 어차피 언젠가는 하게 되니까 그냥 청소년 때 하는 게 낫다고 얘기해주셨다. 구구절절 가슴에 와 닿는 옳은 말씀이다.

어찌 보면 한국 사회도 지랄 맞은 사춘기를 겪고 있는 것뿐이다. 문제는 이런 혼란의 사춘기가 아무리 꼭 거쳐야 하는 발달단계라 할지라도, 모든 청소년이 사춘기를 무사히 잘 넘기며 건강한 정체감을 형성하지는 않는다는 것이다. 사춘기를 어떻게 겪느냐에 따라 멋진 청년으로 성장할 수도 있지만, 일탈의 길로 빠져서 스스로를 포기한 실패자나 반사회적인 범죄자로 성장할 수도 있다. 그래서 지금의 사춘기는 미래 한국 사회의 청년·중년·노년기를 위한 결정적이고 중요한 순간이다.

멋진 청년 대한민국을 꿈꾼다

이 책은 이런 한국 사회와 한국인의 정체감 '나는 누구인가?'를 찾기 위한 노력이다. 한국 사회의 정체감에는 다양한 사회·경제·제도·문화적 측면이 있겠지만, 이 책을 통해 한국인의 마음, 그것들이 모여서 이루는 한국 사회를 심리적인 측면에서 해석해보려고 한다. 이런 해석은 본질적으로 가치중립적이어야 한다. 즉 '한국인은 누구인가?'에 대한 답은 그것이 무엇이 되었든 옳고 그름이라는 평가의 대상이 아니어야 한다. 세계에서 가장 가난한 나라 중 하나에서 세계 10위권의 경제 대국을 이루었고, 평균 수명이 40세도 안되던 한국인들이 너무 오래 살아서 걱정하는 시대를 만들었다. 이제는 세계 어디를 여행해도 멋진 자연경관을 빼고는, 물질적으로 그리 부러워할 만한 나라를 찾기도 힘들어졌다. 이 모든 것이 바로 한국인이기에 가능했다. 그러니 '한국인은 누구인가'에 대한 답은 본질적으로 긍정적이어야 한다.

하지만 폭풍 성장기를 잘 보내온 이런 한국인의 본질이 과연 미래의 청년·중년·노년기에도 유효할지는 또 다른 문제다. 인간에게는 인생의 발달단계를 초월해서 본질적으로 변하지 않는 성격과 본성도 있지만, 사춘기와 같은 시기를 겪으며 바뀌고 새롭게 형성되는 모습도 있다. 한결같은 것뿐만이 아니라 나이에 맞게 성숙해져가는 변화역시 반드시 필요하다. 그런 미래의 멋진 청년으로 성장하기 위해서, 현재 한국 사회와 한국인들의 본질을 있는 그대로 정확히 파악하고자하는 것이 이 책을 쓴 목적이다.

물론 본질을 파악하려는 노력의 과정에서 현재 한국 사회의 혼란과 고통 그리고 부정적인 측면이 많이 언급될 것이다. 하지만 이러한 언급이 결코 한국 사회와 한국인을 비난하거나 깎아내리려는 의도가 아니라는 것을 독자들이 이해해줬으면 좋겠다. 이미 언급했듯이 현재 한국 사회와 한국인의 본질은 바로 지난 70년간 엄청난 발전을 이끌어온 원동력이었다.

혹시 누군가 한국 사회가 지금 사춘기인 것을 증명 또는 검증할 수있느냐고 질문한다면 그 질문은 잘못된 것이다. 필자는 오히려 그에게 이렇게 물을 것이다. 당신의 자녀가 사춘기인 것을 어떻게 증명할수 있냐고. 그냥 연령, 지난 인생의 경험, 현재의 행동 특성 등을 종합적으로 유추해서, '음, 사춘기네.'라고 해석하는 것이다.

이 책은 주체성, 가족확장성, 심정중심주의, 관계성, 복합유연성, 불확실성 회피라는 6개의 문화심리학적 개념을 근거로, 한국 사회의 다양한 사회적 현상들을 분석, 해석해보았다. 이 6개의 문화심리학적 개념은 필자가 연구책임으로 2012년에 수행한 '한국인 연구'에서 160여 개의 국내 논문과 저서, 200여 편의 국외 논문, 100여 편의 한국인에 대한 일본 연구 자료를 종합 분석하여 추출한 것이다.

부족하지만 필자가 알고 있는 심리학적 지식을 총동원해서, 관찰 가능한 현상들을 자료로 한국 사회를 문화·사회심리학적인 틀에서 분석하고 진단하려고 노력했다. 최대한 객관적이고 합리적인 분석이 되도록 학자로서 나름 노력했지만, 어쩔 수 없이 필자의 개인적이고 주관적인 해석이 상당 부분 포함되어 있음을 미리 밝힌다.

이 책에 적힌 필자의 해석에 그 어떤 부족한 부분과 멋대로인 부분이 있더라도, 우리 한국 사회가 멋진 청년으로 성장해서 풍성한 중년을 보내고 여유로운 노년을 맞이했으면 하는, 필자의 대한민국과 한국인을 향한 열정과 애정으로 이해해주길 바란다.

사춘기를 멋지게 보낸
필자의 두 아들만큼,
멋진 청년 대한민국을 기대하는

저자 허태균

목차

서문

4   나는 누구인가에 대한 물음, 그것 때문이다

프롤로그

22   행복한 지옥에서 살래? 지루한 천국에서 살래?

30   이상한 나라의 삐딱한 심리학

43   지루한 지옥이 기다리고 있다

Koreanism 1 **주체성**

'내가 한턱 쏜다'에 숨겨진 본심

57   **맡겨주면 신이 나는 한국인**

     싼 강연 비싸게 듣기 ㅣ 성공이 실패보다 나쁠 때 ㅣ 게으르고 무능한 리더가 필요하다 ㅣ
     마지막엔 뭉치기라도 해야지

70   **내가 누군지 알아! 갑질의 정체감**

     이 세상에 영원한 을은 없다 ㅣ 갑질에 빠진 사회 ㅣ '내가 누군지 알아?'에 숨은 심리 ㅣ 사
     랑하는 척만 하면 된다 ㅣ 오가는 현금 속에 싹트는 갑을관계

85   **국민 모두가 판사인 나라**

     왜 사법부는 국민의 상식에 어긋나는 판결을 내리는 걸까? ㅣ 얼마나 위험을 감수할 수
     있는가? ㅣ 어떤 사법 오류는 참을 만한가? ㅣ 판사, 지가 뭘 알아? ㅣ 착한 권위, 나쁜 권위
     따로 있다?

Koreanism 2 **가족확장성**

한국형 국가 모델: 큰아버지와 조카?

107   **군자는 그냥 하늘에서 떨어지지 않는다**

낙타가 바늘구멍을 지나는 것만큼 어려운 일 | 어버이 같은 지도자가 최선일까? | 제레미 코빈은 어떤 선택을 할까? | 한국에서 군자로 살아가기 | 리더를 수입해야 하는 미래?

123   **가족 같은 군대란 가능한가?**

군대, 문제는 사람이다! | 불합리한 명령에도 복종해야 하나? | 내가 니 아버지 군번이다 | 인권으로 과연 해결될까?

139   **넌 누구야? 사장 나와!**

세월호 사고에서 우리가 놓쳤던 것 | 사건이 클수록 두목이 사과해야 한다 | 정당화될 수 없는 좌절의 연속 | 그래서 결국 대통령이다

Koreanism 3 **관계주의**

나쁜 놈 잡으면 끝인 사람들

161   **'밥 먹었니?'와 '밥 안 먹었니?'**

기술의 언어와 소통의 언어, 우리의 선택은? | 미팅에서 블랙커피가 먹히는 이유 | 한국적 불통의 본질 | 리더는 여자처럼 얘기해야 한다

175 **나쁜 놈보다 더 나쁜 문제해결 방식**

죽일 놈 하나만 찾으면 된다 ㅣ 너무 인본주의적인 한국 사회? ㅣ 그 많던 분노는 어디로
갔을까

185 **일본은 왜 사과하지 않을까?**

일본 사람들이 아베 정권을 싫어하는 이유 ㅣ 집단 속에 사람을 잊는 일본인 ㅣ 그래서 우
린 더욱 사과가 필요하다

Koreanism 4 **심정중심주의**

한국인의 진심 확인법

206 **가난이 대물림 되는 진짜 이유**

아무리 빌어도 성적이 오르지 않는 이유 ㅣ 인고의 착각은 왜? ㅣ 두 아들 중에 누가 더 행
복할까? ㅣ 추락하는 중산층에 날개는 없다 ㅣ 광이나 팔면서 쉴 줄 알아야 한다

222 **왜 한국의 교육이 문제인가?**

'노오력'이 필요한 이유 ㅣ 지성이면 감천일까? ㅣ 노력의 함정에 빠진 대한민국 ㅣ 쉬운
수능의 딜레마

236 **노는 것도 진심을 다할 수 있다**

우리는 과연 없어서 불행할까? ㅣ 왜 일할수록 가난해질까? ㅣ 결핍의 사회와 성숙의 사
회 ㅣ 못 놀아서 생긴 병이 더 안 논다고 고쳐질까? ㅣ 창의성은 수단이 아니다

254 태어날 때부터 가진 자들의 외로움

남이 하면 상속, 내가 하면 자식사랑 ┃ 재벌은 아무나 하나? ┃ '왕자의 난'은 숙명인가? ┃ 실패할 기회조차 없는 사람들 ┃ 사도세자의 운명 ┃ 금수저로는 혼자 먹게 된다 ┃ 왕관을 쓰려는 자, 그 무게를 견뎌라?

Koreanism 5 복합유연성

한국인이 유독 포기를 싫어하는 이유

284 지킬 것이 없는 한국 사회

종교의 자유 뒤에 숨은 진실 ┃ 목숨보다 소중한 것 ┃ 성공의 비결? 다 바꿔! ┃ 한국이 절대 망할 일은 없겠지만…

302 포기하기 싫어하는 한국인에게 정치란?

능력 있는 군자? 안철수 ┃ 정치 코미디가 반복되는 까닭은? ┃ 혼혈의 성공과 순혈의 실패 ┃ 군자가 욕심을 부리면

316 칭찬에 춤추는 고래가 행복할까?

자사고의 잘못인가? ┃ 꼴찌가 없는 나라의 행복한 교육을 위하여 ┃ 고래를 춤추게 하는 방법 ┃ 포기를 권장하자 ┃ 한국의 축제가 망하는 이유

Koreanism 6 **불확실성 회피**

안 보일까 봐 불안한 사람들

339 정의를 책으로 사는 한국인

CCTV는 사랑을 싣고 | 한국인에게 정의란? | 공정하기만 하면 될까? | 무엇이든 증명해낼 수 있다? | 수치화할 수 없는 것들 | 불공정을 감수할 용기

359 때리고 맞는 걸 좋아하는 한국 사회

처벌에 꽂힌 한국 사회 | 추구하는 삶과 예방하는 삶 | 인센티브가 불편한 사람들 | 평가를 무력화시켜라 | 절벽 끝에 선 사람들 | 언제까지 때릴 건데?

378 인문학은 그런 게 아니다

왜 우리는 '왜'라는 질문을 못 할까? | 기술에 열광하고 경험을 잃어버린 사회 | First mover가 되고 싶고다고? | 인간이 다시 중요해질 수밖에 없는 이유

394 **에필로그**

400 **감사의 글**

프롤로그

행복한 지옥에서 살래?
지루한 천국에서 살래?

//

미치도록 한국에 돌아오고 싶었다

20여 년 전 필자가 유학을 떠날 당시의 대한민국은 지금과 비교하면 너무나 부족한 것이 많았다. 지금의 1인당 국민소득GNI의 4분의 1 정도 수준인 8,000달러를 간신히 넘었던 그때의 우리 사회는 없는 것, 부족한 것투성이였다. 아파트와 자가용은 많은 국민에게 그림의 떡이었고, 겨울에는 난방이 약했고, 여름에는 에어컨이 귀했으며, 기본적인 생활 이외에 지출할 여력이 있는 사람도 많지 않았다. 때문에 모든 면에서 아끼고 절약하는 것이 생활화되어 있었다. 청바지를 살 때나 냉장고를 살 때, 소고기를 사 먹는 등 외식을 할 때, 하다못해 아이스크림을 하나 사 먹을 때도, 그것을 할 수 있는 사람과 없는 사람의 격차 문제가 부각됐었다. 하지만 그에 반해 미국은 모든 면에서 너무나도 풍족한 사회였다. 웬만한 생활필수품과 삶을 편리하게 해주는 물건들은 이미 대부분의 국민들이 소유할 수 있었고, 또 소유하고 있었다. 그 당시 아무 수입이 없어서 미국 사회에서 빈민층에 속했던 유학생들마저도 기본적인 생활을 하는 데 불편이 없었고, 많은 경우에 한국에서의 삶보다 훨씬 윤택했다.

그런데도 나는 유학시절에 한국이 그렇게 그리웠다. 물론 부모님과 친구들이 살고 있고, 편하게 한국말로 소통할 수 있는 조국이 그리운 마음도 컸다. 하지만 25년 동안 한국에서 전형적으로 키워지고 교육받은, 뼛속까지 한국 사람인 필자에게 미국 사회는 너무나 지루했다. 풍부한 물자와 잘 갖추어진 인프라, 사회적 합의와 명시된 규칙에 따라 예측 가능하게 돌아가는 미국 사회는 스트레스가 적고 평화롭고 편안한 삶의 환경이었다. 아마 그런 환경을 찾아 한국인들을 포함한 전 세계의 많은 사람이 미국으로 이민을 갔을 것이다. 하지만 이런 물질적, 정신적 평화와 여유로움은 곧 나를 지루하게 만들었다.

미국은 몇몇 대도시를 제외하고 해가 지면 돌아다니는 사람이 거의 없을 정도로 거리가 한산했고, 대부분의 사람들이 저녁과 주말이 되면 가족과 함께 잔디구장이 완비된 공원에서 운동이나 피크닉을 즐겼다. 차선을 바꾸기 위해 방향지시등만 켜면 대부분의 차들은 비켜주었고, 널찍한 주차장에서 서로 양보하며 살아갈 수 있었다. 공공기관, 학교, 식당, 병원에서 만나는 사람들은(최소한 표면적으로는) 서로 친절하고 배려했으며, 그 관계들은 대부분 예측 가능한 범위에서 합리적으로 이루어졌다. 미국으로 대표되는 서구 사회의 키워드는 '예측 가능성'이고, 그래서 일관성과 합리성이 중요한 덕목이자 평가의 기준인 것 같았다.

하지만 바로 이 예측 가능성이 나를 질리게 만들었다. 내가 살던 한국은 아무리 대낮에 진지하고 올곧고 점잖은 사람이라도 밤에는 폭탄주를 강권하고 만취해서 갖은 추태를 부리는 이중성을 가지고 있었다. 차선을 바꾸기 위해 방향지시등을 켜면 양보는커녕 더욱 속도를 높이는 옆 차와 치열한 경쟁을 해야만 끼어들 수 있었으며, 주차장에서는 안내원의 지시를 따르기보다는 무시하기 일쑤였다. 공공기관이나 병원, 학교, 일상에서 순서와 원칙보다는 각종 연결고리와 변칙이 더 잘 통했다. 같은 사람이 가정에서 아버지로서, 밖에서 친구로서, 직장에서 상사와 직원으로 보여주는 모습이 너무나 달라도, 그것을 당연하게 여기는 것이 바로 한국 사회였다.

이런 한국 사회에서 예측 가능성과 일관성, 합리성은 오히려 지루하고 유도리가 없는 고지식함으로 여겨졌다. 언제나 규칙을 준수하고, 교통법규를 따르며, 원리원칙대로 일처리를 하고, 지나치게 우직한 사람을 보면 속이 터질 정도로 답답했다. 실제로 그런 사람이 사회적으로 그리 성공하지도 대인관계가 원만하지도 않은 사회였다. 그런데도 나는 이런 한국 사회가 너무 그리웠다. 삶 자체의 질은 너무나도 빈약하고 힘들고 고될지언정 그 삶은 역동적이며 재미있었고, 말 그대로 '사람 사는 맛' 같은 느낌이 들었다. 그런 이유로 토종 한국인인 나에게 미국은 지루한 천국이었고, 한국은 행복한 지옥이었다. 마침내 유학생활을 끝내고 한국에 돌아왔을 때 나는 너무 행복했다. 공항에서 나오자마자 지나가는 버스에서 나오는 매연(그때 당시는 모든 버스들이 천연가스가 아닌 디젤을 사용했다)을 맡는 순간, 나는 흐뭇한 미소와 함께 중얼거렸다. "바로 이거야…."라고.

누가 헬조선을 만들고 있나

이랬던 한국이 최근 표면적으로는 행복한 지옥에서 지루한 천국으로의 변화를 꾀하고 있는 것이 분명하다. 지금의 한국 사람들은 예측이 가능한 사회, 즉 법리와 규범, 원칙이 지배하는 합리적인 사회를 원하고 있다. 이전의 우리 사회의 모습을 비합리성, 부패, 혼란, 무질서로 인식하여 그보다 좀 더 합리적이고 원칙대로 운영되는 사회를 이루어야 한다고 주장한다. 그런데 그런 이상적인 사회는 어떻게 이루어질까? 많은 학자, 전문가가 아무리 사회과학적 지식이나 각종 어려운 용어로 정의하고 돌려서 얘기해도 그 답은 하나다. 바로 우리 사회의 구성원, 즉 한국 사람 한 명 한 명이 원칙과 규범을 따르면서 합리적이고 일관되게 예측 가능한 행동을 하면서 살면 바로 그런 사회를 이룰 수 있다.

하지만 대부분의 사람은 그들이 속한 사회의 문제에 대해 논할 때, 자신은 예외로 간주하고, 제3자의 관점에서 매우 점잖고 중립적인 논평을 내놓는다. 우리 사회는 '문제가 많다', '원칙이 없다', '편법이 난무한다', '부패했다'라는 식의 평가를 서슴지 않고 한다. 때로는 한국 사람들에 대해서도 '질서의식이 없다', '학연이나 지연에 연연한다', '이중적이다' 등의 자학적 단죄를 내린다. 이렇게 우리 사회 대부분의 구성원이 문제의 원인은 자기가 아니라 다른 데에 있다고 탓한다면, 그 문제가 어떻게 한국 사회에 만연할 수 있을까? 모든 사람이 질서를 지키는데도 무질서한 사회가 가능할까? 즉, 모든 사람이 원칙과 규범을 따르는데, 어떻게 예측 불가능한 사회가 만들어졌느냐는 말이다. 사회 구성원 대부분이 주장하는 대로 그들이 소신을 지키며 사는데도 일관성 없는 사회가 만들어지는 까닭은 무엇일까?

이런 모순점에 대해 한국 사람 대부분은 자신은 그렇지 않은데, 일부 나쁜 사회지도층이나 정치인 같은 사람들이 사회를 망친다고 얘기한다. 하지만 이런 논리가 진실이 되려면, 그런 부정적인 모습은 뉴스에서나 가끔 볼 수 있는 사건에 그치고, 시간이 지나면 사라지는 쪽으로 수렴되어야 한다. 하지만 그런 현상이 지속적으로 너무 자주 일어나고, 더구나 대부분의 국민이 일상에서 경험할 정도로 광범위한 현상으로 나타나고 있다는 사실은 결국 일부 소수만의 문제가 아니라는 얘기다. 실제로는 가정에서 좋은 남편이자 자상한 아버지인 사람 중 상당수가 집 밖에서는 폭탄주를 강권하고, 성매매를 하고, 뇌물을 받고, 탈세를 하고, 비리를 저지른다. 일부가 아닌 대다수의 운전자들이 양보는 하지 않고 서로를 욕하며, 신호를 위반하며, 잠깐이라도 불법

주차를 한다. 정치인과 검찰, 경찰과 같은 권력층의 비리를 욕하는 사람들도 자신이 조금이라도 억울한 일을 당했다는 느낌이 들거나 자신의 이익을 지키기 위해서라면 가족, 친척, 친구, 심지어 친구의 친구를 찾는다. 이런 모순들은 착각이라는 인간의 본성에 비추어 보면 너무나 당연하고, 그래서 비난할 일은 아니다.

물론 착각을 넘어, 자신의 행동을 합리화할 명분은 누구나 가지고 있다(고 믿는다). 자기가 먼저 시작하지 않아서, 단지 손해 볼 수는 없어서, 가족을 위해서 어쩔 수 없이, 누가 시켜서, 자신은 그래도 덜한 편이라고 얘기한다. 그러면서 누군가 바꿔주길, 상대방이 먼저 바뀌길 기다리며, 자신이 손해를 보지 않는 세상이 오면 그때는 원칙을 지키고 규범을 따르며, 자신의 소신과 일관되게 살 거라고 얘기한다. 개인적인 측면에서 보면 전혀 근거 없는 이야기는 아니다. 한 개인과 사회의 관계라는 관점에서, 사회적 존재인 인간이 사회의 영향을 받는 것은 너무나 당연하다. 하지만 한 사람이 자신을 제외한 5,000만 한국인의 영향을 받을 때, 다른 사람에게 자신은 그 영향을 주는 5,000만 명 중에 하나다. 자신을 제외한 5,000만 한국인에게 자신은 바로 영향을 주는 사회 그 자체인 것이다. 그럼에도 사람들은 자신이 얘기하는 그 사회를 자신이 구성하고 있다는 사실을 종종 잊는다.

진정으로 우리 사회가 지옥이 된 이유를 일부 소수의 사람 탓으로 돌리고 싶다면, 우리 자신이 한국 사회에서 아무런 영향력도 없는 시시한 존재라는 것도 받아들여야 한다. 그래서 항상 다른 사람들이 영향을 미치는 대로 끌려 다니는 소신 없는 존재라는 것을 인정해야 한다. 과연 우리 사회는 90퍼센트의 착한 국민들이 10퍼센트의 악마들이 만들어놓은 지옥에서 허우적대고 있는 걸까? 우리 사회는 대부분의 국민들이 전혀 원하지 않는 지옥 한가운데로 어쩔 수 없이 떠밀려들어와서 살기에, 진정 그렇지 않은 천국으로 바뀌길 원하는 걸까?

한국 사회를 행복한 지옥으로 만든 사람은 바로 우리 한국 사람들 스스로다. 결코 누군가가 몰래 만들어놓은 함정에 우리가 억지로 빠져서 살고 있는 것은 아니다. 우리 사회의 모든 것은 바로 우리가 만들었다는 사실을 넘어서, 그냥 우리 자신의 모습이다. 한국인 한 사람 한 사람이 행복한 지옥을 만들고 있다는 걸 알면서 일부러 만들었다기보다는 그 한국 사람들이 모이고 모여 그들의 역동성 속에서 자생적으로 만들어진 것이다.

한 개인으로서 인간의 유전자와 한 마리 원숭이의 유전자는 98퍼센트가 일치한다고 한다. 그 작은 2퍼센트의 차이가 현재 전 세계의 70억 인구뿐만 아니라 인류 역사의 모든 인간의 수만큼 누적될 때, 그 누적된 차이가 바로 인간 전체와 원숭이 전체의 지적 차이를 만들어내는 것이다. 게다가 단순 누적이 아니라 그 상호작용과 증폭효과까지 계산한다면, 사실은 한 인간과 한 원숭이의 차이가 아닌 인간 세상과 원숭이 세상 사이의 엄청난 차이는 그 2퍼센트의 차이로 충분히 설명이 된다. 대수롭지 않을 것 같은 우리 한국 사람들의 별것 아닌 능력, 작은 특성, 사소한 선호, 자그마한 편향, 의미 없는 습관은 바로

5,000만의 증폭효과를 통해 우리가 살고 있는 행복한 지옥을 만들어왔다. 그리고 그 속에서 우리는 모두 죽지 못해 살아온 게 아니라, 비교적 행복하게 살아왔다. 실제로 우리의 할아버지, 할머니와 부모님들은 지옥같이 힘들었을지 모르지만 인생을 역동적으로, 신나게 나름 보람 있게 살아왔다. 그런데 어느 순간부터 이런 '행복한 지옥'에서 '행복'이 떨어져나가기 시작했다. 왜? 바로 사춘기가 시작된 것이다.

이상한 나라의 삐딱한 심리학

//

세상 어디에도 없는 우리만의 심리

한 명의 한국 사람과 미국 사람, 유럽 사람, 아프리카 사람, 일본 사람, 중국 사람의 차이는 그리 크지 않을 수도 있다. 그래서 20세기 후반이 시작될 때까지만 해도, 심리학자들(대부분의 서구 심리학자들)은 인간에 대한 문화 차이에는 크게 관심을 가지지 않았고, 아예 인정하려 하지도 않았다. 그래서 서구의 심리학을 중심으로 인간을 이해하는 게 당연했고, 그런 심리학을 한국과 같은 다른 문화권에도 충분히 적용할 수 있을 것이라고 믿었다. 이 당시 동양의 많은 심리학자들은 그들의 연구결과가 서구로부터 얻어진 기존의 연구결과와 일치하지 않으면, 뭔가 잘못됐다고 생각하고 다시 연구해보는 겸손함을 가지고 살았다. 그런데 20세기 후반에 들어서면서 상황은 변하기 시작했다. 점점 다양한 문화권에서 서구의 심리학적 이론들을 검증할 기회가 생기면서, 기존 서구의 연구결과와 다른 결과들이 점차 축적되기 시작했다. 또한 서구 기업들의 세계 진출이 급증하면서, 다른 문화권에 대한 좀 더 정확하고 구체적인 심리학적 이해가 산업적인 측면에서 중요해졌다. 이때부터 특히 서양과 동양 간에는 문화적 차이가 분명 존재하며, 그 문화적 차이는 곧 사람들의 심리적 차이를 반영한 것이라는 주장이 주류 심리학계에 받아들여지기 시작했다. 사실 이때는 한국의 많은 학자들이 서구로 유학을 가서 서양 지도교수의 지도하에, 동양과 서양을 비교하는 연구들로 박사학위를 받고, 한국에 돌아와서도 비슷한 형태의 연구를 주로 하던 시대였다. 즉, 서구의 이론이 동양에서 얼마나 잘 적용되는지를 확인하는 작업이었으며, 결국 여전히 서구의 이론적 틀에서 동양을 이해하려는 관점을 벗어나지 못했다고 볼 수 있다.

그 대표적인 예가 바로 문화 간 차이를 연구하는, 비교문화심리학 분야 최고의 슈퍼스타인 '개인주의 대 집단주의individualism vs. collectivism'의 개념이다. 개인을 타인으로부터 분리된 하나의 독립된 주체로 인식하는 서양 문화권에서는 개인의 자아실현을 궁극의 가치로 보며, 개인의 자유, 권리, 선호 등을 중시한다. 반면에 개인을 독립된 존재가 아닌 집단에 소속된 구성원으로 인식하는 동양 문화권에서는 집단 속의 조화, 화합을 궁극적인 가치로 여기며, 개인의 의무와 책임을 강조한다는 관점이다. 서양과 동양을 비교한 연구들 중에 이 관점에서 벗어난 연구가 거의 없었을 정도로 개인주의 대 집단주의 개념은 과거뿐만 아니라 현재에도 동서양을 이해하는 데 중요한 역할을 해왔다. 실제로 이러한 관점은 동양과 서양을 이해하는 데 큰 도움이 되었으며, 동서양 간의 심리적 차이가 분명 존재하고 그러한 연구가 가치 있다는 인식을 만드는 데 엄청난 기여를 했다. 이런 학문적이고 현실적인 인식과 필요성을 바탕으로, 그때부터 다양한 비교문화 이론들이 제안되어왔다. 모두 다 그런 것은 아니지만, 이런 이론들의 대부분은 서구의 학자들이 '우리는 이런데, 왜 동양인은 안 그러지?'라는 질문을 서양 심리학자의 관점에서 설명하려는 노력의 결과였다. 그래서 동양을 서양의 반대로 놓고, 다소 부정적으로, 때로는 모호하게 기술하는 한계를 가져왔다. 하지만 이러한 연구와 이론들의 가장 큰 문제점은 서구(특히 미국) 문화가 아닌 수많은 나라를 그냥 하나의 동양으로 묶었다는 점이다. 그들 눈에 아마 동양인들은 다 비슷해 보였을 것이다. 원래 인간은 자신이 속한 집단 내에는 다양한 사람들이 살지만, 다른 집단에는 비슷비슷한 사람들이 산다고 믿는다. 한국 사람들한테 "한국 사람들은 피부색이 다 노래요?"라고 물으면, 대부분은 이렇게 대답할 것이다. "뭐, 노란 사람도 있고, 좀 하얀 사람도 있고, 되게 까만 사람도 있어요."라고. 하지만 우리는 아프리카 사람을 그림으로 그릴 때는 너무나도 쉽게 까맣게 그린다. 실제로 아프리카에는 수많은 다양한 색깔의 피부색을 가진 사람이 사는데도 불구하고 말이다. 이런 현상을 사회심리학에서는 '외집단 동질성 효과outgroup homogeneity effect'라고 부른다. 우리가 서양 사람들을 볼 때 모두 비슷비슷하게 보여 잘 구분하지 못하는 것과 마찬가지로, 서양 심리학자들 눈에도 동양인들은 모두 비슷비슷하게 보였을 것이다. 충분히 이해가 된다.

더구나 그 당시 서양 심리학자의 외국인 제자들 중 상당수가 일본 유학생이었고, 또 하나 주목할 것은 그때 서구(특히 미국)와 비교하는 연구자료를 수집하기에 가장 용이한 나라가 일본이었다는 점이다. 중국은 공산화되어 미국인은 접근할 수도 없는 국가였고, 한국에는 심리학자의 수가 얼마 되지도 않았다. 다른 동남아 국가들은 말할 것도 없었다. 그러니 초기 동양과 서양을 비교한 대부분의 연구들은 일본과 미국을 비교한 것에 그쳤고, 이를 바탕으로 동양인을 이해하기 위해 만들어진 이론들은 사실상 일본인을 이해하는 데는 큰 도움이 되었을 것이다. 실용적인 측면에서도 당시 일본이 이룬 경제성장이나 미국 국제정치에서 일본이 차지한 비중을 감안해보면, 그들이 알고 싶었던 것은 아마 일본 중심의 동양 문화 정도였을 것이다.

하지만 이건 분명 문제가 있다는 것을 우리는 너무나도 잘 알고 있다. 일본인과 한국인이 얼마나 다른지, 더 나아가 과연 일본 문화가 아시아의 문화를 대표하며, 일본인이 아시아인(최소한 동북아시아인)의 전형적인 모델인지에 대해서 절대 동의할 수 없다. 단순히 반일감정에 근거한 것이 아니다. 한국과 일본을 모두 경험한 외국인들이나 수많은 한국의 학자들, 심지어 일본 학자들도 한국인과 일본인은 너무나 다르다고 주장한다. 한국 사람들은 '일본인에 비해' 더 역동적이고, 활달하고, 정이 많다고 말이다. 이런 모호한 미사여구가 아니더라도, 일본에서 연구년을 보냈던 필자의 눈에도 일본인과 한국인의 차이가 확연히 보였다. 진짜 신기한 건 일본의 어떤 도시에서도 선글라스를 쓴 사람을 찾아보기 힘들다는 것이다. 비가 많이 내리는 일본은 한국보다 햇빛이 강한 날이 많은데도 어느 누구도 선글라스를 끼지 않는다. 또 흥미로운 점은 일본의 식당에는 공깃밥이 없다는 사실이다. 한국처럼 미리 밥을 퍼서 담아놓는 경우를 한 번도 보지 못했다. 만약 여행객으로 일본에서 쇼핑한 제품에 대한 면세혜택을 받으려면, 최소 10분에서 20분은 바보같이 기다릴 각오를 해야 한다. 대형 쇼핑센터나 상점에 가도 이들은 직접 손으로 제품의 품목과 가격을 기록하고, 도장을 몇 번이나 찍고, 또 뭘 적고, 고이 접고, 여권에 풀로 붙이고, 또 스테이플러로 찍고, 돈을 반드시 돈 접시에 담아서 준다. 이 모든 과정들을 기다리다 보면 미치고 펄쩍 뛰게 된다. 전철에서는 신기할 정도로 휴대폰 벨소리가 들리지 않고, 전화를 걸고 받는 사람도 없다. 쓰나미로 바다에 휩쓸려 떠다니던 할머니가 구조되고 나서 한 첫마디는 바로 "폐를 끼쳐서 죄송합니다."였다. 진짜 이상한 게 한두 가지 아닌 나라다. 한국인인 필자가 보기에는….

이런 삶의 모습과 일상적 행동에서의 차이는 제도나 법 때문이 아니다. 오히려 제도와 법은 그 구성원들의 가치와 생각을 바탕으로 만들어지는 것이다. 그 가치와 생각의 차이가 바로 문화심리적 차이다. 한국 사람과 일본 사람, 중국 사람은 서양 심리학자들이 생각했던 것만큼 비슷하지 않다. 그래서 한국 사회와 한국인을 이해하기 위해서

는 서양 심리학자가 주가 되어 일본인과 미국인을 비교해서 만든 이
론들을 뛰어넘는 무언가가 필요하다. 물론 이런 주장이 인간으로서의
보편적인 공통점, 동양인으로서의 특성을 결코 가볍게 보자는 얘기가
아니다. 어쩌면 한국인의 심리를 구성하고 있는 마음의 98퍼센트는
서구의 사람들, 일본인들, 중국인들과 똑같을지도 모른다. 하지만 유
전자 2퍼센트의 차이가 인간과 원숭이를 구별 짓는 것처럼, 한국인 마
음의 2퍼센트가 한국인을 한국인답게, 한국 사회 고유의 특징들을 만
들 수 있다는 얘기다.

모든 사람들이 신체적으로나 정신적으로 서로 99.9999퍼센트가
같다고 해서 모두 같은 사람이라는 말에는 어느 누구도 동의할 수 없
을 것이다. 나는 나다. 그것을 언제, 어떻게 보여줄 수 있느냐와는 상
관없이 당연히 나는 다른 사람과 구분되는 고유한 존재라고 믿는다.
한국인을 제대로 이해하려면 바로 그런 인식이 필요하다. 한국인은
다른 문화, 다른 나라의 사람들과 구별되는 고유한 심리적 특성이 있
기에 한국인이고, 그들이 모여 사는 여기가 바로 한국 사회인 것이다.

대한민국은 지금 질풍노도 사춘기다?

모든 사람은 고유의 유전자적 특성을 가지고 태어난다. 물론 부모로
부터 절반씩의 유전자를 물려받으니, 그 조상들과 부모, 형제와 당연

히 공유하는 부분이 있다. 하지만 분명한 것은 이 세상에 똑같은 유전자를 가진, 그래서 똑같이 생긴 사람이 한 명도 없을 정도로(소수의 일란성 쌍둥이를 제외하고는) 그 고유성은 너무나 명확하다. 동시에 모든 사람이 겪는 경험과 그 경험의 역사 또한 고유하다. 같은 부모를 가진 형제도 태어난 시기에 따라 다른 경험을 하고, 다른 사람을 만나며 산다. 심지어 일란성 쌍둥이도 형과 동생, 언니와 동생이라는 차별적 지위를 가지고 산다. 서로 다른 이름으로 불리며, 다른 인상을 형성하며 산다. 쌍둥이들의 유사성에 대한 연구결과를 보면, 유전자가 100퍼센트 일치하는 일란성 쌍둥이들은 입양 등의 이유로 서로 다른 부모 밑에서 다른 환경에서 키워져도 성격, 지적 능력, 정신 질환 등에서 높은 유사성을 보여준다는 연구결과가 많다. 하지만 이들 어떤 연구에도 그들이 완벽하게 일치했다는 연구결과는 없다. 즉, 모든 사람들은 타고난 유전자의 바탕 위에 자신만의 경험과 역사를 통해 고유한 특성을 형성하게 되는 것이다.

한 사회의 문화도 마찬가지다. 비슷한 역사적 배경과 유전적 유사성을 가진 한 사회의 구성원들은 한 시대를 같이 살아가면서 동일한 역사적 사건들을 경험하며 유사한 심리적 특성을 발전시킨다. 그리고 그런 경향성들이 모이고 상호작용하여, 그 사회의 문화적 특성을 만들어내는 것이다. 일반적으로 이런 문화적 특성은 그 사회 속에 살고 있는 사람들보다는 외부의 사람들에 의해 더 잘 인식된다. 구성원들의 심리적 특성을 반영한 문화적 현상들은 그 구성원들에게는 너무나도 당연하게 여겨지면서, 마치 인간이라면 당연히 그래야 하는 것처럼 보이기 때문이다. 큰 찌개를 하나만 시켜놓고 다 같이 나누어 먹는 모습, 외환위기가 닥쳤을 때 한마음이 되어 금모으기 운동을 하는 국민들, 노후자금을 모두 털어서 자녀의 사교육비와 대학등록금을 대는 부모, 경조사에 별로 친하지도 않은 사돈의 팔촌, 친구, 회사동료까지 모두 참석하지만 정작 식장에서 결혼을 축하하는 데는 관심 없고 피로연 식당에 더 많은 사람이 앉아 있는 모습. 이런 모습들은 외국 사람들에게는 너무나 낯설고 이해하기 힘든 풍경들이다. 그래서 그들 눈에는 선명하게 보여도, 우리는 느끼지 못하고 산다.

그런데 한 사회의 문화심리적 특성이 그 구성원 스스로에게도 잘 느껴지는 시기가 있다. 바로 그 사회가 질적인 변화를 추구하고 그것을 시작하려 하고 있을 때다. 마치 번데기가 껍질을 벗고 나비가 되는, 올챙이가 개구리로 변하는 순간, 양적 성장을 넘어서 어느 순간에 질적 변화를 경험하게 되는 과도기에는 과거의 당연했던 모든 것이 당연하지 않게 느껴진다. 인간에게 바로 이런 순간 중에 하나가 사춘기다. 유아기와 아동기의 폭풍 성장을 지나, 이제 전혀 느껴본 적 없었던 욕구와 변화를 직면하면서 과거의 존재에 대한 인식과 부정이 시작되는 것이다. 이 순간에는 자신이 해온 것들, 자신의 현재 모습에 대한 비판이 강해지고, 그 부정적인 인식이 곧 미래의 변화와 성장의 시작점과 동력이 된다. 한국 사회는 지금 그런 사춘기를 경험하기에 지금까지 한국 사회를 발전시켜온 바로 그 특성들, 너무나도 당연하게 여겨온 것들을 강하게 인식하기 시작했다.

하지만 그 특성들은 결코 잘못된 것들이 아니다. 사실 사춘기의 청소년들은 자신의 과거와 현재, 또 자신과 주변의 모든 것을 부정적으로 보는 경향이 있다. 이는 새로운 자기를 찾기 위해 겪는 당연한 현상이다.

지금 부정적으로 인식된다고 과거나 현재 그리고 주변의 모든 것이 그 인식만큼 결코 나쁜 것일 리 없다. 어찌 보면 그들의 존재 자체가 그 모든 것들이 얼마나 필요하고 중요한 것들이었는지를 보여주는 것이다. 그런 것이 없었다면 그런 부정적인 인식과 고민을 하고 있는 자신 자체가 존재할 수 없다. 오히려 새로운 자기를 찾아 나설 자신감과 여유를 가질 수 있으면 그 과거가 바로 미래의 자산이 될 수 있다. 현재 한국 사회가 지옥같이 느껴지는 이유도 바로 이와 같다. 세상의 수많은 나라는 한국과 같은 시기에 비슷한 어려움을 겪었지만, 한국과 같이 성장하지는 못했다. 이들은 아직 사춘기에 들어서지도 못했고, 과거를 부정할 인식도 아직 가질 수 없다.

그래서 지금 우리가 인식하고 있는 우리의 특성은 그 자체로 나쁜 것도 좋은 것도 아니다. 다만 이상하게 느껴진다. 왜? 한국 사회의 엄청난 사회경제적 발전에 비해 우리의 정신세계는 그보다는 조금 천천히 변하고 있기 때문이다. 이는 마치 2차 성징과 같은 신체적 변화는 이미 왔는데, 정신적으로는 아직 어린아이와 같은 천진함을 가지고 있는 것과 같다. 이건 자연스러운 문화적 지체lag 현상이다.

이미 그 사회에 만연해 있는 문화와 가치는 그 자체의 관성을 가지고 있어서 쉽게 바뀌지 않는다. 그래서 한때 절실히 필요해서 만들었던 전통들도 시간이 지나면 쓸데없는 구습처럼 보이고, 그런 과정을 통해서 전통은 약화되어 가는 것이다. 그래도 이런 문화적 지체가 오히려 그 반대현상보다는 낫다. 신체적으로는 아직 어린이인데, 정신적으로는 중년이라면 그 애늙은이는 어쩌겠는가?

어차피 이 시기에는 신체와 정신이 분리와 갈등을 겪게 되어 있다. 그러니 스스로를 극단적으로 부정하거나 무조건적으로 미화하는 것도 어찌 보면 사춘기의 증상이다. 한국인에 대한 불만을 가득 품은 국민들이, 외국에 나가면 애국자가 되고 한국에 대한 약간의 부정적인 평가에도 발끈하는 것은 바로 그 때문이다. 이는 꼭 거울을 볼 때마다 자신의 모습에 불만에 가득 차서 이렇게 낳아준 부모를 욕하면서도, 조금이라도 자신의 외모를 지적하는 친구나 선생님을 보면 분연히 일어나는 청소년의 모습을 닮지 않았나?

한국 사회의 6가지 동력

한국 사회에서 일어나는 현상들은 한국 문화의 고유성을 반영하고 있고, 한국 문화는 또 한국인들의 심리적 특성들에 의해 만들어진다. 효도문화를 가지고 있는 사회에서는 효를 행하는 사람이 많고, 효를 행하는 사람이 많은 사회는 자연히 효도문화를 가지게 된다. 정직한 사람이 대부분인 사회는 신뢰라는 사회적 자산을 가지고 있고, 신뢰가 있는 문화에는 정직한 사람들이 많이 살고 있다. 그래서 한국 사회를 한국 사회답게 만드는 그 동력은 결국 한국인들의 특성이 될 수밖에 없다. 필자는 한국 사회가 6가지의 특성을 가지고 있다고 해석한다. 주체성, 가족확장성, 관계주의, 심정중심주의, 복합유연성, 불확실성 회피가 바로 그것이다.

한국인은 자신의 존재감을 확인하는 것을 좋아하고, 자신이 영향을 받는 대상이기보다 타인이나 사회에 영향을 주는 주체로서 인식하는 것을 중요하게 생각한다. 이것이 절대 무시 받고 못 사는 한국인의 주체성이다. 가족확장성은 한국인으로 하여금 자신이 속한 모든 사회의 조직을 가족으로 이해하게 만든다. 국가, 회사, 학교, 지역사회에도 모두 가족과 같이, 무한 책임과 정의, 절대 신뢰 등의 원칙을 적용하려 한다. 또한 한국인의 행동은 집단주의보다는 관계주의의 원리를 따른다. 집단과 조직 속에서의 공식적인 역할보다는 바로 자기 옆에 있는 사람과의 관계 속에서 살아가는 것이다. 이런 한국인들은 겉으로 드러난 행동보다는 그 행동 뒤에 숨겨진 마음, 그 심정을 중요시한다. 그래서 좋다고 해도 100퍼센트 믿지 못하고, 싫다고 해도 진지하게 받아들이지 않는다. 이런 심정중심주의는 한국 사람끼리의 끈끈한 무언가를 쉽게 만든다. 복합유연성은 한국인으로 하여금 선택을 피하고 포기를 싫어하게 만든다. 모든 것은 서로 다 통하고 연결되어 있다고 생각하는 성향은, 오히려 하나를 얻는 대신에 그 이상을 잃어야 하는 선택을 이해하기 힘들게 만든다. 마지막으로 한국인은 눈에 보이지 않고 손에 잡히지 않는 것을 경시하고 꺼리는 불확실성 회피 성향을 보이는데, 이는 한국인의 결과주의적인 태도와 단기적인 성과를 중시하는 것과 맞물린다. 한국 사회가 물질적인 만족과 객관적인 평가에 의존하면서 정신적인 가치를 잃어가고 있는 현실이 바로 이런 한국인의 특성으로부터 비롯된다.

이러한 특성들은 반드시 한국인만 가지고 있는 것은 아니다. 한 사람의 성격을 묘사할 때 착하거나 소극적이거나 공격적이라고 해서 그러한 성격적 특성을 이 세상에서 그 한 사람만 가졌다고 생각하지는 않는 것처럼 말이다. 이것은 그런 성격적 특성을 다른 사람들에 비해 더 강하게 많이 가지고 있다는 뜻이고, 그 사람의 행동 경향을 설명하는 데 도움이 된다는 것을 의미한다. 이와 같은 맥락으로 한국 사회의 6가지 특성들은 정도의 차이는 있겠지만 다른 사회도 어느 정도 가지고 있는 특성들이기도 하다. 단, 한국 사람들이 특히 강하게 가지고 있는 것들이다. 실제로 이 6가지 특성들은 이미 국내외 심리학자들이 연구해온 다양한 인간의 성격적 특성이나 문화적 특성들을 포함하고 있다. 그중에 일부는 한국 문화와는 전혀 상관없이 제기된 것들도 있고, 다른 일부는 한국의 문화심리학자들에 의해 한국 사회의 특성으로 단편적으로 제기되어진 것들도 있다. 하지만 이런 한국 문화와 무관하거나 아니면 한국인의 심리 특성의 한 측면만을 단편적으로 바라본 연구들로는 한국인과 한국 사회를 설명하는 데 한계가 있다. 때문에 이 6가지 특성이 필요하고, 그것들을 함께 종합적으로 봐야 하는 것이다.

사실 어떤 하나의 특성만이 한국인과 한국 사회를 규정할 수는 없다. 한 사람의 어떤 성격적 특성이 그 사람의 모든 행동을 설명할 수 없듯이 말이다. 그 한 특성을 그 사람만큼, 혹은 그 사람보다도 더 강하게 가지고 있는 사람은 세상 어딘가에 존재할 것이다. 그보다는 한 사람이 가지고 있는 수많은 성격적 특성들의 독특한 조합에 의해 그 사람의 독특한 행동 성향이 발현되고 있다고 설명하는 것이 합리적이다. 이 세상에 정우성과 비슷한 눈을 가진 사람도 있고, 정우성과 비슷한 코를 가진 사람도 있고, 정우성과 비슷한 몸매를 가진 사람은 있어도, 그 모든 것을 한 몸에 다 가지고 있는 사람은 정우성밖에 없다. 그래서 정우성은 정우성이다. 문화적 특성도 이와 똑같다. 한국인과 한국 문화의 특성은 다른 문화에서도 발견될 수 있고, 일부 다른 문화에서는 한국만큼 강하게 발견될 수도 있다. 하지만 한국 문화는 그런 특성들의 고유한 조합에 의해 구성되는 것이고, 6가지의 특성을 모두 가지고 있는 문화는 세상에 한국 사회밖에 없다. 그래서 그 6가지 동력이 바로 한국 사회를 한국 사회답게 만드는 것이다.

지루한 지옥이 기다리고 있다

//

느려진 한국은 어떤 지옥?

한국 사회가 전 세계에 유례가 없을 정도로 급속한 사회경제 발전을 이룰 수 있었던 배경에는 바로 한국인의 특성, 즉 가족확장성, 관계주의, 심정중심주의, 주체성, 복합유연성, 불확실성 회피가 있었다. 온 국민이 가족같이 똘똘 뭉쳐서, 서로를 믿고 의지하며, 진심을 다해, 나도 한번 잘살아보겠다는 목표와 할 수 있다는 믿음으로, 뒤도 안 돌아보고, 뭘 포기하고 뭘 잃어버리는지 따위는 신경 쓸 틈도 없이, 물질적 풍요와 그것을 가져다줄 기술과 산업에 미친 듯이 매달려온 것이다. 현재 우리 사회가 가지고 있는 모든 것, 누리고 있는 모든 것이 바로 이런 한국인들이 같이 어울려 살면서 만들어낸 것들이다. 한국인의 특성은 그 자체가 좋은 것도 아니고 나쁜 것도 아니다. 오히려 그런 특성이 환경적 요소와 환상의 조합을 이루어서, 어찌 보면 엄청난 선물을 우리 스스로에게 가져다주기도 했지만, 동시에 엄청난 재앙을 불러일으키기도 했다. 우리 사회에서 긍정적으로 작용하는 성공에 대한 욕망, 할 수 있다는 믿음, 배려, 역동성, 기동성, 유연성, 할 때까지 하는 열정, 되게 하라는 열망 등은 정확하게 똑같은 원리로, 고질적인 문제점으로 지적받는 허례허식, 연고주의, 부정부패, 사교육 광풍, 무원칙, 무질서, 물질주의, 예측 불가능, 단기주의와 같은 부정적인 모습을 만들어내고 있다. '행복한 지옥'처럼 서로 절대 어울리지 않을 것 같은 행복과 지옥이 모두 같은 한국인의 특성에 의해 만들어져서 공존하고 있는 것이다.

우리 사회의 발전은 모두 그렇게 일어났다. 사회적 정의, 절차적 공정성, 인권, 환경과 같은 가치를 무시하고, 정부 주도의 선택과 집중을 통해 경제발전과 사회적 인프라를 구성했다. 기업들은 우리 정부뿐만이 아니라 전 세계의 정부와 기업들에게 로비와 뇌물을 쓰기도 했고, 한 기업의 이익을 다른 기업의 성장에 이용하는 배임과 횡령을 저지르며 세계적인 기업으로 성장해왔다. 개인적인 차원에서도 그 어떤 가치보다도 가족의 생존과 성공이 중요했다. 그래서 자녀의 성공을 위해 목숨까지도 희생할 수 있는 부모에게 도덕적 원칙이나 사회적 윤리가 항상 우선하지는 않았다. 자녀들 중에서 가장 뛰어난 한 명을 위해 가족 모두가 희생하는 선택과 집중, 그 성공이 형제자매와 친척들에게 재분배되는 비리와 부패의 순환적 고리가 오히려 '배려'와 '가족애', '은혜를 아는 사람'이라는 인식하에 만연했다. 우리 부모와 형제자매가 보편적 가치, 원칙, 규범을 몰랐던 것이 아니라, 그것들이 그리 중요하지 않았고 그것을 초월할 수 있는 심리적 유연성을 가지고 있었기에 가능했던 일이다. 그때는 비록 아무것도 없었지만 모두가 부자가 될 수 있다는, 성공할 수 있다는 꿈을 꿀 수 있었던 것도 사회를 역동적으로 지각했기에 가능한 일이었다. 비슷한 처지에 있었던 다른 많은 국가가 이루지 못한 사회적 발전을 한국이 이루어낸 것은, 당장은 지옥이어도 그 누구도 아닌 바로 내가 잘살 수 있다는 역동성에서, 그리고 다른 사람과의 차이보다는 어제보다 좀 더 나아진 자신의 변화로 보상받았기에 가능한 일이었다.

그런데 이런 사회적 역동성은 지킬 게 많아진 사회에서는 당연히 떨어질 수밖에 없다. 이제는 먹고살 만해지니 가족을 진정 사랑한다면, 날마다 야근과 회식에 참석하며 회사를 위해 헌신했던 우리의 아버지처럼 살면 절대 안 된다고 한다. 저녁이 있는 삶, 일과 삶의 균형과 같은 얘기가 중요해지는 것이다. 또 환경을 중시하고 문화재를 지키며 인간의 삶의 터전과 같은 가치를 하나하나 챙기게 된다. 사실 문화재를 보호하고 오래된 건물과 나무를 보존하면서 진행하는 도시개발과 인프라 사업은 느려질 수밖에 없다. 모든 규제와 법규를 준수하며 도덕적 가치와 윤리적 원칙을 지키는 기업의 경쟁력은, 아직 그렇지 않은 수많은 개발도상국이나 과거의 우리와 같은 기업들에 비해 낮을 수밖에 없다. 이런 모든 요인은 바로 우리 사회를 어쩔 수 없이 저성장으로 이끈다. 사실 전 세계 선진국 대부분은 이미 저성장국가다. 그에 반해, 이제 경제발전을 막 시작하는 후진국이나 개발도상국들은 성장속도가 어마어마하다. 그렇기 때문에 저성장에 빠진 선진국들이 삶의 수준을 유지하는 유일한 방법은 경제가 빠르게 발전하는 고성장국가들의 역동성을 이용하는 것이다. 그 과정에서 또 다른 변칙과 착취를 만들어내면서….

사회경제의 발전은 개개인에게도 역동성의 감소라는 결과를 가져다주었다. 고시를 패스했거나 의사와 같은 전문직에 종사하는 사회엘리트들이 누렸던 인생역전의 드라마는 더 이상 보기가 힘들다. 그 인생역전의 많은 부분이 현재의 기준에서 적절하지 않은 방법으로 얻어진 기득권이라는 인식이 강해서 사법고시 대신에 법학전문대학원이 생겼고, 의대의 정원은 엄청나게 늘어났다. 또한 아무튼 어디 좋은 직장이 있다고만 하면 그로 인해 얻을 수 있는 혜택을 줄이려고 노력하고 있다. 그리고 그런 기득권을 없애는 원칙과 규범의 적용은 결국 사회적 계층이동을 가능하게 하는 사다리를 없애는 결과로 나타나고 있다. 고성장사회에서는 능력이 있든 운이 좋든 상관없이, 아파트를 사거나 주식투자를 하거나 사업을 하거나, 심지어 등록금을 대줄 똑똑한 자식이 없어서 그냥 땅을 가지고 있었던 농부도 단시간에 부자가 될 수 있는 역동성이 있었다. 하지만 더 많은 원칙과 규범이 지켜져야 하고 일관성과 합리성이 강조되는 사회에서는 대부분의 인생의 변화도 예측 가능한 범위에서만 이루어진다. 그래서 역동성이 적어진 사회에서는 당연히 인생역전이 덜 일어난다. 이제는 모든 것이 천천히 이루어질 수밖에 없다. 같은 돈을 버는 데 과거에는 10년이 걸렸다면 이제는 30~40년이 걸리고, 한 세대에 가능했던 변화가 이제는 여러 세대에 걸쳐 천천히 이루어질 수밖에 없다.

그대 아직도 천국을 꿈꾸는가

행복한 지옥과 지루한 천국의 대비를 생각해봤을 때, 그럼 느려져서 지루해지기만 하면 천국은 가까워지는 것일까? 사실 그건 아니다. 느린 사회가 천국이 되려면 그 사회에 사는 사람들도 같이 느려져야 한다. 그 사회 구성원의 대부분이 단시간 안에 인생역전을 꿈꾸지 않으며, 물질적 성공에 매달리지 않고, 성공이나 성장 이외의 개인적 가치를 추구하고, 원칙이나 규범에 의해서 자신이 손해 보는 것도 받아들여야 한다. 소위 이미 선진국이라고 하는 사회에서는 이런 모습을 흔히 볼 수 있다. 미국 사회의 대학진학률은 50퍼센트가 넘지 않는다. 대학을 나오지 않아도 자기의 고유한 적성과 소질에 맞는 일을 하며 잘살기 때문이다. 프랑스 중산층의 기준은 하나 이상의 외국어를 하고, 직접 즐기는 스포츠가 있고, 다룰 줄 아는 악기가 있으며, 근사한 요리 실력을 소유하고, 사회적 정의에 민감하며, 봉사활동을 꾸준히 하는 것이라고 한다. 다른 유럽 국가나 미국 중산층의 기준 역시 물질적이고 사회적인 성공과 무관한 내용들이 대부분이다. 물론 그 사회에도 한순간에 성공하거나 사다리를 타고 계층을 순간 이동하는 이들이 있으며, 우리는 그런 얘기를 뉴스를 통해 듣기도 한다. 하지만 그런 경우는 극히 소수에 불과하며, 그만큼 특이하기 때문에 한국에 사는 우리의 귀에까지 들리는 것이다. 인생역전한 소수를 제외하면 대부분의 사람은 그냥 그렇게 살다가 그냥 그렇게 죽는다. 그런데도 그들의 행복도가 우리보다 훨씬 높고, 그 사회가 지루하면서도 천국인 이유는, 아마 우리 사회보다 더 역동성을 가지고 있기 때문이 아니라 그런 역동성이 필요 없기 때문일 것이다.

안타깝게도 지금의 한국 사회는 행복한 지옥에서 지루한 천국으로 가는 것처럼도 느껴지지 않는다. 그건 대부분의 한국 사람들이 '절대 지루하지 않은' 천국을 원하기 때문이다. 그들은 머지않은 미래에 2000cc 이상의 자동차와 부채 없는 아파트를 소유하고, 월 500만 원 이상의 소득과 1억 원 이상의 현금, 그리고 연 1회 이상의 해외여행을 할 수 있을 거라고 기대한다. 최소한 자신이 못 이루면 자신의 자녀는 그 꿈을 이룰 수 있다고, 반드시 이뤄야 한다고 생각한다. 자신이나 자신의 자녀가 학자금, 자택과 차량 구입에 쓴 빚을 평생 동안 조금씩 갚고, 대학은 신중하게 고려해서 그 수지타산에 맞는 자녀만 스스로 알아서 진학하고, 평생 한 동네에서만 살고, 그러다 세상에 알려지지 않은 채 조용히 죽어갈 것이라는 상상은 하기도 싫고 받아들일 수도 없다. 그러나 사실 그것이 우리가 부러워하는 소위 선진국의 국민 대부분이 살고 있는 모습이며, 지루한 천국으로 변해가는 과정이다. 그들이 그 천국에서 살아가는 지혜는 물질적 성공과 성장 이외에 삶의 의미와 가치를 스스로 빨리 찾는 것이었다. 그런데 아직 그러지 못한 한국인들은 우리 사회가 지루한 지옥으로 변해갈까 봐 전전긍긍하는 것처럼 보인다.

심리학자인 필자는 행복한 천국을 만드는 방법을 모른다. 많은 사람의 삶이 빠른 속도로 향상되면서 동시에 일관성, 합리성, 예측 가능성이 모두 존재하는 사회를 만들 방법이 있다면, 꼭 그 누군가가 우리 사회를 그렇게 만들어주길 바란다. 필자도 자녀를 키우는 한국의 한 소시민으로서 진심으로 정말 그렇게 되길 바란다.

하지만 과연 그게 가능할까? 반세기가 넘는 지난 세월 동안 한국 사회를 발전시켜온 한국인의 특성은 그리 쉽게 변하지 않을 것이다. 사람은 쉽게 바뀌지 않는다. 마치 날마다 가던 식당을 바꿔보고 날마다 가던 길을 바꿔보는 것처럼, 지루함을 느끼고 새로운 것을 찾으려 하는 성향이 인간의 고유한 능력이기는 하지만, 자신의 인생에서 중요한 것과 인생 전반을 바꾸는 것은 그냥 한번 해보는 것이 아니다. 사람이 바뀌는 순간은 거부할 수 없을 정도로 강력한 이유가 존재할 때다. 그래서 환경이나 상황의 변화를 미리 예측하고 스스로를 바꾸는 사람은 매우 드물고, 우리는 그들을 '선구자'라고 부른다. 그에 반해 대부분의 사람은 환경이 싹 바뀌고 난 다음에 어쩔 수 없이 그에 맞춰 질질 끌려간다. 그리고 그 변화의 과정에서 과거의 관성으로 인한 다양한 문제들을 경험하고, 그 문제들 때문에 결국 바꿔야만 한다는 생각이 드는 것이다.

이제 과거에 그토록 엄청난 한국 사회의 발전을 이끌어온 한국인의 특성이 현재의 삶을 어떤 지옥으로 만들고 있는지 진지하게 고민해야 할 때다. 그래야 우리의 미래가 어디로 갈지, 어떤 미래가 우리를 기다리고 있는지 예측할 수 있다. 그리고 한국인 한 사람 한 사람이 스스로 어떤 특성을 살리고 죽일지를 결정해야 한다. 그렇게 모아진 특성들이 미래의 한국 사회의 모습을 결정지을 것이다. 물론 한국인인 필자도 최소한 그것이 지루한 지옥은 아니었으면 좋겠다.

주체성

□
□

'내가 한턱 쏜다'에 숨겨진 본심

□

'내복단 혁명'이라는 말을 들어본 적이 있는가? 내복단 혁명은 2004년부터 2008년까지 리니지라는 인터넷 게임에서 벌어졌던, 게임 역사상 전무후무한 '바츠해방전쟁'을 일컬어 붙여진 별명이다. 20만 명이 참여한 이 전쟁은 절대권력을 가진 초절정 고수들의 폭거에 맞서 게임에 참여한 거의 모든 사람들이 연합군을 만들어 대항한 '민초들의 난'이었다. 레벨에 따른 철저한 계급사회였던 게임 속에서 연합군은 대부분 지위가 낮고 갑옷조차 없어 천으로 된 옷만 입고 있었는데, 이런 이유로 '내복단 혁명'이라고 불리게 됐다. 다른 나라에는 존재하지도 않고, 존재할 수도 없는 이런 전쟁을 일으키고 승리를 이뤄내는 한국인의 특성이 바로 주체성이다.

'나도 할 수 있다.' 혼자서 안 되면 뭉쳐서라도 뭔가를 바꾸고 이루어내는, 절대 무시당하고는 못 사는 그 근성. 내복만 입었을지언정 "나도 내복단의 한 명이었지."라고 말하며 뿌듯한 마음을 감출 수 없는, 그게 바로 한국인이다.

누구나 '나는 잘났다'고 믿으면서 산다. 하지만 그게 지나쳐서 '너보다 내가 낫다, 넌 못났다'까지 이르면 나르시시즘이 된다. 일반적으로 이런 자기 잘난 맛이나 나르시시즘은 서구 사회가 더 강하다고 알려져 있다. 일본 사람들과 북미 사람들을 비교했을 때 그렇단 얘기다. 심지어 일본 사람들에게는 스스로를 깎아내리는 성향self-effacing effect까지 있다는 연구결과들이 많이 발표되었다. 스스로를 다른 사람에 비해 부정적으로 표현하고, 자신의 공보다는 과오를 더 인정하는 듯한 행동성향을 보인다는 것이다. 특히 단순히 겸손 차원이 아니라 진짜 그렇게 믿기까지 한다는 연구결과도 반복적으로 보고되었다. 이런 연구결과는 한국 사람들에게는 잘 발견되지 않는다. 즉, 한국 사람들은 자신을 그리 부정적으로 보는 것도, 의미 없는 존재로 인정하는 것도 싫어한단 얘기다.

단지 자신에 대한 긍정적인 인식을 넘어, 일반적으로 자신의 고유한 존재감과 스스로 선택하는 결정성이 강한 서양 사람들은 자신의 주체성을 높게 지각하고, 환경의 영향을 받기보다는 환경을 자기 마음대로 하는 것을 선호한다. 그래서 누가 시켜서 하는 것보다 스스로 선택해서 한다는 것을 중요시한다. 서양 심리학자들은 통제욕구를 인간의 가장 중요한 욕구 중에 하나로 인식해왔다. 반면에 동양인들(사실은 일본 사람들)은 자신을 타인으로부터 영향을 받는 존재로 인식하고 있다. 자신을 사회적 영향의 중심이 아니라 주변으로 인식한다는 얘기다. 그래서 일본 사람들은 굉장히 공손한 언어적 표현을 선호한다. 예를 들어 자기가 뭘 원하거나, 하려 한다거나, 하고 싶다는 표현보다 그렇게 되었다느니, 할 수밖에 없다느니, 하게끔 되어 있다는 등의 말을 좋아한다. 하지만 최근의 연구를 보면 이런 동양 문화적 특성은 주체성 측면에서 일본에만 한정될 가능성이 높다. 서양의 전유물인 줄로만 알았던 잘난 맛의 최고는 의외로 중국 사람들이라는 연구결과들이 있다. 그리고 그에 못지않게 한국 사람들도 자신의 존재가 드러나고 인식되는 것을 즐긴다고 한다. 한국 사람들은 여행을 가서 기념사진을 찍을 때, 왜 꼭 자신을 사진 한가운데 넣어서 찍을까? 외국 사람들은 자신이 보고 있는 것을 그대로 사진에 담을 뿐 그 안에 자기가 꼭 들어가야 된다고 생각하지 않는다. 하지만 한국 사람들에게 자신이 빠진 사진은 무효다. 실제로 멋진 풍경 앞에 너무 많은 사람이 서 있어서 그 풍경이 뭔지 안 보이는 사진도 많다. 그런데도 연신 그렇게 사진을 찍는다. 왜? 바로 자신이 그곳에 왔다는 게 중요하기 때문이다. 내가 거기 있었다는 게 중요한 것이다. 실컷 구경은 가지만, 그 풍경보다 내가 더 중요한 게 바로 한국 사람들이다.

주체성을 한국에서 제일 많이 연구한 일본인인 이누미야 요시 우키 교수는 한국인의 행동 중에 가장 특이하다고 여겼던 것이 바로 '한턱 쏜다'라고 한다. 한국 사회에서 '한턱 쏜다'는 것은 그냥 돈을 내준다는 의미가 아니다. 자기가 오늘 주인공이라는 얘기고, 자기의 존재를 마음껏 드러내고 싶다는 의미다. 만약 이런 목적 없이 그저 돈을 내주는 것에만 의의를 두었다면 조용히 돈을 미리 낸다. 접대를 하거나 어른을 대접할 때, 식사 도중에 마치 화장실 가듯이 조용히 나가서 계산을 하지, 아무도 자기가 쏜다고 떠벌리지 않는다. 하지만 보통 자신에게 좋은 일이 있을 때, 그것을 극대화하기 위해 우리는 한턱 쏜다. 만약 이때 얻어먹는 누군가가 어떠한 이유에서건 한턱 쏘는 사람보다 더 부각되면 그 한턱은 쓸데없는 돈 낭비가 되는 것이다. 그리고 그 사람은 눈치 없는 사람 혹은 다시는 상종 못할 인간이 된다.

한국 사람은 모두 주인공이 되고 싶어 한다. 자신의 존재가 다른 사람에게 분명하게 인식될 수 있는 기회를 목말라한다. 그래서 오늘 밤도 외친다.

"오늘은 내가 쏜다!"

근데 언제까지 쏠 수 있을까? 앞으로 쏠 일이 있는 인생을 살 수는 있는 걸까?

맡겨주면 신이 나는 한국인

//

내복단 혁명으로 불리는 바츠해방전쟁은 인터넷 게임 세상에서 일어
난 일이지만, 현실을 투영하는 또 다른 현실의 축소판이라고 전문가
들은 분석한다. 이 전쟁에 대해 연구한 이화여대 이인화 교수는 지나
친 세금 부과와 통제 등 정치경제적 폭거에 맞서 민중이 일으킨 혁명
과 같다고 해석했다. 그러나 이 온라인 전쟁이 일어나게 된 가장 중요
한 요인은 아마도 그 주체가 바로 한국인이었기 때문이 아닐까 추측
해본다. 실제로 이와 비슷한 온라인 게임 내의 전쟁이 해외에서는 전
무후무하다는 사실만 봐도 그렇다.

　문화심리적 해석으로 보면, 한국인과 일본인의 게임방식이 다르다
고 한다. 일본인들은 리니지와 같은 게임 속에서도 한번 서열이 결정
되면 그 서열 그대로, 주어진 범위 내에서 행동하는 경향이 있다는 것
이다. 하지만 한국 게임유저들은 어떻게든 더 강해지고 더 높은 서열

에 올라가려고 발버둥을 치는 경향을 보인다고 게임업계 사람들은 얘기한다. 실제로 내복단 혁명에서 20만 명의 내복단은 폭거를 일삼던 최고 전사들을 무찌른 다음에 평화로운 세상을 맞이했을까? 전혀 그렇지 않다. 또 다른 폭력집단, 지배계급 그리고 그들을 향한 전쟁의 시작이었을 뿐이다. 말하자면 이 전쟁은 평화와 평등을 향한 열망보다는, 무시당하고는 살지 못하는 한국인의 주체성이 발로되어 촉발한 것이다. 이런 주체적인 한국인들이 뭔가를 신나게 할 수 있는 세상은 과연 어떤 세상일까?

싼 강연 비싸게 듣기

2012년에 출간한 '착각'에 관한 책《가끔은 제정신》이 베스트셀러가 되고 나서 필자는 나름 세상에 좀 알려졌다. 학교, 기업, 공공기관 등에 강연을 갈 기회가 많아졌고, 강연료도 교수들 중에는 최고 수준까지 올라갔다. 강연 요청을 많이 받다 보니 강연을 의뢰하는 기업이나 기관의 성격을 파악할 수 있는 노하우도 자연스레 생겼다. 바로 필자에게 강연을 요청하는 직원이 스스로 결정할 수 있는 권리를 얼마나 가지고 있는지가 너무나도 쉽게 드러나기 때문이다.

CEO나 임원급이 직접 강연을 요청하는 경우에는 당연히 예외지만, 과장급이나 일반 평사원이 연락을 하는 경우에는 그 사람이 결정권을 가지고 있는가의 여부에 따라 하는 행동이 너무나도 달랐다. 우선 어떤 직원은 전화를 해서 요청하는 날짜에 강의가 가능한지, 그리고 강연료가 어느 정도인지만 묻고 그냥 끝이다. 어차피 한 명 이상의 학자들에게 연락해서 강연이 가능한지의 여부와 강연료 정도만 정리해서 상사에게 보고하면, 상사가 그중에 한 명을 낙점할 것이기 때문이다. 이런 직원들은 강연을 꼭 해달라고 사정하지도 않고, 강연 일정을 조정할 생각도 없으며, 강연료를 깎아달라고 하지도 않는다. 왜? 누가 될지도 모르는데 그런 노력을 해서 뭐하나? 더구나 이런 직원들은 아무렇지도 않게, 위에 보고하면 상사가 결정할 거라고 내게 친절하게 알려주기까지 한다. 그들의 전화를 받으면, 당연히 나도 그냥 건성으로 대답한다. 때로는 요청한 날짜에 다른 선약이 있다고 거짓말도 하고, 강연이 가능하다고 얘기했더라도 나중에 다른 약속을 잡아버리고, 강연료도 일부러 비싸게 부른다. 왜? 기분 나쁘니까. 여러 강연자 중에 낙점 받아야 된다는 상황은 절대 유쾌하지 않다.

정반대의 경우도 물론 있다. 어떤 직원은 막 매달린다. 꼭 강연을 듣고 싶다고, 너무나 훌륭한 강의라고 익히 들어왔다고 한다. 그러면서 어떻게든 내 스케줄에 맞춰 강연 일자를 조정해보겠다고 한다. 또 강연료를 물어보고는, 회사에서 책정된 강연료가 부족한데 어떻게 안 되겠냐고 막 매달린다. 때로는 그 자리에서 바로 강연료를 조금 올리면서 애절한 협상을 시도하기도 한다. 명색이 교수라고 강연료가 낮다는 이유로 강의 요청을 거절하기 힘들기에, 이런 경우 평소보다 낮은 강연료에도, 심지어 선약을 바꿔가면서도 강연을 가는 경우가 간혹 있다. 이런 직원들은 필자를 강연자로 섭외하기 위해 최선을 다하기 때문에 나 역시 기분 좋게 받아들일 수 있는 것이다.

앞에서 얘기한 성의 없는 직원과 최선을 다하는 직원 간의 차이는 무엇일까? 바로 결정권이다. 전자의 경우는 모든 것을 임원인 상사가 결정한다. 책임도 상사가 질 것이므로, 자신이 할 수 있는 일은 그냥 정보를 모아서 정확하게 전달하기만 하면 된다. 실제 누가 낙점이 될지도 모르는데, 강연 후보자들에게 일일이 특별한 요청을 할 필요도, 강연료가 비싸다고 할 필요도 없다. 그냥 받아 적어서 보고만 하면 된다.

반대로 상사로부터 거의 전권을 위임받아 결정권을 가지고 있는 직원은 이 일에 관한 책임을 져야 한다. 그러니 주어진 예산 내에서 최고의, 최적의 강사를 초빙하기 위해 노력할 수밖에 없다. 그리고 그런 강사들은 대부분 강연료가 비싸므로 자신에게 주어진 예산 범위에서 해결하기 위해 최선을 다하게 되는 것이다. 실제로 필자의 경우를 봐도, 전자의 경우보다는 후자의 경우에 더 자주 강연을 가게 된다. 그것도 더 낮은 강연료에….

많은 리더가 자신의 부하직원들이 최선을 다하지 않는다고 걱정하고 비난한다. 그러면서 직원들을 더 일하게 하는 방법으로 자기가 하나부터 열까지 더 꼼꼼히 챙긴다고 말한다. 그렇게 하다 보면 모든 사소한 결정권도 결국은 리더가 가지게 되고, 부하직원들은 그냥 시키는 일만 할 수밖에 없다. 오히려 적절한 분권화와 권한 위임이 생산성향상에 도움이 된다. 즉, 리더의 권한 특히 결정권을 부하직원에게 나누어주는 것은 그들이 스스로 일하게 하는 원동력이 된다. 결정권은 단지 일을 더 하게 하는 요인이 아니라, 궁극적으로 조직과 구성원들의 조직만족도와 정신건강, 행복에도 중요한 영향을 미친다.

성공이 실패보다 나쁠 때

인간의 결정권은 통제감과 직결되어 있다. 자신이 하는 행동을 스스로 결정해서 원하는 사건과 환경을 만들어낼 수 있다는 인식이 통제감이다. 이런 통제감은 인간뿐만이 아니라 모든 동물이 추구하는 본질적인 욕구 중 하나다. 실제로 결정권과 통제감을 획득하기 위한 노력은 말할 것도 없고, 심지어 사람들은 근거 없는 통제감의 착각을 추구하기도 한다.

주사위 두 개로 특정 숫자가 나오면 이기는 게임을 할 때, 사람들은 이상한 행동을 보인다. 작은 숫자가 나와야 하는 상황에서는 주사위를 살살 던지는 경향이 있고, 큰 숫자가 나와야 하는 상황에서는 주사위를 강하게 던진다. 살살 던지면 작은 숫자가 나오고, 세게 던지면 큰 숫자가 나오나? 택도 없는 소리다. 그래도 사람들은 그렇게 한다. 운마저도 통제하고 싶은 인간의 바람이 이런 착각적 통제감을 만들어내는 것이다.

이제는 추억이 되어버린 주택복권에 비해서 로또는 도박중독성이 더 강하다. 그 이유 중 하나가 바로 자신이 번호를 고를 수 있다는 착각적 통제감에 있다. 사실은 자신이 번호를 고르든 남이 골라주든 혹은 이미 정해진 번호를 받든 상관없이 모든 복권번호의 당첨확률은 동일하다. 그래도 사람들은 자신이 고르는 것을 선호한다. 왜? 자신이 당첨번호를 맞출 수 있다는 착각적 통제감 때문이다. 당연히 허무 맹랑한 착각이다. 이런 착각적 통제감은 인류보편적인 현상으로 모든 인간에게서 시시때때로 일어나고 있다. 사실 실제로 통제할 수 있는가 없는가와 상관없이 우리가 느끼는 통제감 자체는 인간의 사회적응에 매우 중요한 역할을 한다. 통제감을 상실하면 무기력한 상태에 빠지기가 쉽다.

많은 사람이 어떤 일을 시도할 때 실패나 성공과 같은 결과가 중요하다고 생각한다. 그 순간만 보자면 맞다. 하지만 좀 더 길게 미래를 보자면, 결과보다는 그 결과의 해석이 더 중요하다. 미래의 행동을 결정하는 가장 중요한 요소는 지각되는 수반성contingency이다. 어떤 특정한 요인이나 행동과 그 결과가 얼마나 인과적으로 연결되어 있는가 여부다. 즉, 실패하더라도 왜 실패하는지 아는 것(안다고 생각하는 것)과 성공하더라도 왜 성공하는지 아는 것(안다고 생각하는 것)이 실패나 성공 그 자체보다 더 중요하다. 왜 성공하는지도 모르고 그런 상태에서 성공이 반복된다면 자만하기 쉽다. 학습효과가 없기 때문에 성장속도도 매우 느리다. 그래서 근거 없는 실패만큼이나 근거 없는 성공도 나쁜 것이다. 이런 상황에서는 반복되는 성공에도 불구하고 무기력해질 수밖에 없다. 성공이 아닌 실패가 반복된다면, 그건 말할 것도 없다. 그리고 이렇게 삶의 한 영역에서 형성된 무기력이 삶의 다른 영역으로 일반화되면 전반적인 무기력증에 빠지게 된다. 다시 말해, 아무런 결정권을 가지고 있지 못한 직원은 자신이 어떤 결정적인 역할을 하고 있다는 인식도 할 수 없을뿐더러, 자신의 조직에서 일어나고 있는 일에 대한 어떤 관심도 책임감도 느끼지 못한다. 실제로 자기가 통제할 수 있는 업무도 해보려 하지 않기 때문에 그냥 그렇게 아무것도 안 하고 살게 된다. 이들에게 형성된 무기력증은 조직 내에서의 다양한 업무와 활동뿐만 아니라 심지어 조직 밖의 삶의 영역에도 악영향을 끼친다.

게으르고 무능한 리더가 필요하다

결정권과 통제감에 대한 욕구는 주체성이 강한 한국 사람들에게서 특히 강하게 나타날 수밖에 없다.

서양인과 동양인을 비교한 서구의 한 심리학 연구에서는 모든 동양인을 서로 비슷하다고 보았다. 그래서 일본인과 서양인을 비교한 연구의 결과로 한국인을 설명하려고 했다. 하지만 한국인들 눈에 한국인과 일본인은 너무나도 다르다. 그건 일본인들 눈에도 마찬가지다.

실제 한국인과 일본인은 주체성에서 가장 큰 차이를 보인다.

이누미야 요시유키 교수는 일본인들에 비해서 한국인들은 자신을 드러내는 편이고, 자신의 판단을 강하게 주장하며, 특히 스스로 무언가를 결정내리는 자율성이 강하다고 분석한다. 여행을 가보면 이 점이 확실히 느껴진다. 일본의 도시나 시골에 가면 굉장히 차분하다는 인상을 받는다. 대부분의 건물이 비슷한 색, 그것도 갈색, 흰색, 회색, 검정색으로 이루어져 있다. 어느 것 하나 튀지 않아 통일된 느낌이 들고 잘 정돈된 것처럼 보인다. 하지만 한국의 도시나 시골은 그야말로 총천연색이다. 도시 어딜 가도 현란한 색의 간판과 큰 건물들이 서로 자기를 봐달라고 난리다. 시골 역시 주황색, 파란색, 빨간색 지붕과 각양각색의 건물들이 눈에 팍팍 띈다.

물론 건물의 모양과 색을 고를 때 주변에 비해 튀지 않고 조화로운 것을 목표로 하느냐, 자기만의 특색을 살릴 수 있게 만드느냐 하는 것은 상대적 선호의 문제다. 하지만 여기에는 문화심리적인 요인이 숨어 있다.

일본 사람들은 각각으로 바라보았을 때는 (놀랍게도) 개인주의적이지만 집단 속에서는 조화를 추구한다. 큰 조직에서 그들 하나하나는 톱니바퀴 같은 존재로 완결성을 추구한다. 반면에, 한국 사람들은 개개인으로 보았을 때는 타인과 어울리는 것을 좋아하지만 집단 속에서는 자신의 존재를 드러내길 좋아한다. 조직의 톱니바퀴로 일하는 것에 만족하지 못하고 흥미를 쉽게 잃는다. 한국 사람들은 타인이 정해준 대로 조용히 따라가는 것보다는, 자신이 스스로 판단하고 그 판단에 따라 자율적으로 행동하고 그 와중에 자신의 존재감을 확인하고 드러내는 것을 좋아하기 때문이다. 그런 한국 사람들에게 "그냥 정해진 대로 하세요."라는 말은 시비를 불러일으키기에 충분하다.

한국인들은 자율권과 결정권이 주어지지 않는 상황에서 쉽게 무기력해진다. 개인주의적 성향이 강한 서양인들은 주체성이 높기 때문에 당연히 자율권과 결정권을 가지고 싶어 한다. 그래서 서구 사회는 이미 많은 분권화가 진행되고 생활화되어 상대적으로 낮은 직위의 사원들도 놀라울 만큼 자율적인 결정권을 누리고 있다. 그 극단적인 예가 바로 미국에 입국할 때, 제일 먼저 만나는 출입국관리직원이다. 사실 이들은 직위도 별로 높지 않은 편이고, 그냥 제복을 입고 있는 말단직원에 가깝다. 그런데 이들은 세계 각국에서 날아온 외국인들의 입국 여부를 결정할 수 있는 막강한 권한을 가지고 있다. 물론 정해진 기준이 있긴 하지만, 자기가 보기에 위험해 보이거나 자국으로 돌아가지 않을 것 같은 인상을 받았다는 것만으로도 입국을 거부하며 충분히 괴롭힐 수 있다. 이거야말로 완전 주관적이고 자율적인 판단영역이지 않은가! 최근 미국은 흑인 용의자를 총기로 사살한 백인 경찰관들 때문에 몸살을 앓고 있다. 이런 사건이 몇 번이나 반복되고 있고, 더구나 그 경찰관들 대부분의 경우 아무런 처벌을 받지 않았기에, 큰 사회적 논란을 일으키고 있다. 하지만 이렇게 아무도 처벌받지 않고 같은 사건이 반복되는 이유는 미국 사회의 시스템은 경찰관에게 상당한 자율권을 주기 때문이다. 현장에서 용의자가 위험하다고 판단할 권리는 100퍼센트 경찰관의 의지에 달렸다는 대원칙이 그 배경에 있는 것이다.

하지만 한국인들은 주체성이 강한데도 불구하고 그것을 만족시킬 만한 존재감과 자율권을 누리고 있지 못하다. 과거 폭풍 성장기의 한국 사회는 상대적으로 아무것도 없었기에 주체성이 발휘되기에는 더없이 좋았다. 나도 한번 잘살아보겠다는 의지, 할 수 있다는 신념만 있으면 누구나 성공이 가능했다. 게다가 마음대로 할 수 있는 자율권이 있었다. 어찌 보면 설계도도 없고, 매뉴얼도 없고, 가르쳐주는 사람도 없고, 해본 적도 없는 것들을 할 때는 그냥 자동적으로 자율권이 주어질 수밖에 없었다. 그런데 그 후로 세상은 많이 바뀌었다. 법규가 만들어졌고, 조직은 커졌고, 매뉴얼이 만들어졌고, 이미 그것을 해본 사람이 많이 생겼다. 이제 한국인에게는 과거처럼 신날 만큼 자율성이 주어지지는 못한다. 그리고 이런 상황에서 한국 사람들은 급격히 무기력해질 수밖에 없다.

이렇게 무기력해질 수밖에 없는 한국인들을 더욱더 힘 빠지게 하는 것은 너무 열심히 사는 리더들이다. 고통스러운 근대사를 겪으며 아무것도 없었던 무에서 오늘날 엄청난 경제발전을 일궈낸 한국 사회의 원동력에는 근면, 성실, 노동, 조직을 위한 무조건적 희생, 회사에 대한 충성 등이 뿌리 깊게 박혀 있었다. 과거의 소수 리더들은 그들을 따르는 사람에게 이러한 모범을 보여야 했다. 그래서 책임감을 가지고, 더 열심히 일하고, 모든 것을 챙기고, 전천후로, 앉으나 서나 뭔가를 하고 있는 모습을 이상적으로 생각했다. 하지만 이제 시대가 바뀌었다. 조직은 복잡해지고 거대해지고 동시에 체계화되었다. 이제는 다양한 전문가가 각자 자신의 영역에서 책임감과 자율권을 가지고 일하는 혹은 일해야 하는 사회가 되었다. 더군다나 모든 것을 챙기고 모든 것을 결정하는 리더는, 안 그래도 작아지는 주체성에 무기력해져가는 부하직원의 존재 이유를 완전히 짓밟는 것이다.

직원들이 주체성을 마음껏 발휘하며 일할 수 있도록 이제는 리더가 더 많은 것을 책임지고 세세하게 챙겨야 한다는 고정관념에서 벗어나야 한다. 현명한 리더라면 좀 더 게으르고 무능한(실제로는 부지런하지만 무능한 척하는) 모습을 보이는 것도 진지하게 고민해봐야 할 때다. 그게 한국인의 특성과 시대적 변화에 적응하는 진정한 한국 리더의 자세일 수 있다.

마지막엔 뭉치기라도 해야지

근래에 와서 한국인들은 스스로 만족되지 않는 주체성을 채울 방법을 찾은 것 같다. 바로 떼로 몰려다니는 것이다. 마치 내복단 혁명과 같은 힘없고 약한 20만의 사람들이 모여서 변화를 이끌어내는 일이 꼭 인터넷 세상에서만 일어나는 것은 아니다. 한국 사람들에게 가장 행복했던 순간을 물어보면 2002년 한국 축구국가대표팀이 월드컵 4강에 올라갔을 때라고 대답하는 사람이 꽤 있다. 그러니 그때 버스 위에도 올라가고, 몇십만 명이 거리에 나와서 응원할 만큼 난리가 난 거다. 그런데 그 순간이 왜 그렇게 즐거웠을까를 곰곰이 생각해보면 한 가지 짚이는 것이 있다. 바로 다 같이 모여서 뭔가를 '이룬 것만 같은 느낌' 때문이다.

당시 한국은 외환위기로 온 국민의 자존심이 상처받고, 자신감을 회복하지 못하고 있던 때였다. '글로벌 스탠더드'라는 사회적 흐름에서 개인의 경쟁력 강화를 강요받으며, 수많은 사람이 평생직장이라 믿었던 회사에서 필요 없는 존재가 되거나 경쟁에서 도태돼 자신들의 존재감이 위협을 받던 때였다. 바로 그때 월드컵이 열렸다. 그리고 몇만 명이 모여서 하나의 목표를 소원하고 응원하니, 진짜 기적이 일어났다. 월드컵 4강 신화가 이루어진 것이다.

사실 그 응원이 실제로 얼마나 효과가 있었는지는 아무도 모른다. 한국 국가대표팀이 국민들의 응원 때문에 열심히 뛰었을까, 아니면 누군지 모르는 그분이 우리의 응원을 들어주신 것일까? 이런 응원의 효과에 대한 믿음이 착각이라는 것을, 실제로는 국민들의 응원은 경기결과와는 큰 상관이 없다는 것을 보여주는 심리학적 연구는 수백 개가 넘는다.

하지만 이후에 한국 사람들은 집단으로 무엇인가를 바꾸는 데 재미를 붙인 듯하다. 이런 재미를 극대화시켜 준 것이 바로 인터넷의 발달이다. 그래서 죽어가는 드라마의 주인공도 댓글로 살려냈다. 웬만한 드라마나 프로그램 하나 없애는 건 이제 일도 아닌 게 됐다. 멀쩡한 사람을 바보나 인간쓰레기로 만드는 일쯤은 거의 매일 일어나는 세상이 됐다. 많은 전문가가 한국 사회의 유언비어, 부적절한 댓글과 같은 폭력적인 인터넷 문화에 대한 다양한 설명을 제공한다. 하지만 그 근본적인 원인은 이런 행위가 한국인들의 무엇을 만족시켜주느냐를 보면 바로 나온다. 그것은 내가 뭔가를 바꾸고 있다는, 나의 영향력으로 무슨 일이 일어나고 있는 것 같은 주체성이 만족되는 것이다. 비록 그것이 나 혼자 하는 것은 아닐지라도, 수만 명이 모여서 뭔가를 할 수 있다는 느낌은 한국인에게 유달리 중요하다. 바꿔 말하면 한국 사회가 이런 한국인의 주체성을 현실에서 정당한 방법으로 만족시켜줄 방법을 찾지 못한다면, 사람들은 계속해서 떼로 몰려다니는 수밖에 없다는 점이다. 그만큼 뭔가를 이루어낸 것 같은 주체감은 뿌리치기에는 너무 달콤하다.

내가 누군지 알아! 갑질의 정체감

//

2014년의 대미는 '땅콩회항'이 장식했다. 2014년 12월 5일 대한항공 비행기가 뉴욕공항에서 이륙하기 위해 공항 게이트를 떠났다가 다시 돌아오는 사건이 일어났다. 그런데 그 회항의 이유가 황당했다. 한 스튜어디스가 대한항공 오너 가족 중 한 명인 대한항공 부사장에게 마카다미아(땅콩과 비슷한 견과)를 봉지에 담은 채 제공했고, 이 일로 부사장이 격하게 스튜어디스와 사무장을 나무라는 과정에서 사무장을 비행기에서 내리게 하기 위해 비행기가 회항했다는 것이다. 그래서 이 사건은 '땅콩회항'이라 불리게 되었다.

여담으로, 땅콩은 매우 화가 났다고 한다. 자기는 사건이 일어난 퍼스트클래스 근처에도 가본 적이 없는데, 왜 땅콩회항이냐고. 그건 '마카다미아회항'이어야 한다고 말이다. 어쨌거나 이 사건이 한국 사회에 얼마나 큰 파장을 불러일으켰는지, 문제의 마카다미아는 50퍼센트 이상 판매량이 증가했고 마카다미아를 생산하는 하와이 농부만 대박이 났다는 웃지 못할 얘기가 들려왔을 정도다.

지금까지 밝혀진 사실들만으로도 이 사건에는 충분히 많은 문제들이 내포되어 있다. 우선 그 부사장이 승무원들에게 언어·신체적 폭력을 가했다는 사실과, 합당한 이유도 없이 비행기가 회항했다는 사실 모두 법적인 문제를 가지고 있다. 하지만 이 사건이 나라를 떠들썩하게 할 정도로 큰 주목을 받고, 문제의 당사자가 법적처벌을 받고 구속되는 상황을 단순히 법률을 위반했다는 이유로 이해하기에는 무리가 있다. '땅콩회항'으로 불리는 이 사건은 법적인 문제보다는 도덕적, 윤리적 문제로 한국 사회에 인식되었다. 특히 부하직원에 대한 재벌 오너 가족의 부당한 대우와 행동이라는 측면에서 '갑질'의 횡포라는 주제로 논의되어왔다.

사실 한국 사회에서 갑질 이슈는 하루 이틀의 문제가 아니었다. 한 대기업 임원은 비행기에서 라면을 자신의 마음에 들게 끓여오지 않았다는 이유로 스튜어디스를 잡지로 쳤다가 여론의 몰매를 맞고 결국 회사에서 해고되었다. 한 우유회사는 대리점에 소위 '끼워팔기'를 하다가 들통이 나 사회적 비난과 함께 엄청난 매출 손실을 보기도 했다. 2015년도 초에는 한 백화점 주차장에서 쇼핑을 하러온 모녀가 주차 아르바이트 요원을 무릎 꿇리고 폭행하는 사건으로 여론을 들끓게 했다. 이 사건들은 모두 갑의 횡포 또는 갑질로 규정되었고, 한국 사회의 '갑질과의 전쟁'은 아직도 진행 중이다.

이 세상에 영원한 을은 없다

원래 '갑'은 십간++의 첫 번째 천간을 의미하는 단어로, 일상에서 순서를 표시할 필요가 있을 때 첫째 것을 기술하기 위해 사용한다. 오래전 합격하기 가장 어려운 과거시험을 '갑과'라고 불렀고, 그 합격자들이 가장 높은 관직을 받기도 했다. 또 과거시험제도에서 합격한 사람들을 성적에 따라 갑과, 을과 등으로 등급을 나누기도 했다. 이러한 관례에 따라 갑은 최고나 최상을 의미하기도 한다. 현재는 대부분 계약서 등의 공문서나 계약체결에서 고용주나 상대적으로 유리한 입장에 있는 쪽을 지칭하는 용어로 사용되고 있다. 당연히 갑이 있다면, 을, 병 등이 쭉 존재한다. 더 열등하고 상대적으로 약자의 입장에서.

갑과 을의 관계는 사실 인류의 역사에서 항상 존재해왔다고 볼 수 있다. 농경 사회를 통해 조직화된 사회구조를 가지기 전 수렵생활을 할 때도, 인류에는 더 강한 자와 덜 강한 자 간의 차이가 존재했을 것이다. 그리고 이들 간의 서열과 권력관계는 불평등구조를 가질 수밖에 없었을 것이다. 인간이 아닌 대부분의 동물의 세계에도 이러한 갑을의 관계는 당연히 존재한다. 사냥에서의 역할, 먹이를 먹는 순서, 짝짓기의 순서와 기회 등에서 갑과 을의 관계는 명확하다. 서열이 낮은 원숭이가 높은 원숭이의 이를 잡아주고 털을 다듬어주는 것은 원숭이 세계에선 당연하게 여겨진다. 어찌 보면 약육강식의 본성을 가진 인간이 갑과 을의 관계를 형성하는 것은 자연스러운(그렇게 될 수밖에 없다

는 얘기일 뿐 결코 바람직하다는 뜻은 아니다) 현상이며, 그런 권력의 본질은
항상 자원의 분배와 소유에 의해 결정된다. 인류의 역사에는 그 시대
에 어떤 자원이 더 가치 있었는가의 차이가 있을 뿐이다.

　　최근 들어 재벌, 대기업, 사회지도층이 아르바이트나 종업원, 하청
업체들에게 소위 갑질을 하면서 사회적 이슈가 되었지만, 우리 개개
인 모두의 일상에도 항상 갑을관계가 존재한다. 밥을 먹으러 식당에
갈 때, 옷을 사러 백화점에 갈 때, 차를 주차할 때와 버스와 택시를 탈
때, 대부분의 경우 나를 도와주기(실제로 접대하기) 위해 일하는 사람이
있다. 얼마나 좋은 식당인지, 얼마나 고급 옷가게인지, 얼마나 비싼 비
용을 지불하는지와 상관없이 그들은 약자의 입장에서 우리를 대하고
있다. 우리의 눈치를 살피고, 우리의 기분을 맞추려 하고, 귀찮거나 불
편한 우리의 요구와 행동을 참고 있다. 이유는 단 하나다. 바로 돈 때
문이다. 그들이 우리에게 제공하는 서비스는, 우리가 불쌍해서 그냥
해주는 봉사활동이 아니다. 그들은 우리가 돈을 주지 않으면 그 일을
할 이유가 없고, 아마 바로 그만둘 것이다. 우리 모두는 돈으로 그들의
서비스를 사고 있는 것이다. 그런 서비스를 받고 싶지 않다면, 자판기
나 서비스를 최소화한 패스트푸드점, 셀프서비스를 해야 하는 가게로
가면 된다. 그리고 그 서비스가 빠진 만큼 싼 비용을 지불하게 된다.
그래서 우리는 항상 내가 받은 서비스가 돈값을 하기를 바란다. 식당,
백화점, 주차장, 택시에서 이들의 적절한 행동(아마 을의 행동규범을 따르
는 행동)에 대한 기대를 가지고 있고, 그 기대가 충족되기를 바라고 그

렇지 못할 때 실망하며 때론 화를 낸다. 물론 갑의 입장에서 을에 대한 기대는 합당한 것이다. 문제는 과연 그 기대가 을인 상대방에게도 합당하냐는 것이다. 그렇다면 합당한 서비스에 대한 요구와 갑질의 차이는 무엇일까?

갑질에 빠진 사회

꼭 언론을 통하지 않아도 우리는 일상에서 다양한 갑질을 목격할 수 있다. 식당에서 음식이 늦게 나온다고 종업원에게 언성을 높이는 손님을 보는 것은 그리 어렵지 않다. 그 손님에게는 자신이 그렇게 화낼 수밖에 없는 충분한 이유가 있을 것이다. 그 손님이 반드시 부자거나 재벌 3세일 필요도 없고, 사회지도층일 필요도 없다.

기상 때문에 비행기가 연착하거나 운항이 취소될 때 한국 승객들의 반응은 외국(최소한 서구의 나라들, 일본도 포함해서) 승객들과는 확연한 차이가 있다. 필자의 지인이 청주공항에 새롭게 취항하는 중국항공사의 비행기를 타고 중국여행을 갈 때 일어난 일이다. 탑승시간이 지나도록 기다리고 있던 승객들에게 비행기 운항이 결국 취소됐다는 안내방송이 들려왔다. 안개로 인해 중국으로 타고 갈 비행기가 청주공항에 착륙할 수 없어서 취소됐다고 하니 한마디로 난리가 났었다고 한다. 더구나 다른 비행기들은 착륙과 이륙을 하는 것이 빤히 보이니 사람들은 더욱 격렬하게 항의를 했다. 공항에 새로 취항하는 첫 비행기는 시계거리(착륙할 때 육안으로 볼 수 있는 거리)가 이미 그 공항에 취항하고 있는 다른 항공사에 비해 몇 배의 높은 안전기준을 필요로 하고, 항공기 안전을 위해 어쩔 수 없다고 아무리 설명해줘도 소용이 없더란다. 소리를 지르며 상사를 데려와라, 책임져라, 고객을 뭐로 보냐 등등 갖가지 항의를 하며 순식간에 대책위원회(더 큰 보상을 받아내기 위한 협상위원회?)까지 만드는 순발력을 보였다고 한다. 외국에서는 도저히 상상도 할 수 없는 일이 벌어진 것이다. 이들 대부분은 자신이 갑질을 하고 있다고 인식하지 못했을 뿐만 아니라, 당연한 소비자의 권리를 찾고 있을 뿐이다고 생각했을 것이다. 하지만 항공사가 안개를 어찌할 수도 없고, 세계 공통의 안전규정을 위반할 수도 없는 노릇이다. 아무런 결정권도 없이 매뉴얼대로 따르고 있는(사실 매뉴얼보다도 더 열심히 일하고 있을지도 모르는) 직원들에게 소리 지르고 있는 그들의 모습이 땅콩회항 사건의 장본인인 대한항공 부사장과는 얼마나 차이가 있을까? 아마 그들 대부분은 자신은 비행기를 돌릴 힘이 없으니 그와는 다르다고 합리화하려나.

물론 한국인 대다수가 위에서 언급된 일상의 갑질을 실제로 저지르고 있지는 않을 것이다. 아니, 아니길 바란다. 하지만 갑의 입장은 매일 누구나 경험한다. 그래서 현재 한국 사회가 인식해야 하는 갑을관계의 본질은 갑을관계 자체가 아니라 '갑질'의 문제여야 한다. 하지만 이런 갑질 사건이 벌어질 때마다, 한국 사회와 특히 언론은 마치 갑을

관계 자체가 문제인 것처럼 담론을 이끌어가고, 갑을관계를 없애야 하는 악의 축인 것처럼 논의한다. 하지만 현실적으로 갑을관계를 없애는 것은 불가능할 뿐만 아니라 서비스 산업의 중요도가 높은 현재와 같은 산업구조에서는 맞지도 않는 얘기다. 서비스업은 갑과 을이 바로 직접적으로 대면하는 산업이기 때문이다.

이런 논란의 이유는 을을 인격적으로 대하라든지, 아니면 (지나치거나 나쁜) 갑질은 하지 말라는 교훈을 강조하기 위해, 갑을관계 자체까지 부정적으로 강하게 표현했기 때문이라고 이해해볼 수 있다. 하지만 없앨 것을 강조하기 위해 없애지 않을 것, 결국 없어지지 않을 것을 싸잡아 비판하는 이런 논의방법은 길게 보면 오히려 역효과를 일으킨다. 현실적으로 이룰 수 없는 이상론적인 목표는 사람들로 하여금 결국 좌절하고 서로를 신뢰할 수 없게 만들기 때문이다. 그런 의미에서 적절한 갑을관계, 건전한 갑을관계, 산업적으로 성장시킬 갑을관계에 대한 사회적 합의가 필요하다. 그리고 갑질의 처벌 범위를 명확히 규정해야 한다. 하지만 문제는 이런 합의를 이끌어내기에는 한국 사람들의 문화심리적 특성이 걸림돌이 된다는 것이다.

'내가 누군지 알아?'에 숨은 심리

한 사회에서 나타나는 갑을관계의 내용과 정도는 그 사회 구성원들의 문화심리적인 특성을 반영할 수밖에 없다. 한국은 개인의 고유성이나 독립성, 개인적 성취와 목표를 최우선시하는 개인주의보다는 집단과의 화합, 조화, 공존을 중시하는 집단주의에 가까운 문화적 배경을 가지고 있다. 그런데 우리가 일반적으로 알고 있는 집단주의가 아니라, 수직적 집단주의적 특성을 가지고 있다는 것이 최근의 정확한 표현이다.

흔히 문화적 특성을 묘사하는 요인으로 '개인주의-집단주의' 구분이 있지만, 이 요인만으로 설명하기에는 세계의 문화적 차이가 너무 다양하다는 논란이 벌어졌다. 그래서 해리 트리안디스Harry C. Triandis와 같은 비교문화 심리학자들은 '수평적-수직적'이라는 새로운 요인을 제안했다. 이 분류에 따르면 한국은 집단의 목표를 우선시하는 경향성을 지닌 집단주의에 해당한다. 여기에 사회적 관계에서 평등한 관계보다는 위계적 관계를 더 우선시하고 선호한다고 밝혀졌다. 즉, 자신이 속한 내집단에 단지 더 애정을 갖는 게 아니라, 내집단이 다른 집단에 비해서 더 우월해야 한다는 심리인 것이다. 내집단 내에서도 같은 구성원들끼리 평등한 것보다는 위계적으로 구성되는 것을 당연하게 생각한다. 이런 수직적 집단주의 특성을 지닌 한국인들에게 갑을관계는 너무나도 자연스러운 일일 수도 있다. 그런데 일본도 우리와 같은 수직적 집단주의에 속하지만 양국은 여러모로 큰 차이를 보인다.

본래 집단주의적인 성향을 가진 문화에서 한 집단이나 조직에 소속된 사람들은 자신의 위치나 역할에 민감하다. 그래서 오히려 개인적인 관계보다는 전체 속에 작은 존재로서 자신의 정체감을 형성하게 된다. 이것은 한국인에 비해 일반적으로 순종적인 일본인이 주어진 역할에 완결성을 추구하면서 조용히 살아가는 모습을 보인다는 분석과 일맥상통한다. 반면에 한국 사람들은 집단 속의 작은 존재이기보다는 자신의 존재감을 강하게 느끼기를 원하고, 주어진 역할이나 원칙보다는 스스로의 생각과 판단을 따르는 것을 선호하는 편이다. 그래서 한국 사람들은 유달리 '무시당하는 느낌'에 예민하다. 중요한 자리에서 자신의 이름이 불리지 않거나 존재감을 충분히 드러내지 못할 때, 한국 사람들은 무지하게 짜증낸다. 또 규칙과 원칙, 정해진 바대로 하는 것보다 그때그때마다 자신의 개인적인 판단을 더 중시하는 경향이 있다. 또한 집단 속에서 서로의 행동을 집단의 작용으로 보기보다는, 일대일의 관계 속에서 일어나는 쌍방 간의 문제로 인식하는 경향이 있다. 그래서 그런 행동을 통해 상대방과의 관계를 규정하게 된다. 이런 한국 사람들의 관계성과 주체성이라는 특성이 수직적 집단주의를 만날 때, 단순한 갑을관계가 고약한 갑질로 전환될 가능성이 높다. 상대방과의 직접적인 관계에서 나의 존재감을 확인해야 하기 때문이다. 그 사람이 어떤 직업을 가지고 있고 그러한 환경에서 어떤 역할을 수행하느냐와 같은 공식적인 역할관계보다, 나와의 개인적인 관계에서 나를 어떻게 대하고 있는가를 더 중요하게 인식하는 것이다. 여기서 자신의 존재감이 인정받아야 하며, 그 존재감이 충분히 인정받지 못한다는 느낌이 들면, 바로 '내가 누군지 알아?'를 외치게 된다. 당연히 이런 외침은 자신의 존재에 대해 자신감이 없거나 기대치가 지나치게 높은 사람들에게서 더 강하게 나타난다.

　해방과 전쟁을 겪으며 자라난 한국 기성세대들은 매우 불우한 과거에 대한 기억을 가지고 있다. 이들에게는 그런 어려움을 극복한 자부심도 있지만, 동시에 그에 대한 두려움 또한 가지고 있다. 개인적으로는 자신의 정체감과 존재감을 확인할 충분한 기회 없이 지난 70년을 달려왔다. 그래서 사실 한국의 많은 기성세대들의 존재감은 독립적으로 존재하기보다는 타인과의 관계 속에서 존재한다. 누구의 아버지, 누구의 어머니, 누구의 자식, 누구의 상사, 누구의 친구, 누구의 부하 등과 같은 수많은 관계 속에서 자신의 존재감을 확인하면서 살아가고 있는 것이다. 이들에게 이런 관계적 존재감이 충분히 느껴지지 않는 상황은 너무나도 불안하고 동시에 좌절스러운 상황일 수밖에 없다. 그래서 한국 사회에 수없이 일어나고 있는 갑질은 바로 그런 존재감의 상실에서 비롯된 분노가 원인이었다. 결국 존재감이 약한 사람들이 자신의 존재감이 위협받을 때, 대개 갑질을 통해 그 관계를 갑을 관계로 규정하고, 상대방으로부터 자신의 존재감을 확인하는 매우 불쌍한 방어적 악순환에 빠지게 되는 것이다. 그래서 대기업 오너의 가족이든 식당 손님으로 온 보통 사람이든 택시를 탄 승객이든 이들의 갑질의 시작은 대부분 '너 나 무시하지?'로 시작해서 '내가 누군지 알아!'를 외치게 된다.

　이 문제를 해결하는 길은 궁극적으로 하나밖에 없다. 더 많은 한국

인이 자신의 존재감을 타인과의 관계가 아닌 자기 스스로에게서 찾을
수 있게 될 때, 한국 사회의 갑질문제는 저절로 해결될 것이다.

사랑하는 척만 하면 된다

갑질이 사회적으로 이슈화될 때마다, 우리는 항상 갑에만 초점을 맞춘
다. 을은 대부분은 피해자로 불쌍하다는 정서적인 위로는 받지만, 을
의 입장이나 심리를 분석하려는 노력은 오히려 상대적으로 별로 없다.
그나마 을의 관점에 대해 논의되는 주제는 감정노동에 관한 얘기다.

   근무 중에 타인에게 특정(대부분 긍정적인) 감정을 표현해야 하는 업
무를 보통 감정노동이라 부른다. 이런 감정노동은 심리학적 관점에서
보면, 많은 스트레스를 유발하고 다양한 신체·심리적 문제를 유발할
수 있다고 보고된다. 일반적으로 감정의 경험과 표현은 우리가 통제하
기 힘든 자동적인 심리기제를 통해 일어난다. 실제로 인지할 수도 없
는 식역하자극(너무 빠르거나 약하게 제시되어 실제로 봤는지도 스스로 알 수
없는 자극)으로 뱀의 그림을 보여주면, 사람들은 자신이 뱀을 봤는지도
모르지만 두려움과 불편한 감정을 느낀다. 더 나아가 감정의 표현과
관련 있는 얼굴 근육들은 불수의적인 특성을 가지고 있다. 다시 말해,
감정을 경험하는 과정이나 그것이 얼굴에 표현되는 과정은 모두 자동
적인 측면이 강하다는 얘기다. 이렇게 자신이 어찌하기 힘든 감정의

경험과 표현을 통제해야 하는 직업은 당연히 힘들 수밖에 없다.

그렇게 힘들 수밖에 없는 감정노동을 수행하는 방법은 크게 두 가지가 있다. 하나는 속으로는 어떻게 느끼든 상관없이 겉으로만 웃고 친절하게 행동하는 것이다. 즉, 그런 '척만' 하는 것이다. 또 다른 방법은 진심으로 소비자에게 하는 행동과 자신의 내면 상태를 일치시키는 것이다. 예컨대 소비자를 존중하고, 아끼고, 좋아하고, 사랑하는 행동만 하는 게 아니라, 진짜로 마음속으로 존중하고, 아끼고, 좋아하고, 사랑하는 것이다. 어느 쪽이 감정노동의 강도가 더 셀까? 한국 사람들처럼 주체성이 강한 사람이 뼛속까지 을이 되는 게 얼마나 힘든 일인지는 너무나 명확하다. 그런데 이런 사람들에게 우리 사회는 진정한 을이 되라고 강요하고 있다. 감정노동에 진심을 담으라고 얘기하고 있는 것이다.

감정노동이 한국 사회에서 갑질과 관련되어서 더 큰 문제가 되는 이유는, 우리가 감정노동에 대한 구체적인 매뉴얼보다는 모호한 선전 구호에 의존하기 때문이다. 한국 사회는 고객을 대하는 구체적인 매뉴얼을 만들고 교육시키기보다는, 그냥 '최선을 다하라' 또는 '진심으로 대해라', '진심을 보여줘라'라는 식의 관념적인 접근을 더 선호한다. 그러다보니 고객은 진심을 느껴야만 만족하고, 감정노동자는 진심을 전해야 한다. 하지만 이런 노동자들의 진심은 무엇일까? 소비자를 정말로 반기며 소비자가 만족하고 행복했으면 하는 마음일까? 그것도 하루 8시간씩 일주일에 40시간을 줄기차게 진심으로? 요즘 진짜 이해가 안 되는 서비스가 하나 있다. 한 통신사의 상담원은 고객의 전화를 받을 때마다 "사랑합니다, 고객님."이라고 외친다. 왜? 진짜 사랑해서? 진심으로 고객을 사랑한다고? 사실 다 거짓말이다. 이들은 단지 돈을 위해 시키는 대로 자신의 일을 할 뿐이다. 물론 돈을 벌기 위한 목적 외에도 자신이 하는 일에 보람을 느낄 수도 있겠지만, 그렇다고 처음 접하는 수화기 건너편의 고객을 사랑하지는 않는다. 이런 한국 문화에 만연한 진심에 대한 동경은 감정을 그냥 단순히 표현해내는 것이 아니라, 진심이 아닌 감정을 억지로 만들어 짜내는 노동으로 만들고, 감정노동자로 하여금 마음속까지 진정한 을이 되라고 요구한다. 그리고 그것이 곧 갑질의 빌미가 된다.

오가는 현금 속에 싹트는 갑을관계

유학생활을 하면서 제일 적응하기 힘든 것 중에 하나가 서구의 팁 문화였다. 안 그래도 빠듯한 유학생 처지에 메뉴에 적힌 돈보다 최소한 10퍼센트 정도를 더 지불할 때마다 너무나 억울했다. 그러면서 항상 중얼거렸다. "지가 해준 게 뭐가 있다고 팁을 꼭 받아야 하나?"라고. 하지만 어찌 보면 그들이 영어에 서툰 동양 유학생에게 잘 알아듣지 못해도 몇 번씩 물어가며 어렵게 주문을 받고 끝까지 웃으며 서빙하는 이유는 바로 그 팁 때문이다. 그리고 자신이 더 많이 웃어주고 더 친절하게 느껴지도록 감정노동을 세게 하면 할수록 그가 받을 팁은 증가할 것이라는 사실을 안다. 사실 별로 챙겨주지도 않고 웃지도 않고 불친절했던 종업원에게 필자도 팁을 적게 주거나 일부러 동전으로 주는 소심한 복수를 하기도 했다. 이들의 감정노동은 노력의 강도에 비례해서 보상을 받는다. 만약 이들에게 더 강한 갑질(물론 도덕·윤리·인격적으로 부적절한 갑질은 어떠한 경우에도 행해선 안 된다)을 하고 싶다면, 그걸 묵묵히 참고 버텨줄 수 있는 을을 위해 두둑한 지갑을 준비해야 한다. 이건 팁 문화가 정착된 서구 사회의 모습이다.

그런데 우리의 현실은 어떤가? 한국 사회에서는 강한 감정노동과 갑질 공격에 비례하는 더 큰 보상이 일반적으로는 없다. 다만 진심을 담은, 훨씬 더 어렵지만 당연한 감정노동만 있을 뿐이다. 감정노동을 더 열심히 한다고 특별히 얻는 건 없는데, 안 하면 처벌은 가혹하다. 또 이해가 안 되는 건 소비자의 관점에서도 바라는 만큼 비용을 더 지불하지 않아도 된다는 것이다. 그들은 정해진 가격에 진심이 담긴 감정노동이 당연히 포함되어 있다고 생각한다. 그래서 만약 그들이 원하는 만큼의 진심이 안 느껴지면 자기가 손해를 보았다는 느낌을 갖게 된다. '저 사람이 나를 무시하는 건가?'라고.

최근에 문제가 된 그런 악질적인 갑질은 반드시 처벌받아야 하고 당연히 막아야 한다. 하지만 지금 우리 사회의 모든 서비스업의 체계와 인식을 그대로 방치한 채 이런 갑질의 문제를 해결할 수 있을까에 대한 의문이 든다. 어찌 보면 한국 사회는 서비스업을 키운다는 구호만 외칠 뿐, 서비스업에 대한 기본적인 이해와 그 보상체계는 모두 무시하고 있는 것은 아닐까?

갑을관계는 영원히 지속될 것이고, (최소한 악질적이지 않은) 갑질도 계속될 것이고, 감정노동 시장은 점점 더 커져갈 것이다. 이제는 건강하고 바람직한, 그리고 갑을 모두가 즐거운 관계에 대한 개념과 기준을 고민해야 한다.

어차피 진심을 가질 필요가 없는 을에게서 더 큰 존재감을 인정받고 싶다면, 자신의 존재감이 중요한 만큼 그에 합당한 대가를 지불해야 한다는 현실주의적 해법은 너무 천박한 것일까….

국민 모두가 판사인 나라

//

한국 사회에는 나쁜 놈이 너무 많다. 미디어가 너무 발달해서 몰라도 되는 나쁜 놈까지 알게 되는 건지, 요즘 한국 사회는 참 갖가지 나쁜 놈들 천지인 것 같다. 침몰해가는 세월호에서 탑승객에게 하선 명령을 내리지 않고 자신만 탈출해서 300명이 넘는 사람을 사지로 몰아넣은 선장, 도저히 이해할 수 없는 가혹행위를 저지르고 부하대원들에게까지 지시해서 한 일병을 죽음에까지 이르게 한 이 모 병장, 17년 전 성폭행당한 뒤 숨진 여대생 사건의 범인으로 지목된 외국인 용의자…. 그런데 이렇게 명백히 나쁜 놈들을 처벌하는 일도 그리 간단치가 않다. 일반인들이 보기에는 확실히 살인을 저지른 범인인데도, 살인죄가 선고되지 않으면 여론은 심하게 들끓는다. 그리고 대부분의 국민들은 사법부의 무능함을 비웃는다. 이렇게 누가 무슨 짓을 했는지, 그래서 누가 어떻게 죽었는지가 명확한 사건에서도 사법부의 판단이 국민의 일반적인 상식과 다르다면, 심지어 누가 무슨 짓을 했는지 자체가 논란의 여지가 있는 사건의 결론은 어떻겠는가?

1995년 서울 불광동의 한 아파트에서 부인과 두 살짜리 딸이 욕조에서 사망한 채로 발견되어, 치과의사인 그 남편이 살인죄로 기소된 사건이 있다. 치과의사 모녀살인사건으로 알려진 이 사건은 1심에서 남편에게 사형이 선고됐지만, 2심 고법, 대법원, 대법원 재상고를 거쳐 결국 무죄가 선고되었다. 이와 반대로 만삭부인을 욕실에서 목 졸라 죽인 혐의로 기소된 유명 병원 레지던트였던 남편은 1심 판결과 상고, 재상고 등의 지리한 공방 끝에 결국 대법원에서 유죄판결을 확정받고 감옥에서 20년형을 살고 있다. 최근에는 현직 대법원장이 37년 전에 내린 판결이 고등법원에서 뒤집힌 사건도 언론에 대대적으로 보도되기도 했다.

이렇듯 판결이 뒤집힐 때마다 한편에서는 환호하며 정의가 실현됐다고 주장하는 사람들과, 다른 한편에서는 사법부를 비난하고 자신은 도저히 받아들일 수 없다고 울부짖는 사람들이 상존한다. 과연 누가 옳고, 누가 틀린 걸까? 누군가는 진실을 말하고 누군가는 거짓을 말하는 걸까? 그렇다면 사법부는 바른 결정을 내린 걸까, 아니면 잘못된 결정을 내린 걸까?

왜 사법부는 국민의 상식에 어긋나는 판결을 내리는 걸까?

흔히 사법체계는 정의를 실현하는 것을 궁극적 목적으로 한다고 알려져 있다. 사법부를 상징하는 이미지도 정의의 여신이다. 국민들도 사법부에 기대하는 것이 바로 정의의 실현이다. 물론 사법부의 정의로운 판결은 자신이 판단한 바와 당연히 같을 것이라는 전제를 누구나 암묵적으로 가지고 있다. 왜? 사람이라면 누구나 자신이 정의롭다고 믿으니까.

만약 같지 않다면 자신이 납득할 만한 설명이 있어야 하고, 납득이 안 되면 사법부는 무능하던지, 썩었던지, 아니면 정치적인 집단이 된다. 이런 과정을 통해 생기는 사법부에 대한 자기만의 평가는 절대 성급하지도 편향되지도 않았고, 매우 논리적이고 합리적이다. 최소한 그냥 자기 자신에게는 그렇다. 왜? 사법부의 판결이 자신이 믿는 상식에 어긋나기 때문이다. 그래서 대중적 상식을 좀 반영하라고 일반 국민들이 참여하는 배심제, 즉 국민참여재판이 도입되기도 했다. 그런데 과연 사법부가 상식을 다루는 기관일까? 만일 그렇다면 상식이 사법 판단에서 얼마나 중요한가에 대해 한국인들은 얼마나 알고 있을까?

대부분의 한국인은 초중고 교육과정에서 법률체계에 대해 배운다. 이후에 법대에 진학하지 않는 한 따로 법에 대해서 배울 기회는 없다. 학교에서는 사법부의 조직, 체계, 판결절차를 '아주 간단히' 외우게 하고, 관념적으로 사법부는 정의를 실현해야 하고 실현할 것이라는 당위적인 얘기들을 주입식으로 가르친다. 사법판단의 본질이나, 더욱더 중요한 그 한계에 대해서는 전혀 배우지 않는다. 그 한계는 바로 많은 경우에 사법판단이 일반인이 생각하는 상식과는 다를 수밖에 없다는 진실이다.

　법률체계나 법규정들은 그 사회에서 널리 받아들여지는 합의로 만들어진다. 그래서 대부분의 법률내용은 일반인의 상식과 일치할 수밖에 없다. 일치하는 정도가 아니라 오히려 일반의 상식에 근거하고 있고, 사회적 합의에 부합해야 한다. 하지만 사법판단의 본질은 그 결과, 즉 판결이 얼마나 진실과 상식에 부합하느냐에 있지 않고, 그 판단이 만들어지는 과정에 있다. 그렇기 때문에 사법판단은 상식과 다를 수도 있다.

　사법판결이 실제로 진실에 부합하느냐 아니냐의 여부를 확인할 수 있는 경우는 그리 흔하지 않다. 대부분의 경우 사법판결에서 결정적인 사항들은 사실로 명확히 드러나기보다는 추론해야 하는 경우가 많기 때문이다. 앞에서 얘기한 세월호 선장의 경우, 하선명령을 하지 않고 자신 혼자만 탈출한 행위는 확인이 가능하고 그래서 수백 명이 사망한 것도 확인 가능한 사실fact이다. 하지만 살인죄가 성립되기 위해서는 승객들이 죽어도 좋다는 생각과 죽을 것이라는 예상을 했어야 하는데, 그런 생각과 예상은 눈에 보이지도 않고 기록으로 남지도 않는다. 전 세계에서 이에 대한 진실을 아는 유일한 사람인 세월호 선장은 당연히 그런 생각이나 예상은 하지 않았다고 주장한다. 문제는 본인의 그런 주장에도 불구하고, 했다고 확신(확인은 불가능하니 그냥 확실히 믿는 것)할 근거가 무엇이냐는 것이다.

학창시절에 누구나 한번쯤 그런 경험이 있을 것이다. 부모님이나 선생님이 '너 그런 생각했지?'라고 단정 지을 때, 실제로 그런 생각을 하지 않았기에 무지하게 억울했던 순간들 말이다. 나는 분명 그러지 않았는데 어른들 마음대로 그랬다고 단정 짓고 자신을 처벌했을 때의 분통함을 기억한다면, 법률 제도가 왜 이렇게 만들어졌는지 이해할 수 있을 것이다. '상식적으로 그러지 않았겠어?'라는 믿음으로는 충분하지 않다. 치과의사 모녀살인사건이나 만삭부인 살인사건에서, 부인을 살해하는 장면을 본 사람이나 기록한 CCTV 자료가 없는 한은, 남편이 범인이라는 것을 100퍼센트 정확하게 확인할 방법은 없다. 다만 '합리적 의심이 들지 않을 정도'의 확신이 들면 유죄고, 그에 못 미치면 무죄가 선고된다. 아니, 무죄가 선고되어야만 한다. 이런 불확실성 때문에 판결은 때로는 바뀔 수 있다. 이것은 누구의 잘못이나 오류가 아닌, 그냥 사법체계의 본질에서 비롯된 한계다.

얼마나 위험을 감수할 수 있는가?

사법판단에 내포되어 있는 불확실성이라는 본질은 법률을 공부하는 전문가들이나 사법 관련 종사자들에게는 절대 논의하기 원치 않는 개

넘이다. 사법판단의 불완전성과 오류 가능성은 연결되는 개념이기 때문이다. 하지만 그러기에 중요한 법률원칙들은 바로 그러한 불확실성을 극복하기 위해서 발전되어왔다. 유죄가 확정선고되기 전까지 모든 피의자를 무죄로 간주하는 무죄추정의 원칙, 법정구속을 포함한 법률에 근거한 모든 불이익은 최소화해야 한다는 원칙, 합리적 의심이 들지 않을 정도의 확신을 요구하는 원칙들이 바로 그러하다. 일반적으로 얘기하는 '열 명의 도둑을 놓치는 한이 있어도, 한 명의 무고한 사람을 처벌해서는 안 된다'는 관점이 바로 사법체계의 근간이다. 그래서 법망을 피해가는 나쁜 놈의 수보다 억울하게 처벌받았다는 사람의 수가 우리 주변에 적다(전혀 없지는 않지만). 실제로 이 때문에 수많은 나쁜 놈들이 법망을 피해가기도 한다. 그것을 보면서 우리는 뭔가가 잘못됐다고 느끼고 정의가 실현되지 않는다고 불만을 갖는다. 따라서 그 나쁜 놈들을 한 놈이라도 더 처벌하기 위해 확신의 기준을 좀 낮춰서 잡길 원하지만, 만약 본인이 죄도 없이 억울하게 처벌받을 확률이 올라간다면 이걸 받아들일 사람은 거의 없다.

사법판단은 본질적으로 진실규명이 아니라(물론 진실규명이 궁극적 목표이기는 하지만) 어떤 판단오류의 위험을 감수하느냐의 선택일 수밖에 없다. 판사는 불확실성을 내포한 사법판단에서 유죄 판결을 내릴 때는, 어쩔 수 없이 실제 무고한 사람에게 유죄를 선고할 오류의 가능성을 떠안아야 한다. 반대로 무죄 판결을 내릴 때 역시, 어쩔 수 없이 진범을 풀어줄 오류의 가능성을 감수해야 한다. 이런 오류들은 다양한 학문 분야에서의 비슷한 개념들과 일맥상통한다. 통계학적인 개념에 비유해보면, 처벌오류인 전자는 1종 오류에 해당하고 무처벌오류인 후자는 2종 오류에 해당한다. 또한 심리학의 신호탐지이론signal-detection theory에서는, 처벌오류인 전자는 허위경보false alarm에 해당하고 무처벌 오류는 놓침missing에 해당한다. 예를 들어, 레이더 기지에서 적비행기의 기습을 감시하고 있는 레이더병은 레이더에 나타난 수상한 물체가 적비행기인지 새 떼인지를 잘 구분해야 한다. 실제 적비행기가 날아오고 있는데도 이를 새 떼로 오인하면, 아군은 엄청난 피해를 보게 된다. 반대로 새 떼를 적비행기로 오인하면, 아군은 쓸데없는 경계태세로 물질적 손해를 입고 피로감만 쌓이게 된다. 이런 서로 반대되는 개념들의 관계에서 가장 중요한 특징은, 한 종류의 오류를 막으려고 하면 다른 종류의 오류의 가능성이 증가하는 것을 피할 수 없는 트레이드 오프Trade-off의 한계다. 만약 레이더병의 상관이 평소에 절대 적비행기를 놓치면 안 된다고 강조했다면, 레이더 속의 애매한 신호에도 그 레이더병은 쉽게 비상사태를 외칠 것이다. 이때는 당연히 허위경보의 빈도도 증가할 수밖에 없다. 반대로 상관이 쓸데없는 허위경보로 인한 피해를 강조한다면, 그 레이더병은 웬만하면 비상벨을 울리는 것을 망설일 것이고, 이 때문에 실제 공습을 놓치는 빈도도 증가할 수밖에 없다.

사법판단의 오류도 본질적으로 똑같은 원리로 작동하지만, 단지 차이는 사법체계는 제도적으로 허위경보와 1종 오류, 즉 처벌오류를 최소화하도록 만들어졌다는 것이다. 그래서 항상 사법부의 판결은 국민의 기대에 미흡하다. 세월호 사건, 윤 일병 사건, 스리랑카인 여대생 살인사건, 치과의사 모녀살인사건, 만삭부인 살인사건 등과 같은 일반적인 형사사건은 불쌍한 피해자가 억울한 피해를 입었기에, 국민들로 하여금 강한 처벌욕구를 일으킨다. 그래서 반드시 범인을 잡아서 처벌하고픈 마음과 동시에, 그 나쁜 놈을 처벌하지 못할 때 강한 죄책감과 함께 불안감을 느끼게 된다. 이런 상태에서 너무나 조심스럽고 보수적으로 처벌오류를 피하려는 사법부를 보면, 마치 무슨 눈치를 보는 듯한, 피의자를 처벌하고 싶지 않은 것 같은, 왠지 정의를 실현하고 싶어 하지 않는 것처럼 보인다. 그러나 사법부가 상식적으로 판단하는 일반 국민들을 만족시키기 위한 판결을 내린다면 사법판단의 원칙을 포기하는 것이다. 따라서 원칙을 지키는 사법부는 국민들로부터 (최소한 어느 정도는) 미움받을 수밖에 없다.

어떤 사법 오류는 참을 만한가?

전 세계 대부분의 사법체계는 비슷한 본질을 가지고 있지만 유달리 한국 사회에서 사법부의 신뢰가 낮은 이유는, 위험감수 선택이라는 사법부의 본질이 한국인의 복합유연성을 만났기 때문이다. 한국인의 심리적 특성 중의 하나가 바로 복합유연성인데, 이로 인해 한국인들은 서로 상충하는 가치들이 상존할 수 있고 실제로 그 가치들이 본질적으로는 상충하지도 않는다는 변증법적 사고^{dialectic thinking}를 하는 경향성을 보인다.

서양의 가치관은 일반적으로 흑과 백, 낮과 밤, 선과 악 등과 같이 양분법적이고 이들 간의 갈등과 충돌의 가치관은 그들의 사고와 문화의 근간을 이루고 있다. 그래서 서양 사람들은 세상과 절대 타협할 수 없고 양립할 수 없는 가치들이 존재하며, 그중에 하나를 선택해야 하고 그 선택을 통해 무언가를 얻는 대신에 다른 하나를 잃게 된다는 것을 상대적으로 쉽게 받아들인다. 하지만 동양의 가치관은 일반적으로 그런 가치들이 충돌하기보다는 본질적으로 서로 통하고 결국 하나로 연결된다고 보는 관점이 더 일반적이다. 음양의 조화, 태극의 의미, 윤회설 등 수많은 개념이 바로 이런 극단의 화합과 조화를 강조한다. 이런 관점은 굳이 하나를 선택할 필요가 없게 만들고, 결국 선택을 즐기지 않는 심리적 특성을 만들어낸다.

불운한 현대사를 겪으면서 선택의 여지를 잃어버린 한국인들에게 이러한 복잡성은 더 두드러지게 나타난다. 그래서 한국인들은 선택을 싫어하고, 더구나 선택을 통해 무언가를 잃어야 한다면 더욱 불편해한다. 심지어 선택을 하고도 자신이 무엇을 잃어야 한다거나 잃을지도 모른다는 생각을 거의 고려하지 않는다.

이런 한국인들에게 본질적으로 어떤 오류를 감당해야 하는 사법판단은 잘 이해가 되지도 않고 동의를 구하기 힘들지도 모른다. 한국인들은 사법부에게 처벌오류도 줄이면서 동시에 무처벌오류도 줄이는 방안을 찾아내라고 요구하고 있다. 진짜 범인을 처벌할 확률을 100퍼센트로 만드는 동시에, 무고한 사람이 처벌받을 확률은 0퍼센트로 만들 수 있다고 믿고, 당연히 그렇게 만들어야 한다고 생각한다. 이것이 얼마나 어려운 일이라는 것을, 더 솔직히 말해 불가능한 일이라는 것을 받아들이라는 요구는 이러한 심리적 특성을 지닌 한국인들에게는 너무 어려운 일이다. 그러니 판결의 오류가 나올 때마다, 어떤 오류(일반적으로 처벌오류를)를 줄이기 위해 불가피한 선택을 할 때마다 한국인에게는 마치 할 수 있는 것인데도 못하는, 아니 안 하는 것처럼 보일 수 있다.

물론 두 가지 오류를 동시에 줄이는(완전히 없애지는 못해도) 방법이 전혀 없는 것은 아니다. 한국의 수사체계와 과학수사 수준을 CSI와 같은 미국 드라마에서 보는 이상적인 수준까지 끌어올리면 된다. 다만 그러기 위해서는 엄청나게 많은 예산을 과학수사에 투자해야 한다. 몇 년에 한 번 일어날까 말까 한 사건을 위해 수십억의 장비를 사서 관리해야 하는 것이다. 단순 사고에도 엄청난 돈과 인력을 투입해서 굳이 필요 없어 보이는(나중에 혹시 필요할지도 모르니까) 증거까지 다 모으고 보관해놓으면 된다. 그만큼 우리의 주머니에 있는 돈을 어마어마한 세금으로 내놓아야 한다. 그게 싫으면 지금 우리가 누리고 있는 국방, 교육, 의료, 복지들 중에 무언가를 포기하는 선택을 해야 한다. 자, 그런데 복합유연성을 지닌 한국인이 이러한 선택은 할 수 있을까?

판사, 지가 뭘 알아?

선택을 싫어하는 특성만큼이나 사법부에 대한 신뢰를 낮추는 데 일조하는 한국인의 심리적 특성은 바로 주체성이다. 한국인은 자기 주장이 강하고, 자신이 통제하는 것을 좋아하며, 자신의 존재감을 인정받는 것을 선호한다고 앞서 밝힌 바 있다. 이런 특성은 한국인들이 업무에 있어 유연성이 있고 임기응변이 강하다고 평가받는 것과 관련이 있다. 한국인들은 현장에서 갑자기 접하는 문제에도 적극적으로 대응해 알아서 즉각적으로 일처리를 잘하는 것으로 알려져 있다. 일본이나 서양에 가면 정해진 원칙대로 또는 규정에 따라 절차를 밟느라고 아무것도 못하고 기다리고 있어야 할 때가 많다. 그럴 때 한국인은 답답해서 미치고 펄쩍 뛸 수밖에 없다.

〈완성! 드림하우스〉라는 일본의 건축방송을 보면, 집을 지을 때 모든 재료가 설계에 따라 이미 모두 재단이 되어 배달되고, 현장에서는 조립만 하면 되는 모습을 자주 볼 수 있다. 이런 작업이 가능하려면 이미 정해진 설계에 맞춰서 모든 사람이 일사불란하게, 한 치의 오차도 없이 움직여주는 작업이 필요하다. 하지만 한국의 건설현장은 이런 작업을 할 기술이 없는 것이 아니라, 이런 식의 과정 자체를 선호하지 않는다. 실제로 수많은 공사현장에서는 설계대로 공사가 진행되지 않는다. 미리 만들어진 재료를 조립만 하는 게 아니라, 현장의 상황에 맞춰서 유연하게 대처할 수 있는 여지를 갖는 것을 선호한다. 즉, 그냥 정해진 대로 따라 하기보다는 자신이 마음대로 결정할 수 있는 기회를 갖기를 바란다. 물론 현장에서 필요에 따라 내리는 그 결정들은 바로 자신이 옳다고 믿는 결정이다. 그래서 설계자와 현장책임자 간에는 늘 긴장이 조성된다. "니가 현장에 대해서 뭘 알아?"라는 경험 많은 십장의 훈수가 항상 들려온다. 이런 주체성이 바로 한국 경제의 고속 성장 비결 중 하나다.

이와 더불어 한국인의 주체적 특성은 사법부의 판단을 그냥 믿고 따르기보다는 한국인 개개인이 자신의 판단이 옳다고 믿게 만든다. 거대한 조직 속에서 규범과 원칙에 따라 자신의 행동이 결정되고 존재감이 상실되는 것을 결코 받아들일 수 없는 한국인은, 사법판단에서도 자신만의 원칙에 따른 자신의 판단이 인정받기를 원한다. 만약 사법판결이 자신의 판단과 일치하지 않는다면 그것은 옳지 않은 것이고, 자신의 의견이 반영되지 않은 듯한 느낌이 들면서 자신의 존재가 무시되는 것처럼 느껴져서 도저히 참을 수가 없게 된다. 그래서 조용히 슬픔과 분노를 삼키는 일본인과 달리, 한국인은 남에게도 들릴 정도로 울부짖고 당연히 이를 다른 사람들이 들은 척해주길 기대한다.

이러한 주체성은 타인의 범죄에 대한 사법판단에만 영향을 미치는 게 아니라, 자신의 준법행동에도 영향을 미친다. 한국 사회는 종종 사회경제적 수준에 비해서 준법의식이 약하다는 평가를 받는다. OECD 국가 중에서 부패지수도 매우 높고, 교통법규 위반에 의한 교통사고와 사망자의 수도 1위고, 세월호 사고와 같은 국가재난이 반복되고,

그 배후에는 항상 다양한 불법과 비리가 존재했음이 밝혀지고 있다. 이런 다양한 문제들이 사회 곳곳에서 반복적으로 일어난다는 사실은 그 문제의 본질이 극히 부도덕한 일부 국민이나 지역, 조직에 한정되지 않는다는 것을 의미한다. 오히려 대부분의 한국인들의 공통적인 특성 때문으로 보는 것이 타당하다. 그건 바로 국민 개개인이 규정, 법률, 원칙보다는 자신의 판단을 더 따르기 때문이다. 굳이 범죄를 저지르거나 법률을 무시하려던 건 아닌데, 결정의 순간에 왠지 그래도 될 것 같은 느낌이 든다. '내가 생각하기에 위험해 보이지 않는데. 이 정도면 해도 될 것 같은데. 이렇게 하는 게 더 나은 것 같은데.' 등의 판단은 너무나 자연스럽다. 아무도 없는 사거리에 혼자 신호를 지키고 서있을 때, '가도 되는 거 아니야?'라고 스스로 판단한다. 위험하지도 않고, 남한테 피해주는 것도 아니고, 누가 보는 것도 아닌데. 굳이 법을 어기는 것이 아니라, 더 나은 판단을 주체적으로 내리는 것이다. 그런데 이런 주체적 판단은 다른 사람의 눈에는, 객관적으로 법률만으로 따진다면 다 비리고 규정위반이고 범죄다. 그래서 개개인을 보면 별로 나쁜 사람들이 많지 않은 한국 사회가 부패지수, 비리, 범죄, 사고가 끊이지 않는 것이다. 그냥 시키는 대로, 정해진 대로 무조건 따르기에는 너무나 주체적인 사람들로 꽉 차 있기 때문이다.

착한 권위, 나쁜 권위 따로 있다?

20세기 말부터 한국 사회는 각종 권위의 타파에 혼신의 힘을 다해왔다. 유교문화적 배경에서 발달한 가부장적이고 권위주의적 분위기에 대한 반성과, 역사적으로 근대 군사독재정권에 대한 반발이 더해져서, 권위는 무조건 나쁜 것이라는 등식이 한국인의 머릿속에 깊이 박혀 있었다. 그래서 눈에 보이는 모든 권위를 가능하면 철폐하기 위해서 노력해왔다. 그래서 사실 우리 사회가 더 민주적이 되었고, 더 평등해졌고, 정치·사회·경제적으로 진일보했다는 평가를 받고 있다. 하지만 모든 선택에서 얻은 것만 있을 수는 없다. 당연히 잃는 것도 있었다. 학생이 선생을 폭행하는 등 교권침해 사례가 한 해 수백 건이 발생할 만큼 교권이 무너졌고, 경찰은 동네 지키는 강아지 취급을 받기 일쑤다. 최근에는 SNS 기록을 수사기관에 넘겨준 카카오톡의 법률대변인이, 판사가 정식으로 발부한 영장이 있어서 어쩔 수 없이 기록을 내줄 수밖에 없었다는 얘기를 한 이유로 대국민 사과를 하고 사퇴하는 현실을 마주하고 있다. 그 변호사는 "그럼 사법부에서 발부한 영장을 거부하란 얘긴가?"라고 얘기했다가 한마디로 소신 없는 주체성이 약한 인간이 되어버렸다.

나쁜 권위를 없애야 한다는 데 반대할 사람이 있을까? 문제는 무엇이 나쁜 권위인가에 대해 누가 판단할 것인가다. 주어진 상황에서 모든 국민들이 각자 알아서 판단하게 만들어도 된다고 생각하는 사람은 아마 없을 것이다. 그동안 각종 불필요한 권위도 무너질 만큼 무너졌다. 이제는 어떤 권위는 살리고 어떤 권위는 죽일 것인지에 대한 합의를 합리적이고 현실적으로 논의해도 되지 않을까? 사법판단이 완벽해서가 아니라 원래 그럴 수밖에 없기 때문이란 것을 인정해야 한다. 물론 오류는 가능한 한 밝혀내고 고쳐야 한다. 하지만 그 오류 여부는 각 개개인이 판단할 일은 아니라는 인식도 필요하다. 또한 주체성이 강하기에 스스로 판단하기를 즐기는 한국인을 납득시키기 위해서는 사법부의 지혜 역시 필요하다. 억울한 처벌을 내리지 않기 위한 결정이 범인을 풀려나게 할 수 있다는 사법판단의 한계를 인정할 때, 사법판단에 대한 불신이 아닌 신뢰가 형성된다는 역발상을 할 수 있어야 하지 않을까.

Koreanism 2

가족확장성

□
□

한국형 국가 모델: 큰아버지와 조카?

□

전 세계에서 지하철이나 버스의 경로석이 제일 잘 지켜지는 나라는 한국이다. 일본의 지하철에도 노약자나 임산부를 위한 자리인 우선석이 있다. 하지만 그게 지켜지는 경우는 거의 없다. 눈앞에 금방이라도 쓰러질 듯한 할머니가 서 있어도(일본에는 그런 꼬부랑 할머니, 할아버지가 진짜 많다), 우선석에 앉은 젊은이들은 꼼짝도 안 한다. 왜? 우리 할머니가 아니니까. 한국에서는 이런 일이 일어나면 바로 사진으로 찍혀서 인터넷 곳곳으로 퍼진다. 그리고 다음 날이면 사진의 주인공은 어른을 공경할 줄 모르는 희대의 패륜아가 되어 있다. 왜? 한국 할머니는 모두 우리 할머니니까. 이와 똑같이 한국에서는 대통령도, 회사 사장도, 선생님도, 두목(?)도 부모와 같은 존재이고, 그들에게는 부모인 이상 지켜야 할 의무와 책무가 있다. 같은 맥락으로 국민도, 직원도, 학생도, 부하도 그들에게 자식의 도리를 다한다. 한국에서 노약자석이 잘 지켜지는 이유는 바로 여기에 있다. 그건 한국 사람이 착해서가 아니라 바로 가족확장성 때문이다.

세상의 모든 사회구조에서 가족은 사회관계의 근간을 이루고 있다. 가족을 가장 중요한 관계로 간주하고, 서로 사랑하며 살아간다는 점에는 세상 어디에도 차이가 없다. 서양에서도 가족은 동양만큼이나 중요하게 여겨진다. 서구 히어로 영화의 스토리들 대부분이 가족을 지키기 위해 고군분투하는 영웅의 활약담인 것만 봐도 그렇다. 가족의 가치를 소중히 하는 것은 세상 어디나 마찬가지다. 그렇기 때문에 한국 문화를 가족주의로 규정하고, 특히 서양에 비해 가족애가 더 강하다는 양적 차이를 강조하는 것만으로는 한국만이 지닌 가족적 특성을 충분히 보여주지 못한다. 게다가 이미 심리학에서는 북미와 남미의 가족관계를 비교해서, 남미의 가족애가 훨씬 강하다는 양적 차이를 보여주는 가족주의familism가 존재한다.

남미 사람들의 가족에 대한 사랑은 한국 사람들 못지않게 유별나다. 그들 사회에서는 가족이 모든 것에 우선한다. 그래서 실제로 모여 살기도 하고, 네 집 내 집 할 것 없이 드나들며 무슨 일이든 함께 한다. 실제로 한국의 가부장적이고 유교적인 관습이 싫어서, 남미 남자와 결혼할 뻔한 여성이 그들이 사는 모습을 보고는 결혼을 포기했다는 얘기가 들릴 정도다. 그들은 진짜 가족처럼 끈끈하게 산다. 그러니 그런 심리학적 개념이 진즉에 만들어진 것이다. 양적으로 치자면 아마 남미의 가족애가 한국의 가족애보다 더 강력할 수도 있다. 하지만 한국 문화에서 가족의 특징은 그런 양적 차이가 아닌 질적 차이에 더 가깝다고 할 수 있다.

한국에서 가족의 개념은 유교의 효 사상에 근거한 동양적인 수직적 특성을 넘어서, 가족 개념의 사회적 확장이 일어나는 것이 특징이다. 즉, 한국인들은 가족을 유달리 사랑하는 차원을 넘어, 혈연으로 묶인 가족의 범위를 뛰어넘는 다양한 사회적 관계와 체계를 가족의 개념으로 이해하는 것이다. 예를 들어, 다양한 인간관계를 너무나도 쉽게 혈연관계로 환원해버린다.

식당이나 가게 등 주변 어디를 가도 남에게 가족이나 친척에게 사용되는 호칭인 아저씨, 아주머니, 오빠, 언니, 동생으로 부르는 것만 봐도 알 수 있다. 심지어 골프장 같은 곳에서는 중년의 아저씨, 아주머니 급의 고객이 아무렇지도 않게 20대의 캐디를 '언니'라고 부른다. 오히려 아가씨나 총각, 처녀와 같은 말은 타당하게 쓰여야 할 정확한 용어이지만 이는 어색할 뿐만 아니라 왠지 성희롱 같은 의미로 오해되기도 한다.

더 이상한 것은 우리는 인식하지도 못하는 사이에 아빠의 친구는 삼촌, 엄마의 친구는 이모라고 부르라고 강요당한다는 점이다. 이것이 강요라는 것은 진짜 이모가 아닌데 왜 그렇게 불러야 하냐고 물어보는 순진무구한 아이에게 뭘 그렇게 따지냐고 짜증을 내는 부모를 보면 알 수 있다. 대학가 근처 하숙집이나 단골식당에 가면 주인아주머니를 엄마나 어머니로 부르는 경우도 비일비재하다. 친구의 어머니는 곧 나의 어머니라고 하는 경우는 너무나 많다. 과거 〈우정의 무대〉란 TV 프로그램만 봐도 전우의 어머니에게 몇백 명이 모두 어머니라고 외치는 장면도 있지 않은가. 이게 뭐가 이상하냐고? 가족주의가 그렇게 강하다는 남미에서도 절대 자신의 친어머니가 아닌 사람을 어머니라고 부르지 않는다. 왜? 그럼 진짜 어머니가 섭섭해하니까. 남미 사람들에게 정말로 소중한 가족은 혈연으로 맺어진 가족뿐이다. 가족이 그렇게 고유하고 중요하다면, 실제 가족은 다른 사람들과 차별적이고 배타적인 의미를 가져야 한다는 남미의 가족주의가 더 말이 된다. 하지만 한국 사람들은 가족이 그렇게 중요하다면서, 주변 아무하고나 가족을 만든다. 이 모순적인 측면이 한국적 가족확장성을 잘 보여주는 단적인 예다. 그리고 문제는 여기서 시작된다. 이제는 가족의 원리로만 운영되기에는 한국 사회의 모든 조직과 집단이 지나치게 확장되고 복잡해졌기 때문이다.

군자는 그냥 하늘에서 떨어지지 않는다

//

한국 사람들의 가장 큰 불행 중 하나는 아마 닮고 싶은 리더가 별로 없다는 것일 테다. 가장 존경하는 인물이 누구냐고 물어보면, 역대 순위에서 빠지지 않고 늘 포함되는 이가 이순신 장군과 세종대왕, 김구 선생 정도다. 생존해 있는 사람은 워낙 등락이 심해서 오랫동안 상위 순위를 유지하는 인물을 찾기 힘들다. 대학생들이 존경하는 인물로는 오히려 김연아, 유재석, 박지성과 같은 스포츠선수나 연예인이 상위권을 차지하는 경우가 많다. 정치인, 특히 현재 살아 있는 정치인은 순위에 오르는 경우도 드물고, 올라도 아주 잠깐 머물다 사라지는 경우가 대부분이다. 어찌 보면 2014~2015년에 상위권에 속해 있던 반기문 UN 사무총장이 유일할 것이다. 그럼에도 일부 사람들은 반기문 사무총장이 국내 정치에 발을 들여놓는 순간 순위에서 사라질 것이라는 예측을 했다. 왜 그런 것일까?

낙타가 바늘구멍을 지나는 것만큼 어려운 일

많은 사람이 얘기한다. 청문회를 통과할 만한 사람이 없다고. 어떤 이는 얘기한다. 통과할 만한 사람은 그 구렁텅이에 절대 발을 들여놓지 않는다고. 청문회를 통과하지 못한 총리 또는 장관 후보의 얘기는 이제 거의 매년 반복되고 있다. 그 이유도 가지가지다. 뇌물수수, 부동산 투기, 위장전입, 논문표절, 법률위반 등 구체적으로 확인되고 명확하게 진실을 규명할 수 있는 문제에서부터, 전관예우나 공직윤리, 심지어 과거 발언의 취지나 의도와 같이 실체 규명이 어려운 주관적인 해석의 영역까지 문제가 되고 있다. 검증의 대상은 후보 당사자가 아닌 가족의 영역까지 확대되어, 자녀의 이중국적 문제, 심지어 어느 후보는 부인에게 명품백을 사준 것까지 문제가 되었다. 명품백을 뇌물로 받은 것도 아니고, 월급 모아서 사줬다는데도 하자가 되었다(그것도 명품 소유율 세계 2위 나라에서). 후보자 본인이나 그 가족에 대한 이러한 신상털기를 통과할 수 있는 인사가 과연 몇 명이나 될까에 대한 의문이 제기될 수밖에 없다. 실제로 한 언론에서는 잠재적 후보자들 대부분이 자리를 고사했는데, 특히 가족의 반대가 심했다는 기사가 나기도 했다.

사실 과거의 청문회에서 문제가 되었던 것은 법률위반과 같은 구체적인 결격사유였던 반면에, 일부 장관이나 총리 후보 사퇴의 경우에는 객관적 자료를 바탕으로 한 검증보다는 자의적 해석의 여지가 강한 측면도 있었다. 대법관 출신 변호사였던 안대희 총리 후보의 경우 단기간에 지나치게 많은 수임료를 받은 것이 문제가 되었다. 16억이라는 돈이 결코 적은 돈도 아니고 한 번쯤 의심해볼 만한 금액인 것은 맞지만, 안대희 후보가 그 사건을 맡은 뒤 누군가에게 청탁을 했다거나 전관예우를 이용한 어떠한 부정행위를 했다는 근거는 끝까지 나오지 않았다. 그냥 대법관 출신이 대법원 사건을 맡으면 자동으로 전관예우가 되는 것 자체가 잘못이라는 논리와 수임료로 받은 16억이 너무 많다는 의혹만 있었을 뿐 정작 중요한 논의는 빠져 있었다. 바로 전문성의 관점이다.

대법원 사건은 할 수만 있다면 대법관 출신에게 맡기는 것이 합리적이고 유리한 것이 사실이다. 전관예우 차원이 아니라, 가장 잘할 수 있는 분야이므로 승소율이 높기 때문이다. 대법원에서 의사결정이 어떻게 일어나는지, 판결에 중요한 영향을 미치는 요인들이 무엇인지, 대법원의 구조와 특성이 어떤지 가장 잘 아는 사람이 당연히 변론을 잘할 수밖에 없다. 대법원 사건을 대법관 근처에도 못 가본 변호사에게 맡길 정신 나간 의뢰인이 몇이나 되겠는가? 당연히 대법원 사건은 대법원 출신에게 맡기는 것이 합리적이고, 좀 더 비싼 수임료는 그 전문성의 대가일 수도 있다. 안대희 총리 후보가 자타가 공인하는 최고의 법률전문가라는 사실은 역설적이게도 그가 법관들 중 최고봉인 대법관이었다는 사실로 증명되며, 그 16억 원 중 최소한의 일부는 그의 전문성 때문이라는 것은 확실하다.

　또 한 가지 논의하지 않을 수 없는 것은, 그럼 과연 16억 원이 그 전문성에 합당한 금액이냐의 문제다. 물론 일반인들에게는 턱없이 많은 돈이기에 전관예우와 관련이 있지 않을까 하는 의혹이 생길 수밖에 없다. 그런데 이 논의는 16억 원이라는 금액이 얼마나 많으냐는 절대적인 문제가 아니라, 이 사건이 안대희 후보가 아닌 다른 변호사나 로펌에 갔을 때의 금액에 비해서 얼마나 많은가를 비교해서 따져봐야 한다. 만약 이 사건을 대법관 출신의 안대희 변호사가 아닌 다른 로펌에서 수임해도 비슷한 수임료를 받는다면 이 비용에는 전관예우가 포함되어 있지 않다. 그 차이가 그리 크지 않다면 그냥 전문성의 문제일 수 있다는 것이다. 하지만 이런 두 가지 중요한 논의는 안대희 후보의 청문회를 앞두고 어느 언론에서도 언급되지 않았으며, 국민 대부분의 담론에서도 실종되어 있었다. 그저 16억이 너무 많다는 얘기와, 총리가 될 사람이 그러면 안 된다는 주장과 같은 국민들의 거부감만 있었을 뿐이다.

　다른 총리 후보에 관한 자격 논란은 자의적 해석의 여지가 더욱 컸다. 일부 언론에서 그 후보가 친일적 발언과 한민족 비하발언을 했다는 주장을 하며, 어느 종교행사에서의 강연내용을 보도하면서 그에 대한 비난여론이 거세게 일어났다. 문제가 된 강연 동영상 일부는 그 후보의 연설 중 전후 문맥을 잘라내 오해나 왜곡을 유발할 수도 있는 것이었다. 때문에 언론의 짜깁기 편집논란이라는 지적도 적지 않았다.

사실 그 후보의 머릿속에 한민족에 대한 어떤 생각이 있는지, 일본에 대한 어떤 감정이 있는지를 확인할 길은 없다. 그가 그동안 걸어온 전체 행적을 두고 추론할 수밖에 없는데, 이런 추론은 매우 많은 노력을 필요로 한다. 한번 따져보자. 실제 우리 국민 중에 문제가 된 그의 강연을 일부가 아닌 64분짜리 동영상으로 본 사람은 얼마나 될까? 그 후보의 과거 글을 적극적으로 찾아서 읽어보고 논점이나 문제점을 스스로 판단해본 국민은 또 몇 명이나 될까?

우리는 흔히 대통령이나 국회의원을 뽑을 때, 혹은 총리나 장관의 청문회를 볼 때, 꼼꼼하게 따져본 후 능력과 자질을 갖춘 사람을 선택해야 한다고 얘기한다. 하지만 실제로 이들의 프로필이나 관련 정보를 인터넷으로라도 찾아보는 데 시간을 쓰는 사람은 그리 많지 않다. 오히려 옷을 고르거나 쇼핑할 때 더 많은 정보를 찾아보고 더 많은 에너지를 쓴다. 심지어 맛집 앞에 줄 서서 한두 시간 기다리는 일은 예삿일이다. 웹툰이나 드라마를 보는 데는 매일 몇 시간을 쓰면서도, 정작 우리 삶을 결정짓는 중요한 문제 앞에서는 그만큼의 시간을 투자하는 사람이 거의 없다.

이런 대중의 모습은 결코 바람직하지는 않지만 동시에 너무나도 이해가 된다. 이미 수십 년 전부터 심리학에서는 인간의 본질이 완전한 합리성을 추구하는 '순진한 과학자naive scientist'가 아니라 오히려 자신이 원하는 바대로 원하는 만큼만 정보를 처리하는 '편향된 전략가biased tactician'에 더 가깝다고 밝혀왔다. 최대한 진실에 접근하기 위해 더 많은 정보를 얻으려 노력하고 주어진 정보를 가능한 한 객관적으로 처리하려고 하는 모습은, 일반인들뿐만 아니라 심지어 심리학자들도 믿고 싶어 했던 인간의 가장 이상적인 모습이다. 아마 완벽한 존재인 신을 닮고 싶어 하는 인간의 마음이 투영된 건지도 모른다.

하지만 현실 속의 우리의 모습은 불완전함으로 넘쳐난다. 진실과 진리를 추구하는 데 그리 큰 관심을 가지지도 않고, 자신의 시간과 노력을 들여서 선하고 바른 선택을 하지도 않는다. 일부 주어진 정보에 너무나도 쉽게 만족하기 때문이다. 게다가 어떤 정보가 주어지기도 전에, 이미 우리 마음속에는 믿고 싶어 하는 것들이 자리 잡고 있다. 그래서 인간의 사고과정은 우리의 기대만큼 그리 합리적이지도 객관적이지 않다고 얘기한다.

그렇기에 초기에 주어지는 정보가 매우 중요하다. 기억의 관점에서나 판단과 의사결정의 관점에서 초기에 접하는 정보는 그 뒤에 접하는 정보보다 더 강한 영향력을 발휘한다. 초기에 입력된 정보는 바로 뒤에 들어오는 정보를 해석하는 데 중요한 역할을 한다. 예를 들어, 첫인상은 멍청해 보였는데, 직업이 의사나 변호사라는 것을 알게 되면 그 사람이 더 특별해 보이는 이치와 같다. 반대로, 의사나 변호사라는 걸 알고 난 후 멍청한 외모를 보게 되면 그 멍청함은 다르게 해석된다. 더 나아가 초기에 접하는 정보에 따라 뒤에 들어오는 정보가 필요한지 아닌지 자체를 결정해버린다. 그래서 16억 원이라는 거액의 수임료와 민족비하 혹은 친일발언과 같은, 안 그래도 눈길을 확 끌 수밖에 없는 선정적인 정보들은 뒤따르는 정보처리의 의미를 바꿔버리거나 모두 의미 없게 만들어버릴 수 있다. 더욱이 당시는 세월호 사고 이후로 한국인들 마음속에는 정부에 대한 불신이 강하게 형성되어 있었다. 이런 상황에서 국민들이 총리 후보를 객관적으로 봐주기를 기대했다면, 그건 정부관계자가 인간의 본질에 대해 너무 무지했거나 아니면 국민을 무시한 것으로 봐야 한다. 좀 더 신중하게 후보를 골라야 했고, 더욱더 겸손하고 체계적으로 정보를 제공했어야 한다. 하지만 무식하면 용감한 건지, 많은 청문회 사건을 지켜본 결과 정부는 인간의 심리에 대해서는 잘 모르고 있는 것이 확실한 것 같다.

어버이 같은 지도자가 최선일까?

정보처리가 불완전하거나 왜곡되는 것은 한국인들만이 아니라 전 세계 모든 인간에게 적용되는 인간의 보편적인 본질이다. 그렇다면 왜 하필 한국 사회에서의 청문회 통과가 유달리 힘든 것일까? 청문회에서 총리 후보와 장관 후보가 모두 같은 이유로 낙마하거나 곤욕을 치르지는 않았으니, 피상적인 수준에서 공통의 문제점을 찾기는 힘들다. 하지만 심리적으로 한 단계 깊이 들어가보면 그 원인으로 한국 문화의 가족확장적 특성을 들 수 있다. 이미 앞서 얘기했듯이 한국 사회는 사회적 체계나 조직을 하나의 가족 형태나 속성으로 이해하려는 특성을 가지고 있다. 이러한 특성은 우리가 바라는 지도자의 이상적인 모습에도 당연히 영향을 미친다.

우리는 '군사부일체君師父一體'라는 말을 아주 어렸을 때부터 들어왔다. 이 말은 일반적으로 '임금과 스승, 어버이의 은혜는 모두 똑같다.' 또는 '임금과 스승, 어버이를 똑같이 섬겨라.'라는 말로 해석된다. 하지만 실제 이 글을 배우면서 자라는 아이들에게는 그런 뜻으로 받아들여지지 않는다. 아프리카에 있는 시미언Simien산과 웃중와Udjungwa산이 닮았다고 하면 이게 무슨 말인지 알 수 있나? 대부분의 한국 사람들은 그 산을 모르기 때문에 이런 말은 아무런 의미가 없는 정보다. 그런데 만약 시미언산과 한라산이 닮았다라고 하면, 이때는 정보가 의미를 지니게 된다(실제로 이건 사실이 아니다. 필자는 그 산들의 이름을 그냥 지도에서 무작위로 골랐다). 같은 원리로 아이들은 '군사부일체'를 '임금과 스승을 어버이처럼 대하라'라는 말로 해석한다. 아이들은 임금과 스승의 존재를 알기도 전에 어버이를 알고 자신과 어버이의 관계를 잘 파악하고 있다. 이런 아이들에게 임금과 스승의 존재를 가르칠 때, 바로 어버이의 개념을 임금과 스승에게 확대하면 된다고 알려주는 방법이 바로 '군사부일체'다.

이 말은 전형적인 한국적 가족확장성을 잘 보여주는 예다. 그래서 한국 사람들은 국가의 지도자도 회사의 상사도 스승도 어버이와 같을 거라는 기대를 하고, 그래야만 한다고 믿고, 그런 지도자나 리더가 바람직하다고 생각한다.

어찌 보면 굳이 가족이 아니더라도 아주 작고 친밀한 소규모의 조직에서는 이러한 기대나 믿음이 착각은 아닐 것이다. 과거의 군주제나 옛날 조상들이 살던 집성촌과 같은 동네에서는 충분히 가능한 얘기다. 하지만 조직의 규모가 커지고 구조와 구성원이 다양해질 때 혹은 다른 조직과의 복잡한 경쟁이나 협력관계를 필요로 할 때도, 이런 어버이 같은 지도자가 바람직한지는 사실 의문이다.

제레미 코빈은 어떤 선택을 할까?

2013년도 말, 국민대통합위원회에서 페이스북을 통해 '국민공감릴레이'라는 캠페인을 진행했는데, 한국인들에게 가장 존경하는 인물을 물었을 때, 가장 많이 나온 대답이 부모님을 포함한 가족이었다. 이 세상에 내가 가장 사랑하는 사람이 가족이고, 나를 가장 사랑해주는 사람이 가족이라는 사실은 대부분의 경우 사실이다. 하지만, 이 세상에서 가장 존경받을 만한 사람이 내 가족일 확률은 그리 높지 않다.

우리가 스스로 믿는 만큼 우리의 부모와 형제 그리고 우리의 자녀가 다 착하고 존경받을 만한 사람들이라면, 우리는 법이 필요 없는 세상에서 지금 살고 있어야 한다. 하지만 우리의 현실은 전혀 다르다. 사실 이 세상의 모든 범죄자도 누군가의 부모이고, 형제이고, 자녀이다.

온 국민이 죽일 놈으로 부르는데 전혀 이견이 없는 세월호의 선장도 그의 가정에서는 소중한 아들이고, 형제이고 부모이다. 세월호 선장의 가족에게도 그 선장은 일반 국민들이 생각하는 것만큼 나쁜 사람일까? 한국인 한 사람 한 사람에게 그 가족은 자신을 위해 무슨 일이라도 해 줄, 실제로 자신을 위해 어떤 일을 하고 있는, 최소한 자신의 존경을 받을 만한 존재가 맞다. 하지만 이 가족이 자신을 위해 하는 일이 때로는(생각보다는 더 흔하게) 다른 사람에게 피해를 주고, 사회적 규범을 위반하기도 한다.

이런 가족에 대한 이상으로 우리의 지도자를 고른다면, 지도자가 될 수 있는 사람은 자신의 부모밖에 없다. 국가의 지도자를 뽑을 때 자신의 부모보다 똑똑하거나 지식이 많거나 경험이 풍부해야 한다는 등의 기준을 사용한다면, 한국 사람들 상당수는 그렇게 뽑힌 지도자는 인정할 수 있을 것이다. 왜? 그 지도자가 자신의 부모보다 최소한 능력 면에서 뛰어나다는 사실은 객관적으로 증명하기도 쉽고, 부인하기도 힘들기 때문이다. 하지만 만약 그 지도자가 진실하거나 착하거나 믿음직스럽거나 국민인 자신을 진심으로 사랑해줘야 한다는 기준을 적용하면, 사실 자신의 부모·형제·자녀를 이길 수 있는 지도자는 세상에 그리 많지 않다. 아니, 없어야 한다. 어떤 총리 후보자나 장관 후보자가 실제로 국민 개개인의 부모보다 그들을 더 사랑하고, 더 진실되며 착하기까지 하다면, 국민들은 그 지도자를 좋아하기 전에 먼저 자신의 부모에게 실망하고 말 것이다. 오히려 자신의 부모보다 훌륭한 그 후보를 더 괘씸하게 생각할 수도 있다. 원래 공부 못하는 자녀보다 공부 잘하는 옆집 아이를 미워하는 게 더 쉬운 것이 인간의 본성이다. 더구나 우리의 지도자는 착하고 진실하기만 해서는 안 된다. 때로는 국익을 위해 다른 나라의 어려움을 눈감을 수도 있어야 하고, 다른 나라 국민에게 피해를 안겨줄 수도 있어야 한다. 때로는 국민소득을 두세 배로 늘리기 위해 의미 없는 전쟁에 뛰어드는 악마의 결단을 내려야 할지도 모른다. 그래서 최고의 국가지도자는 국민들에게 착하고, 진실하고, 믿음직스럽고, 인자한 아버지와도 같지만, 한편으로는 그들을 위해 언제든지 악마로 돌변할 수 있는 야누스와 같은 존재여야 할지도 모른다.

이 책을 쓴 2015년 9월, 영국의 노동당 신임당수로 선출된 제레미 코빈Jeremy Corbyn의 얘기가 연일 화제가 되었다. 그는 평생 동안 사회주의적 소신을 굽히지 않고 노동당의 정당 정신에 맞게 살아왔다고 한다. 그래서 항상 노동자나 서민의 편에서 행동했으며, 심지어 자녀를 고급 사립학교에 보내려 하는 아내와 이혼을 불사할 만큼 강직한 소신과 신념을 지닌 인물로 알려졌다. 그런데 필자는 궁금하다. 만약 영국의 이익과 자신의 소신이 충돌한다면 제레미 코빈은 어떤 선택을 할까? 자식과 아내와는 갈라섰지만, 국가의 이익은 버리지 않을까?

가족확장성이 지배하는 한국 사회에서 이런 야누스와 같은 지도자는 우리가 바라는 어버이의 모습이 아니다. 우리는 바로 어버이와 같은 군자를 원한다. 실제는 아니더라도, 정보처리를 제대로 할 마음이 없는 대부분의 국민들에게는 최소한 그렇게 보이기라도 해야 한다. 어찌 보면 비현실적으로 높은 기대와 기준은 우리로부터 영원히 만족스러운 후보를 빼앗아갈지도 모른다. 사실 자녀들이 존경하는 아버지 대부분은 어머니에게는 그리 멋지지 않은 남편인 경우가 많다. 그래서 아버지와 부부싸움을 한 어머니에게 아버지를 옹호하는 말을 했다가는 한 소리를 듣고 만다.

"니 아버지가 그렇게 좋으면 너가 모시고 살아라."

직장에서 능력 있고, 동료와 친구들에게 의리 있고, 이웃을 아끼고, 부모에게 효도하면서 아내에게 잘하고, 자녀에게 아낌없는 사랑을 주는 그런 완벽한 아버지가 과연 있기는 한 걸까?

한국에서 군자로 살아가기

더 중요한 문제가 있다. 국민들이 바라는 그런 어버이와 같은 군자가 실제로 있다면 그가 과연 현재 한국 사회에서 정치지도자가 될 수는 있을까? 아들을 둘이나 가진 학부모의 입장에서 보면, 요즘 공부를 잘해서 좋은 대학교에 진학하는 청소년들이 과연 어떤 어른이 될지 의문을 품지 않을 수 없다.

2014년에 고등학교 3학년이었던 남학생들(불쌍한 필자의 큰아들을 포함해서)은 흔히 '저주받은 학년'이라고들 한다. 동계올림픽, 월드컵경기, 하계아시안게임이 모두 한 해에 열리는 매우 역사적인 해였기 때문이다. 필자의 아들 역시 온통 관심은 축구에 가 있었다. 물어보니 다른 친구들도 모두 축구 얘기만 한다고 했다. 사회심리학자로서 사회적 환경 속에서 인간이 얼마나 나약한 존재인가를 알기에 충분히 이해가 갔다. 이런 세계적인 축제에 한국 국가대표팀이 출전하는 게임에 관심이 없는 사람은 비정상이라면서, 이런 모든 경기에 관심을 갖지 않고 올해 좋은 대학에 진학하는 수험생들은 모두 애국심이 없는 거라고 열변을 토하는 아들의 주장에 격하게 공감이 갔다.

성공한 사람들(특히 한국 사회에서)에게는 그러지 못한 사람들과 다른 여러 가지 차이가 존재하겠지만 한 가지 공통점도 있다. 바로 무지하게 독해야 한다는 점이다. 현대 사회는 뭐든 적당히 해서는 안 된다. 남들보다 앞서가고, 성공하기 위해서는 독해야 한다. 목표를 정하고 그 목표를 위해 다른 수많은 것을 포기하고 유혹을 이겨내며, 다른 중요한 가치 있는 것들을 희생시키며 살아야만 흔히 성공했다고 간주되는 자리에까지 오를 수 있다.

독한 게 반드시 나쁜 건 아니라는 인식이 사회적으로도 확산되고 있다. 박세리, 박지성, 김연아 같은 열정과 끈기의 아이콘을 봐도 그렇다. 그래서 대부분의 부모들도 자신의 자녀들에게 재미, 연애, 친구, 취미 등을 포기하고 공부만 하라고 하는 것이다. 꼭 공부가 아니더라도, 다른 모든 것에 신경 쓰지 말고 자신의 꿈만을 좇으라고 얘기한다. 그런데 학생 때 남을 위해 양보하고, 배려하며 다른 이들과 경쟁하는 것을 싫어하는, 어찌 보면 너무 욕심부리지 않고 독하게 사는 것을 거부하는 흔히 인성이 매우 좋다는 학생들이 나중에 어떤 삶을 살게 될지 한번 상상해보라. 최소한 어떤 대학에 가게 될지에 대해서는 (부모라면) 격하게 동의할 수 있다.

오래전 군주가 인재를 발탁하던 시대에는 군자와 같은 국가지도자들이 더 배출되기 쉬웠을 것 같다. 과거에도 물론 경쟁이 존재했고 이를 통해 지도자를 선발하는 방법도 있었지만, 군자와 같은 삶을 살며 덕을 쌓고 있으면, 그 소문을 전해 들은 군주나 지도자가 그를 전격적으로 발탁하는 경우도 가능했다. 하지만 초경쟁시대이면서 동시에 결과적 공정성과 절차적 공정성을 중시하는 현대에는, 이런 이례적인 발탁은 받아들여지기 힘들 뿐만 아니라 국정감사의 대상이 되기 십상이다. 그리고 군자와 같은 인재가 하루아침에 총리나 장관 후보가 되지 않는다. 그런 자리에 오르려면 보통 짧게는 20년에서 30년의 공직생활 또는 사회생활을 거쳐 그 전문성과 능력을 인정받아야 된다. 그 전문성과 능력은 그냥 주어지는 것이 아니라, 그 자체가 경쟁이 된다. 게다가 이들 대부분은 그동안 가정을 꾸리고 수많은 인간관계를 맺으며 살게 된다. 자신이 추구하는 바를 위해, 심지어 총리가 되기 위해 가족에게 희생을 감수하게 하는, 가족을 더 잘 돌볼 수 있는 기회를 포기하는 가장이 우리가 바라는 어버이 같은 지도자일까? 안대희 후보는 그동안 공무원으로 살아오면서 경제적으로 풍족하게 해주지 못한 가족에게 미안한 마음에 거액의 수임료를 받았다고 얘기했다. 만약 안대희 후보가 불법 여부를 떠나 금전적인 욕심을 버리고 계속 가난한 삶만을 추구했다면(물론 그렇다고 그렇게 가난하게 살지는 않았을 것 같지만) 우리 국민들이 원하는 군자와도 같은 총리 후보가 되었을 것이다. 꼭 국가와 가족 중에 하나의 어버이만 존재해야 하나? 어쩌면 그런 거액의 수임료를 아무도 갖다 주지 않는 무능한 사람이었다면 총리청문회를 통과했을지도 모른다. 하지만 그런 무능한 사람이 총리 후보에 오를 일은 없지 않을까?

리더를 수입해야 하는 미래?

지난 100년 동안 역사적 격변기와 엄청난 경제발전 그리고 사회적 가치의 변화를 겪어온 지금의 한국 사회에서, 국민들이 가지고 있는 기준에 부합되는 동시에 국가에 꼭 필요한 능력을 가진 인재를 찾는 것은 기대만큼 쉽지 않을 것 같다. 그동안 우리는 엄청난 발전을 하기 위해서, 수많은 가치들을 외면하고 포기하면서 살아왔다. 머릿속으로는 그 포기한 가치들을 부여잡으면서 겉으로만 포기한 척 살아온 것이 아니다. 실제로 포기할 수밖에 없었던 환경과 그 속에서 우리가 행한 모든 행동은 우리의 생각을 지배해왔다.

심리학적으로 행동과 생각은 일치해간다는 이론과 증거는 무수히 많다. 그래서 왜 포기한 그 가치들에 맞춰서 살아오지 않았느냐고 추궁한다면 우리 사회에서 자신 있게 대답할 수 있는 기성세대는 그리 많지 않을 것 같다. 아마 앞으로도 이런 혼란과 혼동은 계속될 것 같은 예감이 든다.

하지만 무엇보다 중요한 것은 이런 과정을 통해 우리가 미래 사회에 어떠한 메시지를 전달할 것이냐는 문제다. 실제로 국민들이 원하는 군자와 같은 품성으로 군자와 같은 삶을 살아가는 사람이 자신이 원하는 꿈을 이루고 자신의 가족을 잘 돌보며 국가지도자가 될 수 있는 사회가 가능하다면, 지금 일련의 사태는 미래의 우리 사회에 희망을 던져줄 것이다. 만약 총리나 장관 후보, 국가지도자나 리더의 기준은 어버이의 기준과 같은데, 현실적으로 그렇게 살면 절대 후보가 될 수 없는 이중적 메시지가 전달되고 있다면, 결국 우리 후손들은 이러한 혼란 속에서 계속 좌절하며 살게 될 것이다. 어쩌면 그때는 한국 사회의 리더들을 해외에서 수입해야 하는 날이 올지도 모르겠다.

가족 같은 군대란 가능한가?

//

"우리 다시 한 번 생각해봐요."

어느 날 아내가 유독 진지하게 얘기했다. 고등학생과 대학생인 두 아들이 군대에 가면 별 이상한 일들을 당한다는 갖가지 소문을 듣고 군대에 가기 싫다고 얘기할 때마다, "대한민국의 남자로서 국방의 의무는 절대 피할 수도 없고 피해서도 안 된다."고 타이르던 아내였다. 필자 역시 아들들에게 군대에 가면 생각보다 배우는 것이 많다고 얘기해둔 터였다. 얼마 전에는 군대에서 휴가 나온 조카가 훨씬 늠름해진 모습을 보고 더욱 확신에 차서 아들들을 설득해왔다.

하지만 지난 몇 년간 뉴스에서 접했던, 도저히 상식으로 이해할 수 없는 군대 관련 사건들을 보면, 솔직히 '이건 아니지' 싶다. 아들들이 얘기했던 그 이상한 소문이 근거 없는 루머이고, 군대를 안 가려고 하는 것이 이기적인 생각이라고 꾸짖을 명분도 이제 약해졌다. 아마 필자 부부뿐만이 아니라 대한민국에서 아들을 키우는 부모라면 누구나 아들을 군대에 보내야 하나 말아야 하나 입장이 난처할 것이다. 아니, 난처한 게 아니라 솔직히 겁이 날 것이다.

한국 사회는 지난 몇 년간 총기난사, 폭력, 성폭행, 자살 등 계속되는 군대사고로 완전히 멘붕에 빠졌었다. 너무나 안타까운 사건이 단기간에 연속적으로 일어나서 사람들이 예민해진 탓도 있지만, 속속들이 밝혀지고 있는 폭력행위의 정도가 너무나 심각해서 이 소식을 접한 국민들은 당황스럽기 그지없다. 더구나 이런 일이 처음도 아니고 그동안 다양한 노력을 통해 병영문화나 환경이 개선되어왔다고 믿고 있었기에 더 허탈해질 수밖에 없다. 그간의 노력과 정책은 왜 제대로 효과를 보지 못했던 걸까?

이런 사건이 일어나는 원인을 단순화시켜 보면, 크게 두 가지 이유가 있다. 하나는 문제를 일으키는 당사자 개인의 문제로 해석해볼 수 있다. 즉, 원래 문제의 여지가 많은 사람이 군대에 들어온 것이다. 또 하나는 누구인지와 상관없이 그런 일이 일어날 수밖에 없는 군대, 특히 한국 군대의 특수성과 관련된 원인이다. 현재 뜨겁게 논의되는 부분은 대부분 후자인 환경적 요인에 거의 맞추어져 있다. 특히 군대 내에서 인권이 소홀히 다루어져서 이런 사고들이 일어났다는 논의가 주로 이루어지면서, 매번 내놓는 대책은 병사들의 인권보호를 목표로 하고 있다. 하지만 그런 논의가 군대의 특성과 인권에 대한 진정한 고민을 바탕으로 하고 있는지는 의문스럽다. 또한 개인적인 요인과 환경적인 요인은 서로 상호작용하여 영향을 미치기 때문에 어느 하나라도 소홀히 다루면 근본적인 문제해결책이 될 수 없는데도 너무 문제를 단순화시켜 접근하고 있는 건 아닌가 하는 생각이 든다.

군대, 문제는 사람이다!

최근 일어난 총기난사와 폭행, 사망사건들은 군대에서는 절대 일어나서는 안 되는 비극적인 불행들이다. 하지만 일어나서는 안 되는 일이라고 해서, 반드시 일어나지 않는다는 법은 없다. 굳이 군대가 아니더라도 유사한 사건은 우리 주변에서 너무나 흔하게 일어나고 있다. 2012년 여의도 한복판에서는 전 직장동료와 행인들에게 마구잡이로 흉기를 휘두른 '묻지마 범죄'가 일어났다. 그리고 이런 묻지마 범죄는 빠르게 증가하고 있는 추세다. 최근의 뉴스를 보면 대학생과 청소년들이 동년배 학생을 폭행하고, 매춘에 동원하거나 심지어 살인해서 암매장하는 등의 사건을 종종 보게 된다. 사회에서 이런 끔찍한 사건을 일으킬 만한 젊은이들이 만약 사고를 치지 않는다면, 때가 되면 모두 군대에 가게 될 것이다. 보통 젊은 남성이 군대에 가는 비율이 약 90퍼센트 이상으로 알려져 있는데, 그렇다면 군대 복무 기간 중이든 그 이후든 범죄행위나 각종 사고를 일으킬 위험성을 가지고 있는 젊은이들이 대부분 군대에 복무한다는 얘기가 된다. 어찌 보면 사회에 있으면 더 끔찍하고 다양한 사고를 일으킬 가능성이 높은 사람들을 군대에서 관리하고 있는 것이고, 그것이 완벽하지 못해 각종 사고가 일어나고 있다고 볼 수도 있다. 실제로 그런 사고가 일어나는 비율이 오히려 사회에서 일어나는 비율보다도 적다. 사회적으로 큰 이슈가 되고 있는 군인들의 자살률도 사회에서 같은 또래의 자살률에 비해서는 절반 정도밖에 되지 않는다. 일반 20대 자살률은 약 0.02퍼센트 정도인데, 같은 나이대의 병사들 자살률은 약 0.01퍼센트다. 물론 단 하나의 사고라도 최대한 막아야 하는 것이 당연하지만, 수치상으로만 해석한다면 군대가 이런 사고의 원인이 되기보다는 사고를 낮추는 환경으로 이해하는 것이 더 합당해 보인다.

그럼에도 불구하고 똑같은 사건이 군대에서 일어나면, 사고 관련자들과 일반 국민들의 반응은 더 과격하고 극단적이 된다. 일반적으로 유족들, 특히 그 부모들의 비통함과 억울함을 호소하는 모습을 종종 언론을 통해 접하지만, 이 모습을 한국 부모들의 자식에 대한 사랑이 유달리 크기 때문이라고 설명하기에는 다소 무리가 있다. 군 밖에서 이와 비슷한 사건이나 자살사고가 일어났을 경우 군대에서 자녀를 잃은 부모나 사회의 반응과는 다소 다르기 때문이다. 사실 군대이기에 그 사건 자체에 특수성이 있기보다는, 군대이기 때문에 우리가 반응하는 방식에서 특수성이 더 강하다고 할 수 있다. 이런 특수성은 하나가 아닌 여러 복잡한 요인들과 연결되어 있고, 그 요인들은 한국 사람의 심리적 특성과도 연결되어 있다.

우선 한국에서는 군대에 대한 인식에 '의무'가 너무 큰 비중을 차지하고 있다. 징병제를 채택하고 있는 한국에서 국민의 의무 중에 하나가 국방의 의무인 것은 사실이지만, 그 의무가 왜 중요한지에 대한 논의나 교육은 존재하지 않았다. 최근에는 의무의 공평성에만 집중되어, 모두 군대에 가야만 한다는 것과 어떻게 하면 빠지는 사람 없이 모두 군대에 가도록 할까만을 고민해왔다. 그러다보니 사실 대부분의 젊은이들과 심지어 그 부모들에게도 군 복무는 시간 때우기 또는 피할 수 없는 무가치한 시간낭비로만 인식되고 있다.

어떤 불행한 사건이 일어나던 간에 그 안에서 사소한 가치라도 찾을 수만 있다면, 인간은 그 사건에 대한 합리화와 정당화 그리고 의미 찾기를 통해 상처와 아픔을 극복하는 데 큰 도움을 받는다. 하지만 아무런 가치 없고 의미 없는 일을 하는 것도 억울한데, 그 와중에 피해까지 입을 수도 있다니, 이것은 특히 명분을 강조하는 한국인들에게는 너무나 억울한 고통이 된다.

여기에 강한 가족확장적 성향을 가진 한국인들은 부모와 같은 국가로부터 피해를 입게 되면 억울함뿐만 아니라 배신감마저 강하게 느낀다. 마치 믿었던 가족에게 배신당한 것처럼. 한국인들에게 정부는 부모와 같이 무한 책임을 지는 존재이고, 한국인들은 정부를 부모처럼 믿고 따르고 싶어 한다. 본성적으로 그렇다는 얘기다. 그런데 현실은 그렇지 못하니 정부에 대한 국민의 신뢰는 그야말로 처참한 꼴이다.

자녀가 실수나 사고를 일으키면 아무 잘못도 없는 부모가 스스로를 책망하듯이, 정부는 나라에서 일어난 일에 대해 책임의 유무나 정도와 상관없이 무한 책임을 져야 한다고 생각한다. 한국 부모들이 자녀를 군대에 '맡긴다'는 표현을 많이 쓰는 것도 같은 이치다. 그렇기 때문에 군대 내 사고로 자녀를 잃은 부모와 그 사건을 바라보는 국민들은 억울함과 배신감에 더 크게 분노한다. 마치 큰아버지에게 맡겨놓은 자녀가 사고로 다치거나 죽게 생겼는데, 큰아버지가 슬픔에 공감하며 애통해하고 미안해하기보다는 자신은 아무런 잘못이 없다며 책임 소재를 냉정하게 따지려 하는 것과 같다. 그런 큰아버지를 향한 배신감이나 분노는 한국인의 가족확장적 특성을 생각하면 매우 이해가 된다.

하지만 이미 앞서 얘기했듯이 한국 젊은이들의 90퍼센트 이상이 복무하는 군대에서는 일반 사회에서 일어나는 사건사고들이 당연히 일어날 수밖에 없다. 가장 사고 치기 좋은 나이의 혈기왕성한 젊은이들이 서로 24시간을 붙어살기 때문이다.

그래서인지 요즘은 자녀가 군대를 가면, 소대장이 부모에게 직접 문자를 보내 무사히 잘 데리고 있겠다는 인사를 한다고 한다. 맡겨준 자녀를 잘 돌보고 있다가 무사히 돌려보내드리겠다고 약속하는 것이 마치 보육원 같다고도 얘기한다. 또 식단에서부터 하루의 활동 내용까지 인터넷에 공개하면서, 자녀를 얼마나 잘 돌보고 있는지를 보고하는 형국이라고 한다. 이렇게 군대 내 문화를 가족적인 분위기에서 군인들을 자식처럼 돌보는 시스템으로 만든다면, 지금 한국의 군대가 가지고 있는 문제들이 저절로 해결될까?

불합리한 명령에도 복종해야 하나?

군대는 원래 전시 또는 그에 준하는 비상시를 대비하는 조직이다. 하지만 대부분의 군인들은 자신이 복무하는 기간에는 전쟁을 겪지 않는다. 일반적으로는 대부분의 시간을 대비만 하다가 끝낸다. 하지만 그래도 군대는 전쟁이 일어났을 때, 효과적이고 조직적으로 움직이도록 준비가 잘되어 있어야 한다.

〈라이언 일병 구하기〉라는 스티븐 스필버그 감독의 전쟁 영화가 있다. 이 영화는 2차세계대전 때 노르망디 상륙작전을 배경으로 하고 있다. 영화의 첫 장면은 수륙양용배를 타고 해변전투에 투입되는 미국 군인들의 비장한 모습으로 시작된다. 해변으로 다가가는 배를 향해 육지의 독일 군인들은 계속해서 기관총을 쏘고 있고, 총알은 바로 자기 앞에 있는 철문에 와서 부딪치며 시끄러운 소리를 내고 있다. 배가 해변 모랫바닥에 닿자마자 철문을 열고 돌격하라는 명령이 떨어진다. 빗발처럼 쏟아지는 총알 세례 앞에 자신이 죽을지도 모르는 상황에서도 거짓말같이 군인들은 배의 문을 활짝 열고 돌격한다. 실제로 문이 열리자마자 제일 앞에 있던 군인들은 한 발도 거의 내딛어보지도 못하고 그 자리에서 총을 맞고 전사했다. 만약 이 순간 군인 개개인들에게 돌격 명령의 합리성에 대해 판단할 능력과 기회가 주어진다고 가정해보자. '문을 열까 말까, 조금만 기다렸다 열까, 과연 이 명령이 합리적인 것일까, 이게 최선일까?'라는 고민을 각 군인들이 했다면, 과연 전투가 가능했을까? 그리고 전쟁에서 이길 수는 있었을까?

군대는 항상 합리적인 명령이 무엇인가에 대한 자기모순 속에 산다. 사실 군대에도 합리적인 명령만을 따르고 부당한 명령에는 따르지 않아도 된다는 교과서적인 지침은 있긴 있다. 하지만 현실에서 이런 지침은 그냥 허울 좋은 형식으로만 남아 있는지도 모른다. 일반적으로 전시에는 상사의 명령을 무조건 따라야 하며, 따르지 않으면 즉각적인 처벌도 가능하다는 사회적인 합의도 존재한다. 그런데 전시가 아닌, 그냥 전시를 대비하고 있는 평상시에는 어떨까? 훈련할 때는 군인 개개인이 합리성을 내세워 개별적인 판단을 하고, 전시에만 그런 판단을 하지 않도록 하는 게 가능할까?

상관의 명령에 대해 이유를 묻지 말고 그냥 무조건 따르라는 상명하복의 문화는 평상시에는 매우 비합리적으로 보인다. 하지만 전시에는 훈련 때보다 훨씬 더 직접적으로 위험하고(그렇게 했다간 분명 죽을 것 같은) 비합리적인 명령이 난무할 수밖에 없다. 그런데 평상시에도 명령을 따르지 않는 군인들이 전시에는 한 치의 망설임도 없이 명령을 따를 것이라고 기대하는 것은 심리학적으로 그리 타당해 보이지 않는다. 그래서 군대는 '돌격'이나 '후퇴'라는 명령을 받으면 상황판단을 하기보다는 반사적으로 몸이 바로 움직이게끔 만들기 위해 평상시에도 다소 이해가 되지 않는 반복적인 훈련을 하는 것이다.

물론 이유 없이 부당하게, 그것도 목숨이 위태로울 정도로 폭행을 가한다거나 성폭행이나 성추행과 같은 기본적인 윤리를 벗어나는(전시에도 전혀 합리화될 수 없는) 명령은 당연히 거부해야 한다. 하지만 윤리와 도덕과는 상대적으로 관련이 적은 명령일 경우에는, 명령의 합리성이라는 개념은 매우 이중적일 수밖에 없다. 문제는 각각 개별적인 명령에 대한 판단이 아니라, 군대라는 조직의 본질과 정체성이 기본적으로 명령에 죽고 명령에 사는 상명하복의 위계적 구조를 가지고 있기 때문이다. 군대다운 군대에 민주적, 자율적, 인류 보편적 등의 개념들이 어울리기는 매우 힘들다는 것도 명백한 현실이다.

내가 니 아버지 군번이다

2014년을 뒤흔들었던 윤 일병 사건을 접하면서 많은 사람은 사회에서 멀쩡했던 대학생들이 도대체 왜 저런 일을 저질렀을까 궁금해 했다. 일부 주도적인 역할을 한 가해자를 제외하고는 동조자나 방관자의 가족들과 주변인들은 도저히 믿을 수가 없다는 반응을 보였다. 원래 자신들이 알던 아들, 형제, 친구라면 절대 그랬을 리가 없다고, 무언가 잘못됐다고 강변한다. 이들의 주장은 맞으면서도 틀렸다. 그들은 아들, 혹은 형제와 친구를 군대에 보냈지만, 군대에는 그들의 아들과 형제, 친구는 사라지고 없었다.

　군대의 거의 모든 시스템은 군인들로 하여금 스스로가 누군지를 잊어서 어떤 명령이라도 맹목적으로 따르도록 아주 정교하게 설계되어 있다. 그 대표적인 것이 바로 군복이다. 모든 군인들은 같은 군복을 입는데, 이 군복에는 잘 보이지도 않는 이름표를 제외하고는 개인 식별 정보가 없다. 유일하게 가장 잘 보이는 자리에 가장 눈에 띄게 붙여놓은 것도 계급장뿐이다. 이런 모든 것은 바로 군인들 사이에서뿐만이 아니라, 스스로도 자신이 누구인지 인식하지 못하게 만드는 장치들이다. 군인이 아닌 개인으로서의 각 군인들은 사회경제적 지위도 다르고, 능력도 각기 다르며 생김새도, 성격도, 생각도 다르다. 이런 '차이'에 대한 인식은 명령보다는 개인적 신념, 소신, 욕구 등을 더 고려하게 만든다.

　하지만 전쟁 중에 자신의 가족, 꿈, 욕구와 같은 개인으로서의 자신에 대한 인식은 '돌격'이라는 명령 앞에 스스로를 망설이게 만든다. 왜? 자신은 소중하니까. 하지만 전시에 모든 군인들은 똑같이 취급받아야 한다. 누구의 목숨이 더 중요하고 덜 중요한 것은 있을 수 없다. 실제로 우리의 군인들은 자신이 대학생이라는 사실도, 누구의 아들이라는 사실도, 앞으로 사회에서 얼마나 중요한 사람이 될지도 자연스럽게 잊어버린다. 대학생이라는 신분뿐만이 아니라 사회에서 자신의 행동을 지배하고 통제해왔던 수많은 신념과 기준들도 그들의 머릿속에서 같이 약해져가는 것이다. 이런 현상을 심리학에서는 '탈개인화deindividuation' 현상이라고 부른다. 자기 스스로에 대한 자각이 약해지면서, 평소에 자신의 행동을 통제하던 개인적인 신념·성격·태도·윤리적 기준 등이 그 힘을 잃어버리게 되고, 상황의 힘에 휩쓸려서 평소에 하지 않을 행동도 할 수 있게 된다. 절대 다른 사람을 죽일 생각도 없고, 죽이고 싶지도 않고, 어떤 상황에서도 그럴 리가 없다고 믿는 사람도 전쟁에서 적을 죽이기 위해서는 개인으로서가 아닌 그냥 군인으로서가 훨씬 편하다. 이런 탈개인화 현상이 바로 군대가 운영되는 중요한 심리기제 중에 하나인 것이다.

이런 탈개인화 현상이 집단주의적 성향을 가진 한국에서 다소 강하게 일어날 수 있긴 하지만, 전 세계의 모든 군대에서 공통적으로 일어나는 현상이므로 이것이 한국 군대에서 일어난 말도 안 되는 사건들을 특별히 잘 설명한다고 할 수 없다. 탈개인화를 통해 자신의 정체성을 잃어버린 우리의 군인들을 그렇게 이상하고 폭력적으로 만드는 요인은 따로 있다. 바로 우리 문화의 관계주의와 가족확장성이다.

한국 사회는 사회적이며 공적인 역할보다는 사적인 인간관계를 중심으로 돌아간다. 그래서 군대 내에서도 계급이나 공적인 역할 이외의 사적인 관계가 형성되는 것이다. 탈개인화를 통해서 자신을 잃어버리고 군인의 정체성과 역할만을 갖는 것이 아니라, 오히려 군대 안에서 새롭게 형성되는 사적인 인간관계에 지배를 받기 시작하는 것이다.

　한국 사람들은 처음 만나는 사람에게 너무나도 자연스럽게 호구조사를 한다. 우연히 길거리에서 마주친 사람이 아니라면, 모든 만남에는 구체적인 이유와 목적이 있고 그 이유에 따라 서로의 공적인 관계가 결정된다. 하지만 한국 사람들은 공적인 관계로는 만족하지 못한다. 그래서 초등학교에서부터 대학교까지, 태어난 곳에서부터 살았던 동네까지, 가족관계는 어떻게 되는지, 사돈의 친구의 친구까지 파헤쳐서 어떻게든 사적인 관계를 찾아내고자 한다. 그래야 진정으로 서로를 알게 되었고 통했다는 느낌에 만족감을 느낀다. 그런 거대한 네트워크 속에서 상대방과 자신만의 고유한 연결성을 찾는 데서 한국 사람들은 '우리성weness'을 경험하며, 편안함을 느끼는 것이다. 그에 반해, 일본 사람들은 20년을 같은 직장에서 근무하고, 같이 밥 먹고, 술 마시고 놀아도 서로 이런 사항을 모르는 경우가 많다.

　이런 관계주의적인 성향이 강한 한국 사람들에게 군대라는 조직은 여러 가지 면에서 매우 불편한 환경이다. 우선 군대는 적어도 2년 동안 가족보다도 타인과 더 가까이 함께 살면서 상당히 공적인 상하관계로 운영되는 사회이다. 전국에서 모인 너무나 다양한 배경을 가진, 나와는 전혀 개인적인 관계를 찾기 힘든 사람들 간에 완전히 새롭고 의미 있는 사적관계를 만들어야 하기 때문이다.

　철저하게 계급으로 조직화되어 있는 공적인 역할관계는 오히려 새롭게 형성하려는 사적관계에 방해가 될 가능성도 높다. 원래 개인주의적 서양 사회는 공적인 역할관계의 원칙에 의해서 운영된다. 그래서 서양 사람들은 상대적으로 공적인 자신과 사적인 자신을 분리시켜서, 역할 중심의 관계 속에서도 개인적 정체감을 잘 유지할 수 있다. 일본과 같은 전형적인 조직적 집단주의 사회는 군대와 같은 전체 조직 속에서 자신에게 주어진 역할을 받아들이고, 스스로의 정체감을 잃어버려도 상대적으로 불편해하지 않는다. 하지만 관계주의적 속성과 함께 강한 주체성을 지닌 한국인들에게 공적인 관계를 강요받으며 자신이 누구인지를 잊어야 하는 군대의 상황은 매우 불편할 수밖에 없다. 그래서 한국 군인들은 공적인 관계를 초월하는 또 하나의 사적관계를 유기적으로 형성함으로서 그 안에서 자신의 존재감을 확보하려는 시도를 하게 된다. 계급으로서 명령을 내리고 그 명령을 따르고 주어진 역할을 수행하는 공적관계로만 절대 만족할 수 없기에, 그 이상의 뭔가를 서로에게 기대하고 그것을 시키고 그것을 따름으로서 뭔가 관계가 형성되었다는 안도감을 갖는다. 전쟁을 대비하고 각종 위험한 사고에 노출되고 자신의 삶의 터전에서 벗어나 낯선 곳에 있다는 불안감은 이러한 사적관계를 통한 마음의 안정을 더 극단적으로 찾게 만든다.

특히 그 형태는 또 다른 가족의 형태를 가질 가능성이 크다. 실제로 군대에서는 자신과 딱 1년 차이가 나는 선임을 '아버지 군번'이라고 부르고, 후임을 '아들 군번'이라고 부른다. 사적인 자리에서도 서로를 계급보다 아버지, 아들이라는 호칭으로 부른다. 군대 복무기간이 2년보다 길었던 과거에는 할아버지, 삼촌, 조카 등 별별 호칭이 다 있었다. 그야말로 군대 안에서 그들만의 가족체계를 완성해서 산 것이다. 이런 체계는 최근 병영문화 개선의 일환으로 금지되고 있다고 한다. 하지만 무턱대고 금지하는 게 과연 한국인의 특성에 맞는 해결책일까?

인권으로 과연 해결될까?

비극이 반복되고 그 해결책을 수차례 시도했는데도 아무런 변화가 없다면, 애초에 문제에 접근하는 첫 단추가 잘못 끼워졌을 수 있다. 현재 우리 사회는 군대에서의 사고를 군대와 인권의 갈등, 비이성과 이성의 충돌로 해석하는 경향이 강하다. 과연 이러한 해석은 타당하고, 그것에 근거한 해결방법은 효과적일까? 이런 사건이 터질 때마다 병사들의 인권을 강조하며 각종 대책이 나오지만, 사실 군 측면에서 보면 그러한 대책들은 군대를 군대답지 않게 만드는 것처럼 인식될 수 있다. 그래서 시간이 지나 그 사건이 잊히면, 앞서 말한 대책들은 군대를 군대답게 만들기 위한 노력에 다시금 묻히고 만다. 원래 군대에서는 자신이 누군지 잊을 수밖에 없다. 만약 지금의 대책들이 군인 개개인이 사회에서 갖고 있었던 자신의 정체감을 군대 안에서도 그대로 유지하게 한다면, 군대답지 않은 군대가 될 가능성은 실제로 높을 것이다. 그래서 현재의 문제를 개인적 윤리, 자율권, 인권의 문제로 접근하는 것은 그리 효과적이지 않을 수 있다. 마치 군대 자체가 인권의 사각지대라는 인식과 함께 인권만 바로 세우면 아무런 문제가 없는 군대가 될 거라는 기대는 현실성이 없다.

문제의 본질은 한국 사회에서 군인으로서의 정체성이 무엇인지에 대해 아무 합의가 없는 것이다. 자신이 누구인가를 잊고 군인이라는 인식만 남을 때, 그 군인의 행동을 결정하는 것은 군인으로서의 정체감이다. 그런데 우리 사회에서 군대는 도망갈 수 없어서 억지로 갈 수밖에 없는, 시간을 때워야 하는, 젊은 날의 억울하고 우울한 시간이라는 인식만 남아 있는 게 현실이다. 여기서 개인적 인권으로 이 문제를 접근하면 우리의 군대는 한마디로 진정한 '당나라 군대'가 될지도 모른다.

모든 일을 각자 알아서 판단하고 행동하는 군인을 만들어도 된다는 생각이 아니라면, 오히려 군인으로서의 정체성을 확립하는 작업이 필요하다. 탈개인화 현상에 대한 연구에 따르면, 사람들은 개인적 정체감이 약해졌을 때 이상한 행동을 하는 게 아니라 집단적 정체감에서 오는 규율과 규범Institutional norm을 따르게 된다. 실제로 의사 또는 교사들을 대상으로 한 연구결과에 따르면, 집단적 정체감이 강해질 경우 오히려 더 올바르고 인류애적인 행동을 보인다고 한다.

군대에서 더 이상 지금과 같은 불행한 사건이 일어나지 않도록 병사들의 자율성을 키워주고 인권교육을 강화시키는 것만이 해결책은 아니다. 무엇보다도 참된 군인의 모습과 행동이 무엇인지를 정립시켜야 한다. 그러기 위해서는 시간이 걸리더라도 국가를 지키는 군인으로서의 명예, 모범이 되는 규칙과 원칙을 지키는 자부심을 확립해 자기 정체성을 찾아가기 위한 대책을 마련해야 한다. 멀쩡한 대학생이 군대만 가면 개가 되는 것이 아니라, 사회에서는 개지만 군대만 가면 멀쩡한 사람이 될 수 있는 해결책을 고민해봐야 할 때가 아닌가 싶다.

넌 누구야? 사장 나와!

//

2008년 미국에서 연구년을 보내고 있을 때다.

두 아들은 초등학교 2학년과 4학년으로 미국에 있는 어느 초등학 교에 들어갔다. 부모의 무식한 용기와 무관심으로 그 전에 영어교육 을 거의 받지 않았던 아들들은 학교생활 초기에 매우 힘든 시기를 보 냈다. 영어뿐만 아니라 문화나 생활습관 등이 다르다 보니 적응하는 데 굉장히 어려웠다는 이야기를 두 아들은 시간이 꽤 지난 후에야 털 어놓았다. 그 어려웠던 시기에 필자와 아내는 학교가 끝나는 시간이 면 아이들을 데리러 학교에 자주 갔다. 마지막 시간에 체육수업이라 도 있는 날이면 걱정스러운 마음에 밖에서 수업받는 아들의 모습이라 도 볼 수 있을까 하고 학교에 조금 일찍 가는 날도 있었다.

그런데 하루는 체육수업 중인 둘째아들을 보러 갔는데, 운동장에서 신나게 놀고 있는 같은 반 아이들과 달리 둘째아들은 나무 밑 그늘에 혼자 우두커니 앉아 있는 것이다. 그리고 저 멀리서 다가오는 필자와 아내를 알아보더니 갑자기 훌쩍거리기 시작했다. 왜 그러냐고 물어봤더니 사건의 전말은 이랬다.

체육시간 전에 공원으로 야외수업^{field study}을 나갔는데, 자유시간이 주어지자 둘째아이가 심심해서 나무벤치에다가 작은 돌로 긁으면서 낙서를 했었다고 한다. 그것을 본 선생님이 공공기물 파손이니 징계를 받아야 한다고 했단다. 그 벌로 나무 밑에 혼자 앉아 있었다는 것이다. 그리고 내일 부모님과 면담을 해야겠다고 말했다고 한다. 겁에 질려서 처량하게 나무 밑에서 울고 있는 아이를 보니, 불쌍하기도 하고 욱하는 마음도 들었다. '그깟 벤치에 낙서 좀 했기로서니….'

이왕 온 김에 선생님을 만나보는 게 좋겠다 싶어서 둘째아이의 담임선생님을 찾아갔다. 담임선생님을 보자마자 필자와 아내는 연신 미안하다고 사과했다. 그런데 선생님은 '왜?'라는 반응이었다. 부모가 사과할 일이 아니라는 것이다. 순간 '아니, 그럼 왜 오라고 그런 거야?'라는 의문이 들었다. 이때 선생님은 아이가 어떤 행동을 했는지를 설명하며, 왜 처벌을 받았는지를 부모와 공유하기 위해 오라고 했다고 말하는 게 아닌가. 벤치의 낙서는 다행히 깊지 않아서 지워졌으니 별문제없다고, 그냥 알고 있으면 된다고 했다. 순간 약간 허탈했다. 하지만 '사과받을 것도 아닌데 왜 오라고 그런 거지?'라는 생각은 한동안 계속 의문으로 남았다. 한국 부모들은 자식이 사고 쳐서 학교에 찾아갈 때, 당연히 사과하러 간다. 무조건 빈다는 생각으로 간다. 그런데 문화가 다른 사회에서 이것은 당연한 일이 아닌 것 같았다. 부모가 시킨 일도 아닌데 부모가 왜 사과를 하나요, 이런 식이었다.

세월호 사고에서 우리가 놓쳤던 것

2014년 한국 사회는 세월호 사고와 함께 침몰했다. 그리고 아직도 그 충격에서 완전히 인양되지 못했다. 2014년 4월 16일, 476명으로 추정되는 승객을 태우고 인천항을 출발해 제주로 가던 여객선 세월호가 침몰해 수많은 승객이 사망하고 실종되었다. 사망자 수는 295명, 9명은 여전히 실종상태다. 특히 승객들 중에는 수학여행을 가는 300여 명의 고등학생이 있었고 그중 사망자가 무려 250명에 이르면서, 이 사건은 사망자의 규모나 사건의 내용을 떠나 가장 비극적이고 가슴 아픈 사건으로 국민들에게 기억되고 있다. 필자도 이 글을 쓰면서, 내 아들딸 같은 아이들을 생각하니 슬픔과 비통함에 가슴이 아프다. 그리고 마음 한쪽에서는 주체할 수 없는 분노가 일어난다.

참사가 일어나고 사건에 대해서 새로운 정보가 하나씩 밝혀질 때마다, 도대체 이해할 수 없는 일들의 연속이었다. 침몰사건이 일어나게 된 과정에서도, 그 후의 구조과정에서도 도저히 상식으로는 이해가 되지 않는 일들이 벌어졌고, 계속되는 실수와 혼란이 일어났다. 이건 단지 어떤 개인이나 집단, 회사의 탐욕이나 실수로 치부하기에는 너무나 큰 사건이 되고 말았다. 그래서 국가 시스템의 총체적인 침몰이라고까지 표현하면서, 특히 정부에 대한 불만과 질책이 이어졌다.

세월호 사고에 대한 논의는 대부분 그 사고가 왜 일어났는지, 누구 잘못인지, 어떻게 보상하고 무엇을 바꿀 건지에 대해 초점을 맞춰왔다. 반면에 가장 논의가 되지 않은 영역은 아마 사고 이후 한국인의 반응에 대한 분석일 것이다.

그때 우리 모두는 비통함, 슬픔, 실망, 미안함, 분노에 빠져 있었고, 그렇게 빠져 있는 것을 당연하게 생각했기에, 우리 스스로에 대한 분석을 할 여유도, 이유도 없었다. 오히려 이러한 분석을 시도하거나 언급하는 것은 매우 큰 논란을 일으켰다. 물론 부적절한 표현과 방식의 논의가 문제가 되는 경우도 많이 있었지만, 이런 상황에서 아무리 전문적이고 합리적인 논의라도 그대로 받아들여지기에는 국민들의 아픔이 너무 컸기에 조심스러울 수밖에 없었다. 한동안은 단지 객관적이고 합리적인 이야기를 하는 것 자체만으로도 국민의 고통을 함께하지 않는 공감능력이 부족한 반사회적 인물로 낙인찍히기 쉬운 분위기였다. 더구나 정서적인 문화를 바탕으로 그 정서를 표출하는 문화적 특징을 가진 한국 사회에서는 이런 행동들에 대한 논의 자체가 우리들 스스로를 비난하는 것처럼 인식될 가능성이 있기에 위험할 수밖에 없었다. 거기다 최근 우리 사회의 모든 사회적 이슈는 정치적 이념과 연결되어 논란이 생기는 경우가 많아 더욱 어려울 수밖에 없었다. 그래서 세월호 사고에 책임이 있는 선장, 선원, 해경, 유병언 일가 등에 대해 논의하는 것에는 모두가 의견을 같이하지만, 지금의 사태를 만든 한국인 스스로에 대한 분석은 거의 다루어지지 않았다.

심리학자마다 동의하는 정도의 차이는 있겠지만, 기본적으로 심리학은 가치중립적인 학문이다. 심리학도 인간이 하는 것이니 완벽할 수는 없다. 그래도 가능한 한 가치중립적이려고 노력한다. 심리학은 인간의 사고와 행동이 어떤가를 규명하는 데 목적이 있지, '어떡해야 한다'라든지, 무엇이 '잘못됐다'라는 판단은 되도록 피한다. 사자가 사슴을 잡아먹는다고, 그것도 산 채로 잡아먹는다고, 심지어 동물원의 사육사를 잡아먹는다고 사자를 탓할 일은 아니다. 사자는 원래 그렇게 타고 났다. 인간에 대해서도 마찬가지다. 인간이 선한 본성만큼이나 악한 본성을, 합리성만큼이나 비합리성을, 지혜만큼이나 착각을, 이타성만큼이나 이기성과 공격성을 가졌다고 해서, 심리학자는 이에 대해 실망하지도 당황하지도 않는다(최소한 필자는 당황하지 않아야 한다고 믿는다). 오히려 항상 스스로를 살짝 긍정적으로 보려는 인간의 본능적 착각을 극복하기 위해 인간의 부정적인 측면을 밝혀내는 데 더 초점을 맞추다보니, 심리학은 인간의 어두운 면을 밝히는 데 중독된 것처럼도 보일 수도 있다(그래서 기존의 심리학은 부정심리학이라는 평가를 받았고, 최근에는 긍정심리학이 관심을 받게 되었다). 이런 심리학은 결코 우리 스스로가 바로 우리가 원하는 그런 존재라는 것을 믿게끔 도와주지 않는다. 하지만 스스로의 본질과 한계를 명확히 알 때, 우리가 원하는 이상적인 모습으로 변해가는 데 가장 효율적이고 현실적인 방안을 찾을 수 있다. 그래서 가능한 한 심리학은 가치중립적이려고 노력한다.

세월호 사고에 대한 한국인의 반응을 분석하는 일은 그래서 중요하다. 일부 몰지각한 사람들이 세월호에 관한 한국인의 행동을 '너무 정서적이다', 또는 '너무 과격하다'고 단정하는데, 이런 부정적인 평가는 옳지 않다. 사실 정서를 표현하는 데 있어 '너무'의 절대적 기준은 없다. 다른 문화 혹은 다른 나라보다 '더 정서적이다', '더 감정적이다'라고 비교할 수는 있지만, 그들이 옳고 우리가 틀렸다는 근거는 어디에도 없다. 그냥 그게 한국인이다. 그게 한국의 문화다. 그게 어떤 모습이든 우리가 좋으면 그만이다. 다만 우리가 스스로 원하는 모습과 지금의 우리의 모습이 다르다면, 좀 더 냉철한 분석을 근거로 원하는 모습에 다가갈 수 있는 가장 적절한 방법을 고민하면 된다.

세월호 사고에 대해 우리는 구경꾼일 수만은 없다. 멀리 앉아서 불구경하듯이 중계방송을 보면서 죽일 놈, 살릴 놈을 논평하는 입장이 되어선 안 된다. 이 사고가 단순히 나쁜 선장과 선원, 해경과 유병언 일가만 처벌하면 되는 게 아니기 때문이다. 실제로 그 이후에도 곳곳에서 갖가지 사고는 여전히 계속 일어나고 있다. 다만 그 대상, 장소, 내용, 시간과 규모만 바뀌었을 뿐이다. 언젠가 또 다른 장소에서 다른 형태로 세월호 같은 사고가 일어난다고 해도 그리 이상하지 않다. 그렇다면 세월호 사고 이후 한국이 좀 더 나은 사회로 변화하기 위해서는 어떤 노력이 필요할까? 바로 우리 스스로에 대한 냉철한 분석이 그 시작이지 않을까?

사건이 클수록 두목이 사과해야 한다

세월호 사고 이후 일어난 갖가지 논란 중에 하나는 바로 대통령의 사과였다. 국정에 대한 무한 책임을 지고 있는 대통령의 즉각적이고 진솔한 사과를 요구하는 국민과 야당의 요구가 날마다 제기되고 있는 상황에서, 대통령의 사과가 미흡했다는 주장이 있었다. 동시에 대통령은 사고수습이 종결되고 난 뒤 추후 대책을 가지고 사과하겠다고 밝혔고, 일각에서는 이번 사건은 대통령의 직접적인 잘못은 아니니 이 정도의 사과면 충분하다는 얘기도 있었다. 사과할 일이 일어나지 않는 것이 제일 좋겠지만, 만약 어쩔 수 없이 사과해야 할 일이 일어난다면, 도대체 누가, 언제, 얼마나, 어떻게 사과해야 적절한 것일까?

그냥 쉽게 생각하면 타인에게 피해를 입히는 잘못을 저지른 사람, 그에 대한 책임이 있는 사람이 사과하면 되는 간단한 이슈처럼 여겨진다. 하지만 이렇게 간단해 보이는 기본원칙도 타인의 책임을 인식하는 시스템이 그리 합리적이거나 완벽하지 않다는 사실을 고려하면 복잡해진다. 일반적으로 세월호 사고와 같은 극단적으로 비극적인 사고가 일어나고 나면, 사람들은 본능적으로 그 사건의 원인을 찾으려고 한다. 모두의 마음속에 일어나는 '도대체 왜 이런 사고가 일어났는가?', '어떻게 이런 사고가 일어날 수 있나?'와 같은 질문들은 바로 원인을 찾으려는 자동적인 귀인과정이다.

인간의 귀인과정에서 중요한 원리 중 하나는 '유사성correspondence'이다. 원인과 결과는 서로 닮았다는 원리다. 우리는 긍정적인 사건은 긍정적인 원인, 부정적인 사건은 부정적인 원인, 작은 사건은 작은 원인, 큰 사건은 큰 원인에 의해서 일어난다는 일반적인 인식을 가지고 있다. 대부분의 경우에 이런 원리를 적용해서 원인을 찾는 것이 타당하다고 생각하고, 그래서 우리는 자동적으로 결과를 닮은 원인을 찾게 된다. 수백 명이, 게다가 나이까지 어린 수백 명의 고등학생들이 사망한 이런 어마어마한 사고가 일어나면, 사람들은 자연스럽게 뭔가 어마어마한 필연적인 원인이 있을 거라 생각하고, 바로 거기에서 원인을 찾는다. 이런 어마어마한 사건이 단순히 우연이나 아주 자그마한 기계적 오류, 혹은 개인적인 실수에 의해서 일어났다고 설명하면, 대부분의 사람들은 믿으려 하지 않는다. 오히려 뭔가 큰 구조적인 결함, 총체적인 문제, 거대한 음모가 원인으로 제기되어야 납득을 한다. 물론 많은 경우에 이런 결론은 타당하지만, 반드시 그렇지만은 않기에 더 큰 심리적이고 사회적인 혼란을 가져오기도 한다.

비행기사고나 선박사고, 전쟁에서의 사고도 그 규모에 상관없이 한두 사람의 작은 실수, 물론 치명적인 실수에 의해서 일어나기도 한다.

비행기, 선박, 전쟁 등과 같이 보통 최종결정권이 한 명에게 집중되어 있는 특수 상황에서, 그 결정권자의 실수는 결과에 엄청난 영향력을 가진다. 실제로 세월호 사고에서도 선장이 승객들에게, 특히 잘못된 선내방송을 너무나 잘 따르고 있었던 단원고 학생들에게 퇴선명령만 일찍 내렸어도, 대부분의 승객이 살았을 테고, 이 사건은 이렇게 큰 사회적 파장을 가져오지 않았을 것이다. 구조과정에 많은 오류와 의혹들이 제기되고 있지만, 사실 대부분의 학생들이 구명조끼를 입고 바다에 뛰어들기만 했다면 이렇게 큰 사상자를 내지 않았을 것이다. 그런 의미에서 이번 사고의 가장 큰 원인은 선장의 이해할 수 없는 행동, 즉 퇴선명령을 내리지 않았다는 점이다. 그런데 선장의 행동이 단순한 판단착오였고, 그 작은 판단착오로 300명이 넘는 사람이 사망 또는 실종됐다는 결론은 더 이해할 수 없다. 아니, 절대 동의할 수도 받아들일 수도 없다. 그래서 사고 후 수년이 지난 지금까지도 선장의 이상한 행동에 대한 갖가지 의혹이 제기되고 있다. 더 나아가, 선장의 행동 외에 다양한 원인들에 대한 이야기들이 나돌고 있다. 그래서 선박회사, 선박회사의 주인, 세월호의 선체 변경, 과적, 재난구조 시스템, 해경, 언딘, 정부, 대통령까지 모두 동원되었다. 언제까지? 국민들이 납득할 때까지 그리고 만족할 때까지. 만약 유병언 소유의 청해진 해운의 배가 선체 변경을 하고 과적으로 침몰하고, 엉망인 재난구조 시스템과 우왕좌왕하는 정부의 대응이 이와 모두 똑같이 일어났는데 천만다행으로 대부분의 승객이 살았다면(실제 그럴 수도 있었다), 이렇게

까지 열심히 원인을 찾지는 않았을 것이다. 모두가 그냥 작은 실수, 작은 원인에 만족했을 것이다. 그런데 안타깝게도 이 사고의 진상규명은 여전히 현재진행형이다. 국민들도 계속 의혹을 제기하고 있다. 필자도 여전히 만족스럽지 못하다. 분명 뭔가가 더 있어야 한다.

정당화될 수 없는 좌절의 연속

심리학적으로 보면, 특히 세월호 사고는 그 전개과정이 다른 사고와 다소 다른 면이 있다. 기존의 어떤 사고와도 비교할 수 없을 정도로 강한 국민들의 분노를 샀다는 점이다. 흔히 냄비근성이 있다고 평가되는 한국 사회에도 이 사고는 쉽게 잊히지 않고 있다. 당연히 피해자의 규모나 사고의 내용 면에서 최악의 사고임에는 틀림이 없다. 하지만 삼풍백화점 사고 때 502명의 사망자가 나온 것이나 비슷한 규모로 288명의 사망자를 낸 서해훼리호 사고 등과 비교할 때, 국민들의 분노 수준은 그보다 훨씬 더 높고 격해 보인다. 물론 청소년들의 희생이 분노를 높이는 요소 중 하나였음에는 틀림없다. 하지만 슬픔이나 안타까움뿐만 아니라 분노가 유달리 높게 나타나는 현상은 세월호 사고가 가진 특징 중 하나인 미완결성에 있다. 그리고 이는 '좌절-공격이론 frustration-aggression theory'으로 설명해볼 수 있다.

사회심리학에서 인간의 분노와 공격행동을 설명하는 대표적인 이론 중에 하나인 좌절-공격 이론에 따르면, 인간은 기본적으로 좌절을 경험할 때 분노와 공격행동을 보인다. 여기서 좌절은 자신이 이루고자 하는 목표달성이 누군가 혹은 어떤 것에 의해서 방해받는 경험이다. 이 좌절은 단순한 실패와는 다르다. 너무 높은 나뭇가지에 매달려 있는 과일을 혼자 쳐다보면서 아무리 아쉬워해도, 이 고통스러운 경험은 안타까움이나 실망이지 좌절이 아니다. 이 경우 과일이 떨어지나 나무를 힘껏 흔들어보거나 차 볼 수는 있어도, 나무에 분노하거나 나무를 공격하지는 않는다. 하지만 분명히 손이 닿을 수 있는 과일을 막 따서 먹으려 할 때, 누군가가 그 과일을 가로채거나 나무를 흔들어 떨어뜨려 과일을 상하게 한다거나 나를 밀치며 방해한다면 이 경험은 좌절이된다. 그리고 그 누군가에게 분노를 느끼고, 그를 공격하게 된다.

반대로 누군가 나한테 고통을 주고 좌절을 경험하게 한다고 해도, 항상 분노하는 것만은 아니다. 예를 들어, 출퇴근 시간 만원 지하철에서 모든 사람이 이리 밀리고 저리 밀리는 상황에서, 절대 나쁜 의도 없이 누군가가 실수로 내 발을 밟았다면 몹시 아프고 짜증은 나겠지만 분노하지는 않는다. 반대로 지하철이 텅 비어서 충분히 피할 수 있었는데도 누군가 내 발을 고의로 밟는다면, 별로 아프지 않았어도 우리는 상당한 분노를 느낀다. 여기서 중요한 개념이 바로 정당화,justification 이다. 정당화되는 좌절은 분노를 일으키지 않지만 정당화되지 않는 좌절은 분노와 공격행동을 일으킨다. 실제로 인생에서 많은 실패와 고통 그리고 부정적인 사건을 경험하면서 살지만, 그것이 반드시 좌절이지는 않기 때문에 매 순간 분노가 유발되지 않는 것이다.

이런 좌절-공격이론의 관점에서 보면, 세월호 사고는 도저히 정당화될 수 없는 좌절의 연속이었다. 세월호 사고의 가장 큰 특징은 이미 일어나버린 사고를 본 게 아니라 온 국민이 긴 시간 동안 일어나고 있는 사건을 목격했다는 점이다. 그냥 대형버스끼리 충돌하는 교통사고나, 비행기가 추락하거나, 대형화재로 삽시간에 건물이 불길에 휩싸여서 대규모 인명피해가 난 사건과는 엄청나게 다르다. 보통의 경우 사고가 이미 종결된 후에야 국민들이 알게 되고, 그때쯤 되면 이미 사태수습이 시작되서 사망자나 부상자 집계를 알게 된다. 이런 사건들은 오히려 좌절이 덜하다. 인간의 뇌는 이미 일어나서 어쩔 수 없는 일에 대해서는 매우 빠르게 망각, 정당화, 의미 찾기, 종교와 같은 적응기제가 발동하게 되어 있다. 하지만 세월호는 완전히 달랐다. 배가 채 넘어가기도 전부터 그 모습이 전국에 생중계되기 시작했고, 넘어가는 과정에서 침몰하는 순간까지, 심지어 침몰한 이후에도 뒤집힌 배의 앞부분이 수면 위로 올라와 있는 모습이 계속 중계되었다.

모든 사고는 피해 당사자와 그 주변인에게 큰 좌절로 경험되지만, 직접적 관련이 없는 대부분의 국민들에게는 주로 안타까움과 슬픔으로 남는다. 자신의 목표가 직접적으로 좌절되지는 않았기 때문이다. 하지만 세월호의 경우 방송으로 생중계되는 순간부터 온 국민의 마음속에는 모든 승객들이 살아서 나오기를 바라는 간절한 바람이 깃들었다. 그런 바람은 골든타임이라는 72시간을 넘어, 모두가 가능성이 없다는 것을 알았지만 거의 2~3주를 유지했다. 필자와 필자의 아내도 거의 하루 종일 TV를 보면서 한 명이라도 더 살아서 돌아오길 빌고 또 빌었다. 하지만 모두의 바람은 이루어지지 않았다. 한 구의 시체가 나올 때마다 그것을 지켜보는 국민들이 겪었을 좌절은 상상하기조차 힘들다. 필자도 그 좌절감에 가슴이 답답해서 잠 못 이루는 날이 하루 이틀이 아니었다. 결국 한 달이 넘는 시간 동안 단 한 명도 구조되지 못한 채 시신으로 돌아오는 것을 계속 지켜봐야 했다. 이렇게 오랜 시간 동안 온 국민들이 다 같이 이런 엄청난 좌절을 겪는 경우는 아마 세계 역사상 찾기도 힘들 것이다.

더 중요한 것은 이런 좌절을 경험하게 만든 대상들이 빤히 존재한다고 느껴지는 것이다. 앞에서 얘기했듯이 이 사고는 특별히 방해한 사람 없이 그냥 나뭇가지가 너무 높아서 과일을 못 따먹은 경우가 아니었다. 태풍이 와서 배가 뒤집힌 것도, 태풍 때문에 구조가 어려웠던 것도 아니었다. 망망대해 한가운데서 사고가 일어나 구조하는 데 시간이 걸린 것도 아니었다. 물론 조류 때문에 구조가 힘들었을 수 있지만, 조류는 눈에 보이지도 않기에 지켜보는 국민들은 그것을 인식하기가 쉽지 않았다. 오히려 배가 침몰하기도 전에 수많은 어선들과 심지어 경비정까지 접근했고, 사고가 일어나자마자 수많은 인력과 장비가 도착했는데도 단 한 명도 살리지 못했다는 사실만 기억한다. 사실 이런 상황에서는 그것이 얼마나 합리적이고 논리적이냐를 떠나, 못 구한 게 아니라 안 구한 것처럼 보이는 것이 당연하다. 마치 텅 빈 지하철에서 가까이 서 있다가 일부러 발을 밟고는, 지하철이 갑자기 움직여서 중심을 잃어 어쩔 수 없었다고 구차하게 변명하는 것과 같다. 하지만 발을 밟혀서 아픈 사람의 입장에서는 '공간이 이렇게 많은데 왜 내 옆에 가까이 서 있었던 건데?'라고 생각하고 분노할 수밖에 없다. 보통 좌절의 양이 분노와 공격행동의 양을 결정한다는 관점에서, 온 국민이 세월호 중계방송을 보면서 누적해온 좌절의 양에 비교하면, 지금까지 한국 사람들이 보여준 분노의 양은 그들이 참 많이 참았다고 얘기해도 과언이 아니다.

그래서 결국 대통령이다

오랫동안 누적된 좌절이 가족확장적 한국 사회에서 향해 갈 곳은 하나다. 바로 정부와 그 대표인 대통령이다. 사실 세월호 사고와 그로 인해 일어난 피해와 고통의 원인과 책임을 전체 100퍼센트로 계산할 때, 대통령 개인이 차지하는 원인과 책임의 정도는 얼마나 될까? 세월호의 선주인 유병언과 그 일당, 그 일당이 과거에 저지른 수많은 잘못들을 덮어주는 데 기여한 사람들, 세월호 개축을 허가하는 데 관여한 사람들, 그 사이에서 각종 부패와 비리로 세월호의 사고 가능성을 높이는 데 일조한 사람들, 그날 세월호에 과적을 한 사람들, 그 무엇보다도 세월호 선장과 선원들, 세월호 구조과정에서 온갖 실수와 태만, 무능과 혼란을 저지른 해경과 관계기관들까지 일정 부분 그 원인과 책임을 나눠가져야 한다. 그렇다면 대통령은 개인으로서 세월호 사고를 일어나게 했거나 설사 대처를 잘못한 것에 원인을 제공했다거나 책임을 져야 하는 부분이 있어도 별로 크지 않다고 주장할 수 있다. 하지만 이런 계산은 아무 의미가 없다. 만약 그런 주장을 내세운다면 그런 사람은 한국인과 한국 문화를 전혀 이해하지 못하는 사람이다.

한국 사회에서 대통령은 단지 행정부의 수반이 아니다. 가족확장적 한국인들에게 대통령은 곧 어버이와 같은 존재처럼 여겨진다. 군사부일체의 의미가 아직도 한국 사람들의 마음속에 있기 때문이다. 이건 국민이 대통령을 대할 때만 그래야 한다는 것이 아니라, 대통령도 국민을 대할 때 그래야 한다는 것이다.

2015년 한국 사회가 메르스와 심각한 가뭄으로 고통을 받고 있을 때, 누군가가 농담 삼아 옛날에는 역병과 가뭄의 책임이 군주에 있었다라고 얘기하는 걸 들었다. 비록 농담이었지만 한국 사람의 마음이 아직 그러하다는 것을 뜻한다. 이것이 잘못된 생각이라고 얘기하면 안 된다. 그게 누가 됐건 바로 이런 마음을 바탕으로 대통령을 포함한 한국의 리더들이 선출된 것이다. 만약 한국인이 그런 특성을 가지고 있지 않고, 그런 마음을 가지고 있지 않다면 다른 자질을 가진 다른 리더가 선출되었을 수도 있다. 더구나 어떤 조직의 리더에 위치에 있는 사람은 그 조직이 크든 작든 한국인의 이런 특성 때문에 누리는 것들이 분명 존재한다. 사실 교수인 필자도 가끔 한국에서 학생들을 대하며 '미국에선 학생들에게 이렇게까지 안 해줘도 되는데'라는 생각을 한다. 하지만 동시에 미국 교수들이라면 생각하지 못할 혜택들을 학생들로부터 받고 있기도 하다. 둘 다 포기할 순 있어도 어느 하나 좋은 것만 가질 순 없는 노릇이다.

대중의 힘을 얻어 리더의 자리에 오른 사람들은 그들의 마음에 대한 책임을 질 수 있어야 한다. 뽑힐 때는 대중의 마음에 기대고 뽑히고 나서는 이러한 마음이 잘못됐다는 논리는, 화장실 들어갈 때와 나올 때 마음이 너무 다르다는 간사함으로밖에 보이지 않는다. 그리고 보다 더 고민해야 할 문제는 이런 한국인의 마음이 옳은지 그른지가 아니라, 그 마음에 어떻게 적절히 대응하느냐일 것이다.

관계주의

□

□

나쁜 놈 잡으면 끝인 사람들

□

얼마 전 라디오에서 다른 나라 사람들에게 한국을 가리킬 때, '우리나라'라고 해야 하는지, '저희 나라'라고 해야 하는지를 설명해주는 공익 광고를 들었다. 올바른 표현은 '우리나라'라고 한다. 나라나 민족은 낮출 수 있는 대상이 아니기 때문이다. 이렇게까지 섬세한 존댓말을 가진 나라가 이 세상에 또 있을까 하는 의문이 들었다. 학교에서 정확한 존대어를 배울 뿐 아니라 그냥 '우리나라'라고 하면 된다는 걸 빤히 알면서도, 상대가 나보다 윗사람이거나 대하기 어려운 외국인 앞에서는 왠지 '저희 나라'가 더 맞는 것처럼 느껴지는 이 불편함의 근원에는 바로 한국인의 관계주의적 특성이 있다.

지금까지 심리학에서는 한국 사회를 집단주의적인 동양 문화 중 하나로 인식해왔다. 그래서 한국 사회는 개인의 자유나 독립, 권리보다는 집단과의 조화를 중시하고 집단을 위한 의무와 책무, 희생이 강조되는 사회라고 설명되어왔다. 사실 일상적인 대인관계나 기업문화, 사회제도 등 많은 부분이 이러한 틀에서 벗어나지 않는다. 하지만 일본의 집단주의와 비교하면 한국 문화는 확실히 다르다. 어찌 보면 일본과 미국을 비교한 결과로 얻어진 집단주의의 개념은 일본 사람들을 설명하기에 가장 적합한 개념이다. 그들은 진짜 집단과 조직을 위해 개인을 희생한다. 공식적인 집단이나 조직 속에서 자신에게 정해진 역할과 의무에 충실하려고 노력한다. 일본에서 식당을 가거나 쇼핑을 할 때 손님을 대하는 그들의 모습만 봐도 알 수 있다. 일본 사람들은 정해진 매뉴얼에 따라 기계와 같이 정확하게 행동한다. 자신의 존재를 부각시키기보다는 조직과 완벽한 조화를 이루는 것이다. 과거 조직에 해를 끼친 사람은 할복을 했던 문화의 배경에도 바로 이런 집단주의가 있었다.

하지만 한국 문화는 다르다. 한국인에게는 조직보다 관계가 중요하다. 즉, 집단주의보다는 관계주의다. 조직과 회사 같은 거대 시스템보다는 바로 내 앞과 옆에 앉아 있는 동료와 상사, 부하직원과의 일대일 관계가 훨씬 더 중요한 것이다. 때로는 공적인 관계와 역할보다 사적관계가 우선한다. 한국 사회가 수직적이라고 하지만, 만약 조직적 수직체계만 중요시해왔다면 한국 사회는 그 역할에 맞는 행동만 하면 되는 훨씬 단순하고 살기 쉬운 사회가 되었을 것이다. 하지만 한국은 '관계적' 수직사회이기 때문에 사회생활이 더 복잡하고 어렵다. 내가 조직에서 몇 위이고 어떤 위치에 있느냐보다, 내 지위가 저 사람보다 높은가 낮은가 하는 것이 더 중요하기 때문이다. 게다가 신경 쓰이는 '저 사람'이 한둘이 아니다. 이에 '한국인 심리학' 연구의 선구자인 고 최상진 교수는 다음과 같은 말을 남긴 바 있다.

"한국 사람들은 복잡한 사회적 관계를 규정하고 관리하는 심리적 도구까지 발전시켰는데, 그것이 바로 체면이다".

체면을 세워주거나 깎아내리는 행위는 한국 사회를 유지하고 운영하는 가장 중요한 원리 중 하나다. 후배가 검찰총장이나 장관이 되면 그 선배들은 알아서 사표를 쓰는 것만 봐도 그렇다. 새 검찰총장에게 인사를 한다기보다 후배에게 인사를 한다고 느끼기 때문에 자신의 개인적 체면이 손상되는 일이라고 생각하는 것이다.

일을 하는 이유도 회사나 조직의 성공보다는 옆에 있는 사람들로부터 더 찾으려 한다. 즉, 조직에 충성하고 주어진 역할에 충실한 일본 사람들과 달리, 한국 사람들은 오히려 자기 옆의 상사와 동료에 충성하고, 타인과의 일대일 관계에 더 충실하다. 어찌 보면 이런 한국인의 관계성은 양날의 칼이다.

좋아하는 사람을 위해 열심히 일하지만 그 사람과 조직의 이해가 상충한다거나 혹은 그 사람이 조직에 해를 끼칠 때, 아니면 그 사람이 조직에 해가 되는 부탁을 할 때 한국 사람들은 어떤 선택을 할까? 규모가 작은 회사는 사람이 곧 조직이기에 이런 갈등이 상대적으로 적게 일어난다. 하지만 한국의 주요 대기업들은 보통 자기 회사에 몇 명이 근무하는지, 어디서 근무하는지 가늠하기 힘들 정도로 규모가 크다. 대학교도 마찬가지다. 많은 원로 교수가 옛날에는 같은 대학교에 근무하는 교수를 모두 알았는데, 이제는 같은 단과대에 있는 교수도 잘 모르겠다고 말한다.

이처럼 한국 사회는 단지 옆 사람에게 의존해서, 옆 사람을 위해서 일하기에는 너무 복잡해졌는지 모른다. 더구나 바로 옆에 있는 사람들을 위해서 일하면, 사조직과 패거리가 되기 쉽다. 그렇다고 조직을 위해서만 열심히 일하면 '그래, 너 혼자 잘났다'라고 눈총받기 십상이다. 과거 한국인에게 사는 이유를 제공했던 관계주의는 앞으로 어떤 역할을 해야 할까?

'밥 먹었니?'와 '밥 안 먹었니?'

//

중고등학교 때부터 필자가 가장 싫어하고 못하는 과목 중의 하나가 영어였다. 실제로 고등학교 친구들은 아직도 필자가 영어권인 미국에서 박사학위를 받았다는 사실을 믿을 수 없다고 말한다. 어쨌든 미국에서 8년 정도를 살았고, 대학원을 다니고 박사학위도 받았고 직장생활까지 했던 만큼 이제는 영어를 조금은 한다고 생각한다. 그런데도 여전히 헷갈려서 정확히 답하기 어려운 영어 질문은 바로 "Didn't you have a dinner?(너 밥 안 먹었니?)"이다. 한국말로 대답할 경우는 간단하다. 밥을 먹었을 때는 "아니오, 먹었어요." 안 먹었을 때는 "네, 안 먹었어요."라고 하면 된다. 원래 질문이 "안 먹었냐?"니까. 하지만 영어에서의 대답은 전혀 다르다. 밥을 먹었을 때는 "Yes, I did." 안 먹었을 때는 "No, I didn't."이다. 더 황당한 것은, 영어로 "Did you have a dinner?(너 밥 먹었니?)"로 물어봐도 영어의 대답은 똑같다는 것이다.

한국말로 대답할 때는 "먹었니?"와 "안 먹었니?"라는 질문에 다르게 대답해야 하지만, 영어는 질문에 상관없이 대답이 한결같다.

처음 미국에 가서 한동안은 이게 진짜 헷갈렸다. 나중에 간신히 영어에 익숙해진 후부터는, "안 먹었니?"라는 질문에 말로는 "No, I didn't."라고 정확한 부정문 대답을 하면서 머리는 열심히 끄덕이며 긍정의 사인을 보내고 있었다. 그런데 밥을 먹었는지 안 먹었는지 묻는 이런 사소한 질문이야 머리를 어떻게 흔들건 무슨 상관인가. 문제는 국가 원수들 간의 중요한 협상과정 같은 상황에서다. 미국 대통령이 "동의하지 않으십니까?"라고 물었을 때, 우리나라 대통령이 말로는 "아니오, 동의하지 않습니다."라고 정확히(하지만 어색하게) 얘기하면서 열심히 고개를 끄덕이고 있다면, 얼마나 헷갈리고 이상한 순간이 되겠는가. 하지만 이런 언어적 차이는 단순히 문법의 차이가 아니다. 본질적으로 언어 기능의 차이이고, 궁극적으로는 문화의 차이를 반영하는 것이다.

기술의 언어와 소통의 언어, 우리의 선택은?

보통 우리는 언어의 본질을 의도하는 생각과 사실을 정확하고 효율적으로 전달하는 수단으로 생각한다. 이러한 관점에서만 본다면 영어가 한국어보다 그 목적에 더 충실하다. 상대방이 어떻게(긍정이든 부정

이든) 묻고 있건 상관없이, 그 질문은 결국 나의 식사 여부를 묻는 질문
이라는 것만 파악하고 나의 식사 여부에만 근거해서 답하면 된다. 밥
을 먹었으면 무조건 Yes(네), 밥을 안 먹었으면 No(아니오)인 것이다.
상대방의 질문 형태는 고려하지 않고, 정확히 나의 식사 여부만 고려
해서 긍정과 부정을 결정하면 된다. 따라서 나의 상태를 정확하고 효
율적으로 기술하기에는 영어가 더 오류가 적다. 더구나 제3자는 질문
을 듣지 않고 답만 들어도 나의 식사 여부를 정확히 알 수 있다. 언어
로서 영어의 궁극적인 목적은 '정확한 기술description'이다.

　반면에 한국어는 나의 식사 여부보다는 상대방이 나에게 어떻게 묻
느냐가 더 중요하다. 나에게 긍정으로 물어봤을 때, 나의 상태가 긍정
이면 긍정으로 답하고 부정이면 부정으로 답하면 된다. 하지만 부정
으로 물어봤을 때는, 나의 상태가 부정이면 긍정으로 답하고 긍정이
면 부정으로 답해야 한다. 한국어는 왜 이렇게 복잡하고 비효율적이
고 헷갈리는 문법을 가지고 있는 것일까? 바로 한국어의 본질적 기능
이 기술이 아닌 '상호적 반응interactive response'에 있기 때문이다. 이것을 확
인하는 방법은 한국말 질문에 영어처럼 대답해보는 것이다. 누군가
"밥 안 먹었니?"라고 물어볼 때, "아니, 안 먹었어."라고 대답해보자. 십
중팔구는 다시 물어본다. "밥 안 먹었냐고?"라고. 다시 "아니, 안 먹었
어."라고 대답하면 어떻게 될 것 같은가. 그다음에 우리가 들을 말은
뻔하다. "너 내 말 안 듣고 있지!" 이런 경우만 보더라도 한국어는 의사
전달의 기능뿐만이 아니라, 상대방이 내 말을 듣고 있는지 아닌지를

확인하는 시스템 또한 가지고 있다. 바로 이래서 한국에서는 소통이 어렵고, 불통이 많은 것처럼 보인다. 사실 그런 반응확인 시스템은 한국 사회를 더 어렵게 만드는 요소가 아니라, 관계주의적 한국 문화에 더 잘 들어맞기에 우리 스스로가 발전시켜온 것이라 할 수 있다.

서양의 심리학자들은 서구 사람들(주로 북미)과 비교해봤을 때 일본은 집단주의 성향이 강하다고 말한다. 일본 사람들은 조직을 개인에 우선하고 조직 속에서의 화합을 중요시하기 때문이다. 하지만 일본 사람들은 의외로 일대일의 대인관계에서는 독립적이다. 가족이나 아주 친밀한 사이가 아니면 웬만해서 이름을 부르지 않고 깍듯하게 성을 부른다. 큰 음식을 시켜 나눠먹거나 서로 음식 값을 내주는 경우도 매우 제한적이다. 이들에게 조직은 있어도, 그 속의 개인들은 철저히 분리되어 있다. 그래서 일본에서 지내 보면 대인관계에 있어서는 마치 미국에서 유학할 때와 크게 다르지 않다고 느껴지기도 한다. 그에 반해 한국 사람들은 일대일의 개인적 관계를 가장 중요시하는 관계주의적 특성을 가지고 있다. 관계주의는 조직과 인간의 관계가 아닌, 일대일의 대인관계적 맥락에 더 초점을 맞춘다. 자신의 존재와 정체감은 타인과의 관계 속에서 규정되며, 따라서 누구와 있느냐에 따라 자신을 다른 사람으로 규정하는 맥락성과 역동성을 보여준다. 즉, 맥락에 따라, 특히 누구랑 있느냐에 따라 적절하게 바뀔 줄 아는 센스 있는 사람이 바로 한국인의 이상형이다.

이런 관계주의적 특성이 바로 우리의 언어를 상대방과의 맥락에 따라 더 역동적으로 반응하는 형태로 만들었다. 흔히 존대어의 체계를 관계주의를 반영한 한국어의 특성으로 얘기하지만, 조직 속의 집단주의에서도 조직 내 역할과 서열에 따른 높임말의 기능이 존재하므로 그리 좋은 설명은 아니다. 관계주의를 더 잘 반영하는 한국어의 특성은 질문에 따라 바로 바뀌어야 하는, 기술의 기능을 초월한 상호반응의 기능이라고 볼 수 있다.

개인주의와 조직적 집단주의는 효율성과 목적중심적 특성을 가지기 때문에 정확하고 효율적인 기술적 언어가 중요하다. 하지만 관계 자체를 더욱 중요하게 여기는 한국인들은 종종 기술되는 내용보다는 내 말을 '듣고 있다'는 주관적 느낌을 훨씬 더 고려한다. 그래서 회사에서도 내가 멍청하게 물어봐도 항상 정확한 내용을 효율적으로 기술하는 사람은 왠지 차갑고 인정머리 없는 놈처럼 느껴진다. 하지만 내가 멍청하게 물어볼 때 같이 멍청하게 반응하는 동료는 왠지 정이 가는 편안한 상대로 느껴진다.

미팅에서 블랙커피가 먹히는 이유

대한민국은 현재 불통사회다. 각종 언론에서는 정부와 대통령이 불통이라는 국민의 인식을 연일 전하고 있다. 젊은 층과 386세대 그리고 노년층 간의 이견과 불통은 사회적 갈등의 중요한 요인이다. 가족 내에서도 자녀와 부모, 부부 간의 불통이 문제다. 그런데 이상한 건 불통에 대한 지적은 많아도, 근본적인 원인에 대한 얘기는 서로에게 미루고 있다는 사실이다. 그저 상대방이 틀려서, 상대방이 내 말을 들으려하지 않아서, 상대방이 틀린 걸 맞다고 우겨서라고 인식한다. 하지만 불통의 원인은 다름 아닌 소통의 기능에서 오는 부조화다. 관계주의적 특성을 지닌 한국인인 만큼 그들이 서로 기대하는 것보다 상호반응의 느낌을 충분히 전달해주지 못하기 때문이다.

그전부터 한국 사회에서 소통의 문제에 대한 언급은 있었지만, 소통의 문제가 본격적인 사회적 이슈로 등장한 것은 아마 2008년 광우병 사태 때일 것이다. 정부가 추진한 미국산 소고기 수입협정이 국민들의 촛불시위로 번져 거의 정권퇴진으로까지 확산되었고, 이로 인해 집권 초기부터 이명박 정부의 국내정치력은 걷잡을 수 없이 흔들렸다. 많은 정치평론가들은 광우병 사태를 좌파와 우파의 정치판, 반미와 친미의 격돌, 보수와 진보의 갈등, 세대 간 충돌 등의 다양한 해석을 내놓았지만, 사회심리학적 관점에서 들여다보면 기술적 소통과 상호반응적 소통의 부조화가 제일 컸다.

지금의 시점에서 보면, 미국산 소고기에 대한 광우병 사태는 여러 비합리적인 측면이 있었다고 볼 수 있다. 당시 실제로 미국산 소고기를 먹어서 광우병에 걸릴 객관적인 확률, 유럽과 일본 등의 나라들보다 광우병 발병 빈도가 더 낮은 미국산 소고기에 대해서만 유달리 반응이 격했던 사실, 이미 오래전부터 소에게 광우병을 일으키는 동물성 사료 먹이기를 금지시켜서 광우병은 거의 통제가 가능하고 실제로 발병이 급격히 줄어들고 있었던 사실들을 고려하면 더욱 그렇다. 더구나 지금은 미국산 소고기가 실제로 별 문제없이 유통되고 있다(물론 재협상을 통해 문제의 요소를 줄이기는 했다). 하지만 그 당시 많은 국민이 보인 미국산 소고기에 대한 부정적 태도, 정부에 대한 반감의 원인을 그 비합리성에서만 찾기에는 뭔가 이상하다. 왜냐하면 정부가 합리적인 정보를 계속 제공할 때마다 사태가 진정되기는커녕 오히려 악화되었기 때문이다.

인간은 자신이 접하는 대부분의 것들에 대해 거의 자동적으로 태도를 형성한다. 얼마나 진지하고 심각한지를 떠나서, 자신에게 노출되는 거의 모든 것에 대해 호불호의 평가를 한다는 것이다. 그런데 인간이 태도를 형성하는 근본적 이유는 크게 두 가지로 나눌 수 있다. 하나는 실용적 이유다. 어떤 대상에 대한 긍정적 또는 부정적 태도를 형성하는 것이 실질적 이득이나 생존에 도움이 되기 때문이다. 일반적으로 자신에게 이득을 가져다준(또는 실질적 이득이 손해보다 클 거라고 예상되는) 대상들에 대해서 사람들은 자연스럽게 긍정적인 태도를 형성한다. 그 반대인 대상에게는 당연히 부정적인 태도를 형성한다. 한번 형성된 태도는 미래의 행동에도 영향을 미쳐서, 미래에 자신에게 미칠 이익을 극대화하고 부정적인 결과와 손해를 최소화한다. 때로는 스스로 어떤 손실을 계산하지 못하는 상황에서도, 이미 형성된 태도를 통해 행동을 통제하는 경우도 있다. 예를 들어, 전기플러그를 만지면 왜 위험한지를 두 살짜리 아이는 이해하지 못한다. 220볼트의 전기가 몸에 흐르면 어떤 일이 일어나는지 그 어린 아이가 어떻게 이해하겠나. 아무것도 모르는 아이가 전기플러그를 만지지 못하게 하는 방법으로는 그냥 전기플러그를 싫어하게 만드는 게 효율적이다. 그래서 우리의 어머니들은 아이에게 전기플러그를 보여주면서 오만상을 찡그리고, 혹시라도 아이가 만지려고 하면 큰소리로 꾸짖는다. 그러면 애들은 그 부정적인 경험과 전기플러그를 연결시켜서 자연스럽게 전기플러그를 싫어하게 되고, 결국은 전기플러그 가까이에 가지 않게 된다.

하지만 이런 실용적 이유 없이도 우리는 쉽게 태도를 형성하기도 하는데, 그것은 바로 상징적 이유 때문이다. 즉, 어떤 태도를 가짐으로써 자신이 추구하는 상징적 가치를 강조하거나 드러내려 하는 경우다. 흔히 우리가 어떤 정치 후보를 지지한다고 얘기할 때, 실제로는 그 후보에 대해 잘 모르는 경우가 많다. 오히려 그 후보를 지지함으로써 자신이 어떤 가치를 추구하는지 스스로 확인하고 다른 사람들에게 보여주고 싶은 경우가 여기에 해당한다. 명품을 소비하는 것도 같은 맥락이다. 물건의 실용적 가치보다, 그 태도와 행위를 통해 자신의 삶의 가치와 의미를 드러내고 싶기 때문이다. 삼성전자의 갤럭시 폰을 쓰는 사람과 애플의 아이폰을 쓰는 사람은 단지 스마트폰의 기능이나 가격 때문이 아니라, 그런 소비행동을 통해 자신의 취향, 삶의 가치,

애국심을 표현할 수도 있다. 마치 커피 맛을 전혀 모르던 필자의 대학생 시절, 소개팅에 마음에 드는 상대가 나오면 자동으로 거의 블랙커피를 시켰던 것처럼. 그 행동에는 쓴 커피를 지극히 싫어하는 필자의 커피에 대한 태도, 커피 맛에 대한 기호가 전혀 반영되지 않았다. 다만 상대에게 보여주고 싶었을 뿐이다. 그게 무엇이었는지는 아직도 명확하지 않지만….

한국적 불통의 본질

광우병 사태는 표면적으로 미국산 소고기의 위험성과 같은 실용적 이유를 얘기하고 있었지만, 사실은 다양한 상징적 가치를 드러내는 행위였다. 경제활성화라는 절체절명의 이유로 이명박 대통령이 선출됐지만, 기업인 출신으로 친미 성향을 보였던 그가 노무현 대통령과는 어떻게 다른 정치를 펼까에 대해 많은 사람들이 한참 예민해 있을 때였다. 이들에게 광우병 사태는 시민으로서 지켜야 할 자존심, 미국에 대한 반감, 이명박 정부에 대한 견제 등의 의미로 느껴졌을 것이다. 이러한 상징적 가치에 기초한 국민들의 반응에 대해 정부는 기술적 소통이 아닌 상호반응의 소통을 했어야 했다. 상징적 가치에 정확성이나 효율성은 그다지 영향을 미치지 않기에 기술적 소통이 별 의미가 없기 때문이다. 그런데도 정부는 계속해서 미국산 소고기가 얼마나 안전한가에 대한 객관적인 정보만을 반복적으로 얘기하고 있었다. 그 당시 국민들이 원한 건 자신들이 추구하는 가치에 대해 진심으로 공감해주는 그런 소통이었을지 모른다. 아니, 어찌 보면 자신들의 말을 제대로 듣고 있다는 것을 그냥 확인해보고 싶은 국민도 상당수 있었을 것 같다.

이런 불통의 논란은 아직도 진행 중이다. 특히 정부의 소통방식은 여전히 국민들의 기대와는 큰 차이가 있다는 것이 중론이다. 사상 초유의 카드사 개인정보 유출사건이 발생했을 때 현오석 전 경제부총리는 "금융소비자도 정보를 제공하는 단계에서부터 신중해야 한다. 우리가 다 정보제공에 동의해줬지 않느냐."며 카드사가 아닌 국민에게 책임을 묻는 식의 발언을 해 논란을 불러일으켰다. 여수 기름유출 사건 때 윤진숙 전 해양수산부장관도 "기름유출의 1차 피해자는 정유사, 2차 피해자는 어민이다."라는 말을 해서 온갖 비난을 다 받았다. 가계부채의 심각성을 걱정하는 국회의원의 질문에 "빚내서 집 사라고 한 적이 없다."라는 최경환 부총리의 발언 역시 언론의 집중포화를 맞기도 했다.

이들의 말은 기술적 기능으로만 보자면 거의 틀리지 않았다. 정보 유출에서 핵심내용인 금융회사가 다른 기관에 정보를 제공한다는 공지사항이 존재했고, 대부분의 사람이 그 서류에 동의서명을 한 것도 사실이다. 또 유조선이 정유사 항만시설을 들이박아서 유출사고가 났으니 시간적으로나 물질적으로 인과관계를 따지면 1차 피해자는 정유사가 맞다. 이들의 말을 전체적인 맥락이 아닌 문제가 될 만한 부분만 선정적으로 기사화한 언론의 오류도 엄청나게 크다. 하지만 그 모든 것을 고려하더라도 상호반응의 기능을 생각하면, 어차피 원인을 물어본 말이니 원인만 정확히 얘기하면 된다는 자기중심적 대화법에 의존한 발언 당사자도 책임을 면할 수가 없다.

논란이 불거질 때마다 당사자들은 진의가 왜곡되었다며 억울하다고 얘기하겠지만, 모두 알다시피 대화의 궁극적인 목적은 미친 놈처럼 혼자 떠드는 것이 아니라 상대방과 상호작용을 하는 데 있다. 즉, 상대방과 의견 또는 감정을 교환하기 위한 것이다. 단순히 정보전달이 목적이라면, 상대방의 머릿속에 그 정보가 정확히 떠오르게만 하면 된다. 하지만 정보를 전달하지도, 상대를 움직이지도 못한다면 대화는 실패로 끝난다. 자녀에게 성공한 사람과 실패한 사람의 차이를 얘기해주면서, 굳이 성공한 사람처럼 하라고 얘기하지 않아도 부모들은 자녀가 말귀를 알아들었을 거라고 생각한다. 하지만 자녀는 아마 '오늘따라 왜 이렇게 말씀이 많으시지?'라고 생각하고 있을지 모른다. 결국 이 대화는 실패로 간주될 수밖에 없다.

관계주의적인 한국 사람들은 말을 말 그대로 이해하지 않는다. 고도로 발달된 촉과 눈치로 그 행간뿐만이 아니라 여백, 표지, 뒷면 등을 모두 고려해서 별의별 생각을 다 한다. 이런 한국 사람들에게 기술적 소통을 했다고 주장하는 것은 그냥 혼잣말을 한 것보다도 못한 일이 될 수 있다.

리더는 여자처럼 얘기해야 한다 _____

이런 소통과 불통의 문제는 최근 우리 사회에서 '왜 여성 리더들이 급부상하고 있는가'라는 이슈와 직접 연결되어 있다. 모든 남성과 여성이 반드시 그렇다는 얘기는 아니지만, 많은 심리학적 연구가 남성은 주로 문제중심적 사고와 대화를 하고, 여성은 정서중심적 사고와 대화를 한다고 밝혀왔다.

진화의 과정에서 자원을 구하고 가족을 지키기 위해 사냥을 하고 싸움을 하는 등의 역할을 담당했던 남성들은 사냥의 성공과 위급상황 대처로부터 효율적인 사고와 언어능력을 키울 수밖에 없었다. 반대로 출산과 육아를 담당했던 여성들은 표현이 부족한 자녀와 소통하고 반응해주는 심리적 기능이 발달할 수밖에 없었다고 한다. 그런 측면에서 보면 남성들은 문제를 해결하기 위한 기술적 기능의 소통법에 더 익숙하고, 여성은 심리적 교류 자체를 중요시하는 상호반응의 소통법에 더 뛰어날 수밖에 없다. 유교사상을 배경으로 급격한 산업화의 근대역사를 겪으면서 한국 남성과 여성의 이런 성향은 더욱 강화되는 효과를 가져왔다.

당장 대부분의 부부싸움만 보아도 알 수 있다. 토라진 아내에게 남편은 자꾸 왜 그러냐고, 원인이 뭐냐고만 물어본다. 그래야 문제와 갈등이 해결될 거라고 생각하기 때문이다. 하지만 아내에게는 자신이 지금 슬프다는 그 자체가 더 중요하다. 그래서 아내들은 자신이 슬프다는 것을 표현하기 위해, 과거 20년 전에 일어났던 일을 얘기한다. 그럼 남편은 왜 직접 관련도 없는 과거의 일을 다시 얘기하냐고 화를 낸다. 남편이 자기 말을 잘 듣고 있는지, 자기가 속상한 상태를 이해하는지를 확인하고자 아내가 계속 화제를 바꿔보고 있다는 사실을 대부분의 남편은 이해하지 못한다. 그냥 자신을 더 궁지로 몰아넣으려는 아내의 이상한 대화법 정도로 생각하고, 더욱더 원인을 알아내려고 집요하게 이렇게 물어본다.

"그러니까 도대체 왜 그러냐고?"

시대가 변하면서 세상사 역시 복잡하게 얽히고설켜서 이제는 원인과 결과조차도 명확하지 않은 사회가 되어가고 있다. 미디어의 발달과 사회적 전파의 속도가 빨라지면서 사람들이 사고하는 속도는 이미 정보의 속도를 따라가지 못하는 상황이다. 이런 시대에 진실을 파헤치는 집요함은 점점 그 중요성을 잃을 수밖에 없다. 실제로 그 진실을 다 알 수도 없다. 대부분 사건의 인과관계를 파악하는 데만 보통 6개월에서 몇 년이 걸리고, 심지어 영원히 밝혀지지 않는 경우도 허다하다. 이런 상황에서 언어의 기술적 기능은 설 자리를 점점 잃어가고 있다. 더구나 과거에 비해 인간관계가 단기적이고 피상적이 되면서, 관계주의적 한국인들은 불안해하고 있다. '아'만 얘기해도 '어'까지 알아주던 사람의 수가 점점 줄어들면서 상호반응적 소통에 더욱 목말라 하고 있다.

최근 들어 따뜻한 리더, 특히 여성 리더의 급부상은 어찌 보면 당연한 현상으로 이해될 수 있다. 심리학적 연구결과를 보면 과거에는 여성이 리더가 되려면 남성 리더의 덕목을 갖춰야 했다. 하지만 이제는 반대로, 성공한 남성 리더의 대다수가 여성 리더의 덕목을 갖추고 있다고 얘기한다. 여성 리더의 핵심적 특성은 바로 '상호반응적 소통'이다. 그래서 전 세계에 많은 여성 리더가 등장했고, 한국에도 최초의 여성 대통령이 탄생했다. 혹시 한국인들은 마치 어머니처럼 내가 말 없이 울고만 있어도 뭘 원하는지 아는 그런 따뜻한 대통령을 원했던 것은 아닐까?

20여 년 전 연애 시절에 내가 했던 얘기까지 꺼내면서 도저히 무슨 말을 하려고 하는 건지 알 수 없는 아내를 볼 때가 있다. 그나마 심리학을 했다고, 차마 "왜 그래?"라는 질문은 하지 못하고, 오늘도 눈만 껌벅껌벅이며 당황해하는 필자에게 아내는 얘기한다.

"지금 내가 힘들고 슬프다고!!!"

나쁜 놈보다 더 나쁜 문제해결 방식

//

많은 사람이 얘기한다. 대한민국의 역사는 세월호 사고 이전과 이후로 나뉜다고. 그만큼 세월호 사고는 한국인에게 너무나 안타깝고, 슬프고, 괴롭고, 힘든 사건이었다. 그 고통만큼이나 한국 사회는 다시는 이런 불행한 사건이 일어나면 안 된다고 생각했다. 그래서 정부는 국가개조 수준의 후속조치를 약속했고, 사회 전반에 걸친 관피아, 부정부패 척결과 안전시설에 대한 대대적인 개선을 목표로 수많은 대책들을 발표했다. 그 일환으로 해양경찰청은 한순간에 해체되었고, 국회 차원에서도 '4.16 세월호 참사 진상규명 및 안전사회 건설 등을 위한 특별법'이 제정되었다.

많은 국민들은 한국 사회가 바뀌어야 한다고 믿었고 그렇게 되리라 기대했지만, 사실 우리 사회가 얼마나 더 안전해졌는지에 대해서는 그 누구도 알지 못한다. 2015년에는 메르스 때문에 대한민국이 한 바탕 난리가 났다. 병을 고치러 가는 병원을 중심으로 전염병이 퍼지기 시작하면서, 국가 전체와 국민 모두가 공포에 떨었다. 극심한 두려움과 불신에 거의 나라 전체가 올스톱된 느낌이었고, 경제적으로는 세월호 사고보다도 영향력이 더 컸다고 한다. 또 세월호 사고가 난 지 얼마나 됐다고 2015년 9월 초에는 낚싯배 돌고래호가 전복되어 18명이 사망하는 사건이 벌어졌다. 조사 결과, 불법 개조와 정원초과 승선, 안전불감증이 그 원인이라고 한다. 과연 세월호 사고 이후에 한국 사회는 조금이라도 안전해지기는 한 걸까? 만약 전혀 안전해지지 않았다면 그 이유는 도대체 무엇일까?

죽일 놈 하나만 찾으면 된다

그 해답은 돌고래호 사건에 대한 한 기사의 내용에 잘 나타나 있다.

'18명이 죽거나 실종된 돌고래호 사고 후 한 달이 지났지만 핵심인물인 선장이 숨지고 선박 불법증축도 확인되지 않아 책임자 처벌 없이 사건이 마무리될 가능성이 커졌다.'

앞부분은 사실을 기술하고 있지만, 뒷부분에는 누군가 처벌되지 않고 사건이 마무리되는 것에 대한 아쉬움과 찜찜함이 담겨 있다. 이 기사의 제목도 '돌고래호 사건 한 달째, 책임자는 없다'였다. 한국인의 마음을 너무나도 잘 보여주는 글이 아닐 수 없다.

한국에서 큰 불행한 사건이 벌어지면 제일 먼저 하는 일이 처벌할 사람을 찾는 것이다. 많은 영화나 드라마에서도 어떤 사건이 터지면 누가 책임질 건지를 결정하는 모습이 종종 나온다. 2011년에 개봉한 〈범죄와의 전쟁〉을 보면, 배우 최민식이 맡은 부산 세관공무원 최익현이 세관의 조직적 비리를 혼자 떠안고 퇴직하면서 조직폭력배에 가담하는 장면이 나온다. 진짜 문제는 이렇게 담합을 해서 한 명이 모든 걸 다 뒤집어쓰고 나쁜 놈이 되는 것이 아니다. 오히려 그런 나쁜 놈 한 명만 잡히면, 문제가 해결됐다고 만족하는 한국 사회에 더 근본적인 문제가 있다. 그리고 이 문제는 한국인의 관계주의적 특성과 관련되어 있다.

서양 사람들은 어떤 사건을 접할 때, 그 사건의 중심에 있는 대상(예를 들어, 어항 그림의 경우에는 어항 속의 물고기)에 더 초점을 맞춘다는 연구결과가 있다. 그래서 어떤 사람의 행동을 관찰할 때, 그 사람이 그런 행동을 할 수밖에 없는 상황적 요인이 충분히 있어도 그 행동을 그 사람 탓이라고 생각하는 경향이 있다. 예를 들어, 누가 시켜서 어쩔 수 없이 뭔가를 싫어한다고 말했을 때, 어쩔 수 없었다는 사실을 빤히 알면서도 그래도 사람들은 그 사람은 그걸 싫어할 거라고 생각한다는 얘기다. 이걸 심리학에서는 '근본적 귀인오류fundamental attribution bias'라고 부른다. 그런데 비교문화심리학 연구에 따르면, 동양 사람들은 서양 사람들과는 달리 사건의 중심에 있는 대상에 초점을 맞추는 성향이 약하다고 한다. 어항 그림을 묘사할 때, 가운데서 움직이는 물고기보다는 오히려 주변에 있는 해초나 돌과 같은 것들에 상대적으로 더 초점을 맞추는 경향이 있다는 것이다. 그래서 실제 근본적 귀인오류도 서양 사람들에 비해 덜 일어난다는 연구결과도 있다. 같은 맥락으로 다른 사람을 볼 때도 주변상황을 더 살피니, 그 사람의 행동을 상황적인 요소로 파악하는 성향이 강한 것이다.

하지만 이런 일반적인 비교문화심리학적인 지식은 한국 사회에서 일어난 부정적 사건들에 대한 한국인들의 반응을 설명하는 데는 그리 잘 적용되지 않는 것 같다. 한국 사람들은 무조건 나쁜 놈을 찾는 데 집중한다. 물론 세상에 일어나는 대부분의 사건은 정도에 따라 다르지만 최소한 부분적으로 사람이 원인일 수 있다. 하지만 그만큼 우연일 수도, 기계적이거나 시스템적인 원인일 수도 있다. 그리고 대부분은 이런 다양한 원인이 복합적으로 상호작용해서 일어난다. 하지만 한국에서는 그런 주변적인 원인들, 즉 사람이 아닌 대부분의 원인들은 그리 큰 주목을 받지 못한다. 설사 기계나 시스템의 잘못이라고 밝혀져도, 그렇게 만든 '사람'을 찾는 데 더 집중한다. 만약 인간이 어쩌지 못하는 날씨나 불가항력적인 천재지변이 문제를 일으켰다면, 그것을 예측하고 대비하지 못한 사람을 찾는다. 왜? 한국 사회는 바로 관계주의적이기 때문이다.

너무 인본주의적인 한국 사회?

관계주의적 특성을 가진 한국 사람들은 자신의 상황을 이해하고 적절한 행동을 선택하는 데서, 다른 사람의 존재를 그 무엇보다도 중요하게 고려한다. 관계주의적 문화의 특징 중에 하나가 바로 맥락적 사고이다. 어떤 일관성보다는 그 주변적 혹은 상황적 요인을 더 고려한다는 것이다.

하지만 한국 사람들에게 맥락에서 가장 중요한 것은 바로 사람이다. 즉, 누구랑 있느냐가 가장 중요한 것이다. 심지어 나쁜 짓을 해도 누구랑 하느냐가 중요하게 여겨진다. 환락의 천국이라는 태국의 사창가에서 일하는 한 여성의 인터뷰를 본 적이 있다. 전 세계의 남성들이 매춘을 위해 자신들을 찾아오지만, 친구와 동료들이 떼를 지어 찾아오는 건 한국 사람들 밖에 없다는 것이다. 한국인의 '사람 사랑'은 정말 대단한 것 같다.

한국 사회와 한국어에 잘 발달되어 있는 존대어 체계 역시 이런 관계주의를 잘 보여준다. 우리는 식당이나 가게에서 음식이나 물건에 존대어를 붙이는 상황을 너무나 쉽게 접한다. "짜장면 나오셨습니다." "큰 사이즈가 더 잘 맞으시는 것 같습니다."와 같은 표현을 빈번하게 쓰고 있다. 잘못된 표현인 것을 알지만 그래도 잘 고쳐지지 않는다. 그 말을 하는 사람과 듣는 사람의 관계가 계속 간섭을 일으키기 때문이다. 내가 누구에게 얘기하고 있는가를 절대 무시할 수 없는 것이 바로 관계주의적 특성의 전형적인 모습이다. 이렇듯 한국 문화는 사람에 의한, 사람을 위한(?), 사람의 특성을 가지고 있다.

이런 관계주의 문화는 한국 사람으로 하여금 나쁜 놈, 진짜 나쁜 놈을 찾도록 만든다. 시스템이나 환경적 요인보다는 사람에 대한 파악이나 이해가 중요할 수밖에 없기 때문이다. 그래서 이런 한국 문화는 대부분의 비극적 사건의 원인을 사람에게서, 특히 나쁜 사람에게서 찾을 수밖에 없다.

어떤 사고가 일어나고 나면, 언론은 거의 자동적으로 '예고된 인재'였다고 얘기한다. 거의 습관적으로 사용되는 이 말은 사람을 두 번 죽이는 무서운 말이다. 인재라는 말은 무조건 사람이 잘못한 거라는 단정적인 표현이다. 더구나 예고됐다고 하니, 빤히 일어날 줄 알고 있었다는 얘기가 된다. 만약 누군가가 알고 있었다면, 왜 미리 막지 않았냐는 비난을 받을 수밖에 없다. 미리 알고 있었는데도 일어나는 사고를 막지 않았으니, 이건 마치 고의적으로 그 사고가 일어나도록 내버려 둔 것처럼 들린다. 그래서 예고된 인재라는 표현은 그 나쁜 놈을 반드시 잡아야 되는 필연적 이유를 더 강하게 확인시켜준다.

이런 사람 중심의 사고는, 사고가 더 비극적일수록 그 원인을 영향력이 큰 사람이나 어떤 거대 조직에서 찾도록 만든다. 큰 사고가 일어났을 경우 별로 중요한 위치에 있지 않은 사람의 간단한 실수에 의해 일어났다고는 잘 이해되지 않기 때문이다. 이런 경우에는 굉장히 나쁜 사람, 그것도 굉장히 영향력이 있는 사람들의 조직적이고 악의적인 잘못이 반드시 개입됐다고 믿는다. 아니, 그래야 납득이 간다. 그러니 원인을 밝히려는 체계적인 조사가 채 시작되기도 전에, 언론과 SNS에서는 성급하게 그 나쁜 놈들이 누구인지 너도나도 경쟁적으로 밝히려 드는 것이다. 세월호 사고에서는 선장, 선원, 해경, 유병언 그리고 유병언의 자녀들을 향해 차례대로 언론과 국민의 관심이 옮겨갔다. 날마다 그들의 엽기적이고 부도덕한 삶에 대한 이야기와 세월호와 관련된 비리성 제보들이 언론에 보도되었다. 심지어 한때 구원파였다는 해경의 간부가 언론의 집중적인 조명을 받더니, 결국 수사과정에서 배제되고 처벌받았다는 뉴스도 있었다. 하지만 끝까지 그 해경간부가 구체적으로 어떤 잘못을 저질러서 처벌받았는지에 대한 얘기는 없었다. 세월호의 개축이나 과적에 대한 얘기를 할 때에도, 승인과 점검 시스템에 무슨 문제가 있었는지에 대한 얘기보다 누가 무엇을 잘못했는지에 대한 관심이 더 뜨겁다. 정부에 대한 비난도 행정과정에 어떤 문제가 있는지, 장비나 시스템에 어떤 문제가 있는지보다는 누가 더 나쁜 놈이고 누구에게 책임을 물어야 할지에 대해서만 고민들을 하고 있다.

그 많던 분노는 어디로 갔을까

관계주의적인 한국인의 특성은 단지 책임자를 찾아내 때려잡는 데서 끝나지 않는다. 책임자를 때려잡았으니 문제가 해결됐다고 생각하는 것까지 연결된다. 세월호 사고 이후에 온 국민이 엄청난 분노를 느꼈지만 그 분노가 지금은 다 어디로 갔는지를 생각해보면 쉽게 알 수 있다.

일반적으로 과격한 정서나 감정은 안 좋은 것이라는 인식이 있다. 감정은 동물적인 욕구에 의해서 일어나는 것이므로, 항상 이성의 통제를 받아야 하는 그런 본능적 존재로 인식된다. 사실 서구의 심리학에서도 이러한 관점이 크게 반영되어 있다. 프로이드는 인간의 행동이 타고난 본능적 욕구에 해당하는 '이드id'와 현실적인 '에고ego' 간의 갈등의 결과라고 봤고, 심리학의 큰 주류도 결국 정서적 요인은 합리적인 인지적 사고과정을 방해하는 요소로 인식해왔다. 이런 관점에서 분노도 오랜 시간 동안 인간의 가장 부정적인 모습 중에 하나로 평가되어왔다. 〈스파이더맨 3〉을 보면 분노에 휩싸인 까만 나쁜 스파이더맨(블랙 슈트를 입은)과 이성이 지배하는 빨간 착한 스파이더맨(오리지널 슈트를 입은) 사이의 갈등이 그려진다. 대부분의 할리우드 영화처럼 이 영화 역시 언제나처럼 이성이 지배하는 빨간 스파이더맨이 검은 스파이더맨을 이긴다. 대부분의 사람들 역시 당연히 그래야 한다고 생각한다. 모든 사회적 갈등은 이성의 지배를 받지 않은 분노의 산물이며, 그것을 제압하고 잘 다스려야 한다고 말이다.

하지만 최근 들어 심리학에서 이런 감정과 정서에 대한 부정적 인식이 크게 바뀌고 있다. 감정과 정서는 나쁜 것이 아니고, 우리 머릿속에서 실수로 일어나는 것이 아니라, 다 일어날 만한 이유가 있고 나름의 기능도 있다는 것이다.

감정의 기능은 다양한 사회적 사건들에 대해 즉각적이고 적극적 반응을 할 수 있게 해주는 데 있다. 슬프고, 놀라고, 무서워하고, 기뻐하는 감정적 경험은 우리의 다음 행동을 결정해준다. 당연히 분노도 그런 기능이 있다. 분노를 느꼈을 때 사람들은 그 분노의 원인, 대상을 찾아 보복을 하던가, 위협을 하던가, 또는 미래에 그 대상을 피하거나 막으면서 비슷한 일을 다시는 경험하지 않게끔 대비하는 등의 효과를 얻는다. 즉, 과거 사건에 대한 분노이지만 결국 미래를 대비한 준비도 되는 것이다. 그래서 인간에게 분노는 반드시 필요하다. 자신을 지키고 자신의 소중한 무언가를 지키기 위해서 말이다.

다만 이 분노가 적절한 대상을 찾아 적절히 표출되고 그로 인해 다시는 분노를 경험하지 않게끔 기여한다면, 우리는 분노를 통해 발전할 수 있다. 하지만 한국의 관계주의적 심리 특성은 분노를 사람에게 풀어버리고 너무 쉽게 해소시키는 경향이 있다. 우리의 분노는 나쁜 놈에 초점이 맞춰져 있어서, 그놈이 충분히 처벌받는 것을 보면 정의가 실현됐다고 생각하는 것이다. 회사에서도 마찬가지다. 어떤 사고가 일어나면 그 책임자가 물러나거나 사람이 교체되는 선에서 마무리되는 경우가 대부분이다. 그 사람 때문에 일어난 일이라고 생각하고, 그 사람만 제거하면 문제가 해결됐다고 믿는 데서 온 결과다. 사람처럼 눈에 잘 보이지도 않는 추상적인 시스템이나 비물질적인 가치 등은 분노 표출의 대상이 되기 어렵다. 그렇기 때문에 오히려 구조적이고 제도적인 문제를 간과하는 경향이 있다. 세월호 사고도 그랬고, 메르스 사태도 그랬고, 수많은 사고와 사건들을 당했을 때도 한국인들은 분노를 너무 쉽게 풀었다. 그리고 그 사건들은 곧 잊혀갔다.

한국인들은 분노를 시스템이나 제도로 해결하는 것을 좋아하지 않기에, 지금까지 수많은 고통스러운 일을 겪으면서도 별로 변하지 않았다. 나쁜 놈을 찾는 것도 중요하지만, 그 사람이 없어진다고 해서 우리 사회가 더 안전해지거나 좋아지지는 않는다. 왜? 불행히도 인류의 역사를 보면, 그런 죽일 놈이 될 후보들은 어느 시대에나 존재했고 또 너무나 많았기 때문이다. 오히려 그런 죽일 놈이 나올 수 없는 사회 제도와 시스템으로의 개선이 필요하고, 설사 그런 놈이 나오더라도 피해를 최소화할 수 있는 근본적인 변화가 필요하다.

18명의 사망자를 불러온 돌고래호 사고의 책임자를 찾을 수 없으면 또 아예 책임자가 없으면 어떤가? 책임질 사람이 없다면 다른 쪽으로 눈을 돌려보자. 잘못된 제도나 불합리한 시스템 같은 문제들 말이다. 그러면 우리는 앞으로 조금은 더 안전해진 세상에서 살 수 있을 테니.

일본은 왜 사과하지 않을까?

//

일본 사람들은 너무 자주 "스미마센('실례합니다' 또는 '미안합니다'의 의미)"을 남발한다. 길을 앞질러 갈 때도(심지어 자전거를 타고 지나갈 때도), 엘리베이터에서 내릴 때도, 살짝 가방을 건드렸을 때도 거의 자동적으로 "스미마센"이란 말이 나온다.

필자가 일본에서 연구년을 보내면서 친하게 지내던 한 일본인 교수는 그렇게 행동하지 않으면 일본 사람들이 필자를 무례하다고 생각할 거라고 은근히 경고가 담긴 충고를 하기도 했다. 아마도 필자가 "스미마센"이라고 해야 할 타이밍을 놓치는 걸 몇 번 본 적이 있는 것 같았다. 근데 참 그 말이 자동으로 안 나왔다. 사실 한국에서는 길에서 누군가를 앞질러 가거나 엘리베이터에서 내릴 때 "실례합니다", "미안합니다"를 남발하다가는 미친놈 취급받기 딱 좋다. 그런데 사과를 잘 하지 않는 이런 모습은 아이들의 눈에는 오히려 이상하게 비춰졌나 보다.

오래전 미국 유학생활을 끝내고 한국으로 돌아왔을 당시 다섯 살과 두 살이었던 아들들은 가끔 불만을 얘기했다. "저 아저씨가 날 밀쳤어.", "저 아줌마가 백으로 날 치고 그냥 갔어."라고. 키가 작은 아이들을 별로 조심하지 않고 막 급하게 가는 한국 아저씨들, 핸드백으로 아이의 머리를 쳐놓고 그냥 말 한마디 없이 가는 아줌마들에 대한 불평이었다. 실제로 부딪히거나 가로막거나 끼어들어서 남에게 피해를 입히고도, 아무 말 없이 때로는 오히려 빤히 쳐다보기만 하는 사람들을 보는 일은 한국 사회에서는 매우 흔하다. 일본 사람들이 "스미마센"을 연발하며 사과를 하는 것과는 완전히 대조적이다.

그런데 이렇게 한국은 사과를 잘 안 하고, 일본은 사과를 잘한다고 생각하자니 마음에 걸리는 게 하나 있다. 그렇게 사과를 잘하는 일본 사람들인데, 왜 일본 정부는 과거사에 대해 한국에 시원하게 사과하지 않는 걸까?

일본 사람들이 아베 정권을 싫어하는 이유

2015년 현재 일본 총리인 아베와 그 내각에 대해 한국인들의 평가가 매우 부정적인 이유는 한두 가지가 아니다. 첫째, 일제강점기와 그 기간 동안 일본이 한국인들에게 저질렀던 나쁜 짓에 대한 반성과 사과를 거부하고 있는 점이다. 심지어 과거의 일본 정부와 일본 총리들이 했던 반성과 사과까지 무효화시키려고 하고 있다. 둘째, 위안부 문제에 대한 무책임한 회피다. 수많은 자료가 위안부는 일본 정부가 조직적으로 개입된 강제적 착취였다는 것을 증명하고 있는데도, 이 문제에 대해 모르쇠로 일관하고 있다. 셋째, 당연히 한국 영토인 독도에 대한 도발이 현 아베 정권에 와서 극에 달하고 있다. 넷째, 방어적 목적 이외의 전쟁 개입을 원천적으로 금지한 일본의 평화헌법에 대한 해석을 바꿔서, 일본을 전쟁이 가능한 국가로 바꾸려 하고 있다는 점이다. 과거 일본으로 인해 엄청난 피해를 입은 주변국들은 일본의 이런 우경화에 대해서 심각하게 인식할 수밖에 없다. 그중에서도 가장 큰 피해를 입은 한국인들의 입장에서는 도저히 이해할 수 없고, 용서할 수 없는 일이 벌어지고 있는 것이다. 그리고 그 중심에는 아베 총리가 있다.

아베 정권의 우경화 정책은 여러 가지 부작용을 낳고 있다. 외교적 측면에서는 한일관계가 최악의 상태로 꽤 오랫동안 지속되고 있다. 사실 많은 외교전문가들은 한미관계, 중국의 팽창, 북한 핵문제와 체제불안을 생각하면, 한국과 일본의 껄끄러운 외교관계는 여러 가지로 문제가 많다고 지적한다. 하지만 아베 내각은 도무지 이를 개선하려는 어떠한 진심어린 행동도 하지 않고 있다. 이런 정부 간의 갈등은 한국과 일본의 일반 국민들에게도 영향을 미치기 시작했다. 지난 몇 년간 일본에서 혐한시위가 급증한 사실만 봐도 알 수 있다. 아직까지는 직접적인 폭력사태로 번지지는 않았지만, 어느 정도 위협을 느낀다는 한국 사람이 늘고 있다. 일본에서 오랫동안 살아온 필자의 선배 교수는 한국 사람에 대한 일본 사람의 태도가 바뀐 것을 확실히 느낀다고 한다. 한류 덕분인지 4~5년 전만 해도 한국 사람이라고 밝히면 일본 사람들은 반가운 반응을 보이며 다가왔는데, 최근에는 그런 반응이 현저히 줄었다는 것이다. 일본 내 한국 식당과 한인타운은 경제적으로 큰 타격을 봤다고 한다. 이 몇 가지 상황으로도 아베 내각이 여러 측면에서 양국 국민에게 피해를 주고 있다는 걸 확실히 알 수 있다. 그래도 다행스러운 건 일본 대학에 있는 한인 교수들이 전한 바에 따르면, 대부분의 젊은 일본 학생들은 여전히 한국을 좋아하고 한국에 대한 애정을 표현하는 데 주저하지 않는다고 한다.

그런데 아베 총리와 그 내각에 대한 부정적인 평가는 단지 한국인들만 가지고 있는 것 같지는 않다. 아베 내각에 대한 집권 초기 70퍼센트 대의 높은 지지율은 우경화 정책을 지속하는 와중에 30퍼센트대로 주저앉았다(2015년 10월에 TPP 체결로 40퍼센트 대로 반짝 상승하긴 했다). 아베 내각에 반대하는 집회 역시 연일 대규모로 일어났다. 좀처럼 대규모 행동을 하지 않는 일본인들인데도, 2015년 8월 30일에는 전국 300여 곳에서, 수도인 도쿄에서는 수만 명이 길거리로 나왔다. 한국 언론에서는 이에 대한 소식을 집중적으로 보도하면서 일본 내에도 아베 내각에 반대하는, 한국인과 의견을 같이하는 사람들이 많다는 점을 부각시켰지만 사실 여기에는 약간의 온도 차가 존재한다. 일본인들이 아베 내각을 반대하는 이유가 한국인이 아베 내각을 싫어하는 이유와 동일하지는 않기 때문이다. 일본인들이 일으킨 대규모 반아베 내각 시위에서의 주요 내용은 평화헌법 개정을 반대하는 것이다. 즉, 일본을 전쟁이 가능한 나라로 만들지 말라는 뜻이다. 한국인이 생각하는 과거사 사과, 독도 문제, 위안부 문제는 이 집회의 주요 내용이 아니다. 필자가 아는 한 일본 교수는 자기가 아베 내각을 싫어하는 이유는 친미적 성향이 강해서라고 얘기한다.

원래 나의 '적의 적'은 나에게는 '동지'이자 '친구'가 된다. 그래서 아베 내각을 싫어하는 한국인과 일본인이 동지인 것 같은 착각을 할 수는 있지만, 사실 그들이 주장하고 있는 바와 목적은 결코 우리와 똑같지 않다.

집단 속에 사람을 잊는 일본인

일본에서는 자전거를 타려면 자전거 가게나 경찰서에 돈을 내고 등록부터 해야 한다(이게 말이 되나?). 교환교수로 일본에 있는 동안 그곳에서 살고 있던 선배가 자전거를 빌려줬다. 교통비가 비싸고 자전거가 생활화되어 있는 일본에서는 자전거가 있으면 매우 편리하다. 그래서 6개월 정도만 탈 생각으로 자전거를 빌려와서, 교수 숙소의 자전거 주차장(자전거 '주차장'까지 있다)에 세워뒀다. 그랬더니 학교 직원이 자전거를 등록부터 해야 한다고 알려줬다. 원래 주인인 선배가 그 자전거를 처음 샀을 때 등록한 등록증과 소유권을 이전한다는 서류를 갖춰서 자전거 가게에 가면 돈을 내고 등록을 할 수 있단다. '그게 뭔 소리냐'라고 생각했지만, 우선 알았다고 대답하고 선배에게 물어봤더니 그걸 누가 검사하냐며 안 해도 된다고 했다. 그런데 학교 직원은 나를 볼 때마다 꼭 등록을 해야 한다고 몇 번이나 반복해서 얘기했고, 결국 나는 자전거를 등록했다. 아주 지긋지긋했다.

일본인들은 규칙을 참 잘 지킨다. 교통법규를 비롯해서, 정해진 원칙에 따라 살려는 모습이 눈으로도 보인다. 일본의 웬만한 곳을 가도 기가 막히게 정돈이 잘되어 있고, 모든 것이 세심하게 준비되어 있으며, 무엇보다 깨끗하다. 누군가 농담으로 그랬다. 일본의 도로는 아무도 안 보는 새벽에 누군가가 걸레로 닦는 것 같다고. 진짜 작은 골목길까지도 엄청나게 깨끗하게 관리되고 있는 모습을 쉽게 볼 수 있다.

이런 일본의 준법정신과 정리정돈, 원칙에 대한 존중 등을 느끼면서 한편으로 도저히 이해가 되지 않는 점이 있다. 바로 이런 국민이 한국과 중국 및 주변국에 어떻게 그런 나쁜 짓을 저지를 수 있었는가라는 의문이다. 알다시피, 일제강점기를 포함해 일본이 아시아의 여러 국가를 침략하며 태평양 전쟁을 수행하고 있었을 때, 그들의 잘못은 단지 침략이나 식민지의 문제가 아니었다. 난징학살, 종군위안부, 마루타 등과 같이 인본주의나 윤리의 보편적 기준으로는 도저히 상상할 수도 없는 참혹한 죄악을 저질렀다. 주변에서 쉽게 볼 수 있는 얌전하고 순종적이고 질서정연한 일본 사람들의 삶의 모습과는 도저히 어울리지 않는다. 최소한 피상적으로는 그렇다. 그런데 한 단계 깊이 들어가보면 그런 삶의 모습을 가능하게 하는 문화심리적 특성이 군국제국주의 시대 일본인의 만행을 가능하게 했음을 알 수 있다.

한국인은 관계주의적이다. 앞서 얘기했듯이 집단정체감이나 조직 내 역할보다도 자신의 주변에 있는 사람들과의 일대일 사적관계를 훨씬 중요시하는 문화적 특성을 가지고 있다. 반면에 일본인은 수직적 집단주의적이다. 이런 집단주의에서는 집단정체감이 극대화되는 순간이 오면 자신의 개인적 정체감이 쉽게 약화될 수 있다. 즉, 거대한 집단 속에서 자신의 존재는 의미 없는 작은 부속이 되고, 그 집단의 한 부분으로서의 의미만 남는 것이다. 특히 하위 서열을 차지하는 사람들이 그렇다. 그들은 자신의 생각이나 행동기준보다는 조직의 논리와 상부의 명령만을 충실하게 따르는 존재가 될 수 있다. 여기에 한국인에 비해 약한 주체성, 그래서 자신을 객체적 존재로 보는 문화적 특성은 불난 데 기름을 붓는 역할을 할 수 있다. 즉, 자신이 타인에게 영향을 주는 존재가 아닌, 자신이 타인으로부터 영향을 받는 존재라는 근본적인 인식은 주어진 상황에 순응하면서 그게 옳은지 그른지에 대한 개인적 판단을 하지 않은 채 복종할 수 있게 만든다.

어찌 보면 이런 문화적 특성에서 일본의 완벽에 대한 집착, 조직에 대한 충성, 대를 잇는 장인정신이 나올 수 있었다고 보여진다. 자동차, 전자기기와 같은 영역의 제품관리에서 일본의 완결성은 이미 정평이나 있다. 버스나 전철을 타보면, 6시 정각 출발일 경우 5시 59분에 시동을 걸고 5시 59분 50초에 문을 닫고 시계가 6시를 가리키는 순간 바퀴가 움직이기 시작한다. 정말 소름 끼치도록 정확하다. 한국인인 필자는 속으로 '저러고 싶을까?' 하는 생각이 들 정도다. 한국 같으면 조금 늦게 뛰어오는 사람이 있는지 살피고 기다려주고, 손님이 적게 타거나 차가 안 막힐 것 같으면 융통성 있게 조금 늦게 출발하는 주체적 판단이 가능할 텐데 말이다. 반면 그들은 정해져 있는 바대로 그냥 그렇게 한다. 예외를 인정해야 할 개인적인 이유나 판단은 용납하지 않는 것이다.

몇 대째 같은 자리에서 같은 식당을 하는 일본의 한 장인이 자신의 존재를 일컬어 이렇게 묘사했다고 한다. '나는 조상으로부터 물려받은 것을 자손에게 전해주는 소명을 가졌다. 나는 그냥 거쳐가는 존재다.'라고. 자신의 존재를 거대한 수직적 조직 속에서만 의미 있는 부속물로 바라보는, 아주 전형적인 표현이다. 한국 같았으면 어땠을까? 대부분의 가게가 장사가 좀 잘되면 분점을 내고. 프랜차이즈를 하고, 공장을 세우는 등 난리일 것이다. 바로 자기가 한번 해보겠다는, 자기 마음대로 한번 키워보겠다는 생각이 강한 한국인이기 때문이다.

이런 차이가 바로 일본이라는 사회가 한국보다 훨씬 더 극단적일 수 있게 만든다. 너무나도 반듯하고, 정리되어 있고, 규범을 잘 지키는 사람들이, 그 규범이 바뀌면 또 바뀐 규범에 의해 쉽게 지배받을 수 있다. 게다가 집단 속에서 자신의 정체감이 약해질 때, 자신을 지배하는 개인적인 도덕 윤리적 기준으로부터 덜 구속받으며 행동할 수 있다. 결국 그런 행동은 자기 잘못이 아닌 상황의 힘에 의해서 어쩔 수 없이 일어났다고 생각한다. 일본인들이 군국제국주의 시절에 만행을 저지를 수 있었던 것도, 지금 와서 "그때는 전쟁 중이었으니까."라고 얘기할 수 있는 것도 이런 문화심리적 요인이 어느 정도 작용했을 거라 보인다. 일본인만큼 완벽을 추구하지도 않고, 장인정신도 없고, 조직에 대한 충성심도 약한 한국 사람들은 자기 멋대로 행동할지는 몰라도, 도덕적이거나 윤리적인 기준을 크게 벗어나지는 않는다. 혼자 있을 때나 집단으로 있을 때나 똑같이, 약간씩 규범이나 규칙을 어기긴 하지만 일본인처럼 역사에 남을 만행 같은 건 저지르지 않는다(아마 못 저지르는지도 모른다).

그래서 우린 더욱 사과가 필요하다

일본이 그런 만행을 저지를 수 있게 만들었고 그리고 그 만행이 상황 때문에 어쩔 수 없이 일어난 일이었다고 믿게 만드는 문화심리학적 특성이 바로 지금 한국과 일본의 갈등을 더 초래했을 수도 있다. 왜? 바로 그 문화적 차이가 사과를 꼭 필요로 하는 한국과 사과의 의미를 잘 모르겠다는 일본을 만들기 때문이다. 주체적이고 관계주의적인 한국인들에게는 자신이 한 행동에 대해서 직접적이고 즉각적인 사과가 문제해결의 출발점이고 핵심이다. 실제로 교통사고가 났을 때, 가해자가 차에서 내리자마자 사과하면 문제는 쉽게 풀린다. 하지만 사과부터 하지 않으면 아무리 보험처리를 완벽하게 해도, 보상금을 두둑히 줘도 이건 아닌 거다. 이때부터 진짜 싸움이 시작된다.

"돈이면 다 되는 줄 아냐? 누굴 거지로 아나?"

일본인은 분명 사과를 매우 잘하는 것처럼 보인다. '스미마센'이라는 말을 무지하게 쉽게 자주 남발하기 때문이다. 그런데 재미있게도 '스미마센'은 '미안합니다'의 뜻도 있지만, '실례합니다'의 뜻도 되고 때로는 '고맙습니다'의 뜻도 된다. 한국에서 이 단어들은 완전히 다른 뜻이고 또 전혀 다르게 사용된다. 한국에서는 이 셋 중에 어떤 말을 하느냐에 따라, 그 사람과 나의 관계가 규정된다. 하지만 일본에서는 이 말이 혼용되어 사용된다. 그래서 매우 예의를 갖추고 공손하게 얘기를 해도, 왠지 일본 사람들의 '스미마센'은 그리 진심이 담긴 말 같지 않다. 뭔가 나에게 잘못한 사람이 단 1초의 망설임이나 고민이나 생각 없이 "미안합니다."라고 휙 말해버리면, 마치 성의 없이 내뱉어버린 느낌이 드는 것처럼 은근히 기분 나쁘다.

한국 사회에서 사과는 너무 빨라서도 너무 늦어서도 안 된다. 즉, 사과가 무지하게 어렵다. 한국인의 심정주의가 사과를 할 때 거기에 진심이 얼마나 담겼느냐에 예민하게 반응하기 때문이다.

미국의 유치원이나 초등학교에서는 다른 아이에게 피해를 입힌 아이는 반드시 사과하도록 만든다. 그 피해가 고의였던 우연이었던 상관없고, 굳이 사과에 진심으로 반성하는 듯한 모습을 띄지 않아도 된다. 어떤 행위의 결과가 다른 이에게 피해를 입혔을 경우, 그 행위와 결과에 대해 형식적으로라도 사과하는 말이나 행동을 보이면 쉽게 넘어갈 수 있다. 하지만 한국 사회는 다르다. 다른 아이에게 피해를 입힌 아이에게 사과하라고 하면, 많은 경우에 "일부러 한 거 아니에요." 라고 항변하며 사과하기를 거부한다. 피해를 입은 사람이 사과받기를 거부하는 경우도 많다. 진심이 담기지 않았다는 이유에서다. 진심 없는 사과를 받을 바에야 아예 받지 않는 것이 당연하고, 때로는 사과를 안 한 사람보다 형식적으로 한 사람이 더 나쁜 평가를 받기도 한다.

심정주의적 특성은 인간관계나 사회적 사건에서 사람을, 특히 사람의 마음을 중요시하는 심리적 특성을 담고 있다. 보통 행위 자체를 중요시하는 서양에 비해서 한국은 행위보다 마음을, 그 행위의 진의를 더욱 중요시한다. 사과에 대한 비교문화적 심리학 연구들은 이런 문화적 특징을 잘 보여준다.

서구 사회와 동양 사회의 사과에 대한 인식을 조사한 연구결과에 따르면, 서구 사회에서 사과는 일반적으로 원인규명과 설명이 들어간다고 한다. 즉, 왜 그런 일이 일어났는가에 대한 내용이 사과의 주를 이루고, 일반적으로 피해자의 이해를 구하는 측면이 강조되는 것이다. 하지만 동양, 특히 한국 사회의 사과는 정서적 공감, 슬픔과 보상 그리고 용서를 구하는 내용이 포함된다. 이러한 문화의 차이는 우리 사회에서 왜 사과할 때 정서적인 슬픔과 눈물이 더해져야 진심으로 느껴지고, 같은 입장이라는 표현이 중시되는지를 잘 설명해준다. 또한 사과를 할 때 원인이나 내용의 잘잘못을 따지는 행위를 부정적으로 인식하는 이유와 무조건적인 사과를 더 선호하는 이유를 설명해준다.

우리 사회에서는 사과하는 행위가 중요한 게 아니라, 저 사람이 얼마나 진심으로 반성하고 사과하는 마음을 가지고 있는지가 훨씬 더 중요하다. 그래서 어떤 사고가 일어났을 때, 사고의 원인을 규명하는 과정이 끝날 때까지 기다렸다 하는 사과는 항상 타이밍을 놓친다. 왜? 사과할 때는 잘잘못을 따지면 안 되고 무조건적인 사과를 해야 진심어린 것으로 간주되기 때문이다.

사실 진심을 표현하는 것은 생각보다 꽤장히 어렵다. 원래 남의 마음은 보이지 않는 것이기에, 타인이 내 진심을 알아주길 바라는 것도 사실은 무리가 있다. 마음은 깊숙이 감춰져 있으므로 타인이 알면 안 되는 내 욕망도, 미움도, 나쁜 생각도 감추며 무난히 살아갈 수 있다. 반대로 타인의 그런 마음을 알 길이 없기에 우리는 타인과 싸우지 않고 일상을 그럭저럭 살아갈 수 있다. 이렇게 본질적으로 드러나기 힘든 진심을 타인에게 알리는 방법에는 몇 가지 심리학적 원칙이 있다.

심리학 연구결과에 따르면, 일반적으로 타인의 행동이 얼마나 의도된 것인가, 즉 우연이 아니라 개인적 의지가 반영된 행위인가를 가늠할 때, 사람들은 자동적으로 몇 가지를 고려한다고 한다. 첫째, 다른 행동을 할 선택의 여지가 있었느냐의 여부이다. 다른 행동을 선택할 수도 있었는데 결국 어떤 행동을 했다면, 그 행동은 더 의도적으로 보인다. 둘째, 어떤 행동을 하기 위한 어려움이 있었다고 판단되면 그 행동은 더 의도적이라고 판단된다. 쉬운 행동보다는 역경을 이겨낸 행동에 더 진심이 담겼다고 생각하는 원리다. 셋째, 그 행동에 집중하고 있다고 느껴지면 더 의도적으로 느껴진다. 이러한 원리를 종합해보면, 어떤 사과가 진심이 담긴, 마음에서 우러난 사과인지를 가늠해볼 수 있다. 우선 굳이 안 해도 되는 사과를 하거나 기대보다 더 많은 사과를 할 때, 사과를 하지 않고 피할 수 있음에도 사과를 할 때 사람들은 그것을 진심으로 여긴다. 반대로, 몰릴 만큼 몰려서 더 이상 도망갈 길이 없어 보일 때 하는 사과는 해봤자 말짱 도루묵이다. 이왕이면 가기 어려운 곳에서 하기 어려운 형태로 하는 사과가 진심이 담긴 사과로 보인다.

일본은 그런 의미에서 보면 타이밍을 놓쳐도 한참 놓쳤다. 아베 정권은 그리 쉽게 사과를 할 것 같지도 않다. 만약 세계 여론이 들끓거나 일본의 입장이 곤란해져서 사과하기로 한다면, 그건 진심으로 보이지 않을 모든 조건을 갖춘 것이다. 그러니 일본은 더 늦기 전에 빨리 사과해야 한다. 일본에서는 왜 자꾸 과거를 보느냐, 이제 미래를 보고 같이 가야 한다고 말한다. 맞다. 한국 사람들도 결국 미래를 보며 살아가고 이웃인 일본과 잘 지내고 싶어 한다.

일본 사람들은 개인적으로 친하지 않아도 같은 직장에 소속되어 있는 사람들과는 잘 어울려 지낸다. 서로 아이가 몇 명인지, 취미가 뭔지, 휴대폰 번호가 뭔지 몰라도, 같은 조직 속의 구성원이라는 이유로 함께 어울리고 술도 마시고 밥도 먹는다. 하지만 주체적이고 관계주의적인 한국 사람들은 같이 어울리고 술도 마시고 잘 지내려면, 먼저 친구가 되어야 한다. 마음을 터놓고 얘기할 건 하고, 사과할 건 하고. 그래야 같이 놀 수 있다. 그렇기 때문에 한국 사람들에게 일본의 사과는 더더욱 필요하다.

Koreanism 4

심정중심주의

한국인의 진심 확인법

폭탄주는 한국에만 있는 게 아니다. 이미 1930년대 미국에서는 부두 노동자들이 적은 돈으로 빨리 취하기 위해 싸구려 위스키와 맥주를 혼합해 마셨고, 제정 러시아 때 벌목공들은 시베리아의 추위를 이기려고 보드카와 맥주를 섞어 마셨다. 하지만 갖가지 다양한 술을 황금 비율에 맞춰서 섞고, 그 섞는 과정을 하나의 예술행위로 승화시키며, 심지어 거기에 자격증까지 부여하는 나라는 한국밖에 없다.

한국 사회에서 폭탄주의 진정한 의미는 '성공신화'이다. 술을 마시는 동안 자신이 무슨 짓을 저질렀는지 모르고, 먹은 걸 다시 꺼내 확인하고, 다음 날 머리가 깨지는 인고의 시간을 거쳐서 이루어내는 그 성공신화. 폭탄주를 마신 사람들은 왜 성공했을까? 바로 고통을 참는 진심을 보여줬기 때문이다. 누가 봐도 합리적이지 않고 미친 짓 같지만 이것보다 진심을 더 잘 표현하는 법을 찾지 못해서, 오늘도 우리는 폭탄주를 마신다. 진심을 담아 말아서(너무 전문용어인가?). 그리고 이 진심을 주고받는 한국인은 심정중심주의 사회에 살고 있다.

"죄는 미워하되 사람은 미워하지 말라 憎罪不憎人."

흔히 사람을 무조건적으로 사랑하라는 뜻으로 해석되는 공자의 이 말씀은 그것을 실천하는 일이 얼마나 어렵고 힘든지를 역설적으로 보여준다. 오히려 서양 사람들이 이 말을 잘 실천하는 것 같다. 행동과 그 행동을 한 사람을 분리해서 행위에 초점을 맞추는 인식이 상대적으로 한국 사람보다 더 강하기 때문이다.

최근의 사법판단에 대한 국가 간 차이를 조사한 연구에서 미국, 독일, 일본과 달리 한국은 행위자에 대한 도덕적 평가가 형벌판단에 중요한 역할을 한다고 밝혀졌다. 즉, 한국 사람들은 무슨 짓을 했느냐보다 어떤 놈이냐를 더 중요시한다는 얘기다. 어떤 사건이 일어났을 경우 나쁜 놈을 만들고 그놈을 잡아야 직성이 풀리는 한국 사람들의 이런 특징은 바로 심정중심주의에 기인한다고 할 수 있다.

심리학에서는 서구 사회를 '저맥락 사회'라고 한다. 저맥락 사회에서는 의사소통의 본질이 정확성에 있고, 메시지 자체의 내용이 명확하며 사실에 근거한다. 그래서 저맥락 사회에서는 자신이 말하고자 하는 바를 직접적으로 확실하게 표현하는 것을 가장 중요하게 생각한다. 이런 사회에서는 드러나는 행동이나 명시적인 말,

계약서, 공식적인 시스템이 훨씬 중요하다. 집에 찾아온 손님에게 "뭐 드시겠어요?", "밥 더 드릴까요?"라고 물었을 때, "아니요, 괜찮습니다."라고 얘기한다면 그건 진짜 괜찮은 거다. 만약 괜찮다는데도 계속 권하면 오히려 상대방을 불편하게 할 수 있다. 하지만 한국에서는 괜찮다고 얘기해도 그건 진짜 괜찮은 게 아니다. 아니, 실제로 뭘 원하는지 알 수 없을 때가 많다. 행동의 바탕에 항상 어떤 의도가 깔려 있는지 생각해봐야 하고, 보이는 행동과는 다른 진의가 있는지를 고민하고 읽어야 한다. 그래서 몇 번이고 계속 권한다. 아니, 강요한다. 우리는 이걸 '배려'라 부르고, 이러한 경험들을 통해 '눈치'라는 심리적 기제를 발달시켰다.

이런 고맥락적 의사소통의 특성은 행동보다는 '마음'을 중시하고, '심정'을 알아주길 바라는 심정중심주의에서 비롯된다. 한국 사회에서 체면이 중요하고 그것이 곧 사회적 덕목이 될 수 있는 이유도 이 심정주의 때문이다.

물론 한국 사람들도 물에 빠져 살려달라고 외칠 때는, 절대 돌려서 얘기하지 않는다. 그 누구보다도 직접적이고 명확하게 표현할 것이다. 하지만 이렇게 위급하고 급박한 상황이 아니라면 더 먹고 싶은데도 괜찮다고 얘기하듯이 체면을 차리며 상대가 알아서 배려해줄 것을 기대한다. 그러지 않고 너무 직접적으로 표현하는 사람은 왠지 가벼워 보인다. 그래서 간신히 체면 차리고 있는 건데도 상대가 내 진심을 몰라주면 섭섭하다. "당신이 그렇게 얘기했잖아."라고 우기면 눈치 없는 사람인 것이다.

심정중심주의가 작동하는 한국에서 사회생활하기란 여간 어려운 일이 아니다. 게다가 한국 사회에서는 '뭘 했느냐'보다 '왜 했느냐'가 더 중요하다. '결과적으로 도움이 됐느냐' 아니면 '피해를 끼쳤느냐'보다, '도움을 주려고 했느냐' 아니면 '피해를 주려고 했느냐'라는 그 의도가 훨씬 중요하다. 마음을 중시하는 이런 특성은 한국 문화의 중요한 심성이다. 그러나 문제는 갈수록 마음을 표현하고 읽어주기 힘든 세상이 되어가고 있다는 점이다. 과거에 비해 훨씬 짧고 얕은 현대의 인간관계 속에서, 마음을 공유하고는 싶은데 그렇게 할 수는 없는 한국인들에게 도대체 어떤 일이 일어나고 있을까?

최근 사회적 문제가 되고 있는 보복운전은 바로 이런 심정주의가 어떻게 나쁜 상황으로까지 이어질 수 있는지를 극명하게 보여준다. 사람들은 다른 차가 실수나 어쩔 수 없는 일 때문에 내 차를 방해하거나 양보하지 않는다고 생각하지 않는다. 대부분 갑자기 끼어드는, 혹은 비켜주지 않는 상대 차, 아니 그 차를 운전하는 사람이 일부러 나를 골탕 먹이려 한다고 생각한다. 즉, 마음을 너무 앞서서 읽어버리기 때문에 쉽사리 섭섭해하고 분노할 수밖에 없다. 어찌 보면 보복운전은 한국 사람이 너무 인본주의적(?)이어서 일어나는 건지도 모르겠다.

가난이 대물림 되는 진짜 이유

//

교수인 필자가 1년 중에 가장 좋아하고 기다리는 시간은 바로 7월 초이다. 교수에게 보통 1학기는 2학기보다 훨씬 더 힘들다. 2학기는 추석연휴도 있고 연말도 있어서, 수업일수도 상대적으로 적고 분위기도 산만해서 수업이나 연구 등 여러 측면에서 노동 강도가 떨어진다. 하지만 1학기는 새로운 1년의 시작이기에 행정적 업무도 많고, 연구나 교육측면에서도 여러 가지 기대나 노력이 높기에 훨씬 더 힘이 든다.

전형적으로 게으른 교수인 필자 입장에서는 1학기 내내 여름방학이 기다려질 수밖에 없다. 6월 말에 기말고사가 끝나고 성적처리까지 다 마치고 나면, 그 시기가 바로 7월 초이다. 이때는 학교도 가기 싫고, 아무것도 하기 싫어진다. 그냥 편안하게 쉬면서 어딘가로 놀러나 가고 싶다. 이때부터 필자는 아내에게 놀아달라고 조른다. 영화도 보고, 맛있는 것도 사 먹고, 쇼핑도 다니자고. 하지만 보통 이때는 두 아들의

기말고사 기간이다. 두 아들이 시험을 보러 학교에 가고 나면, 놀아달
라고 조르는 필자를 아내는 철저하게 거절한다. 영화도 안 볼 거고, 맛
있는 것도 먹고 싶지 않다고 한다. "도대체 왜 그러냐?"고 묻는 나에게,
아내는 "애들이 시험 보고 있다."고 답한다. 그래서 나는 되묻는다. "당
신이 시험 보냐? 학교에서 시험 보는 애들이랑 집에 있는 우리가 무슨
상관 있는데?"라고. 그럴 때마다 아내는 나를 가르친다.

"애들이 오늘 시험 보고 와서도 내일 시험을 위해 또 밤새고 계속 공
부해야 하는데, 엄마 아빠가 막 놀러 다니고 자기들끼리만 맛있는 거
먹으러 다닌다고 생각하면 공부할 기분이 나겠어? 공부가 잘되겠어?"

이 대답은 매우 논리적이고, 말이 된다. 게다가 심리학적이기까지
하다. 그래서 필자는 이렇게 대꾸한다.

"그거 말 되네. 일리가 있어. 그러니까 우리 몰래 놀자. 재미있게 놀
고 아이들이 학교에서 돌아오기 전에 집에 와서, 안 논 척하자…."

그래도 아내는 결국 안 놀아준다. 왜 몰래 노는 것도 안 되냐고 조르
면, 아내는 왠지 그냥 그러면 안 될 것 같다고 얘기한다.

아무리 빌어도 성적이 오르지 않는 이유

이게 한국의 부모, 특히 엄마의 마음이다. 필자의 어머니도 그러셨고,
과거와 현재를 살고 있는 대부분의 한국 어머니들의 마음이 그렇다.

사실 논리적이고 객관적으로 분석해보면 필자의 아내의 행동은 전혀 이해가 되질 않는다. 두 아들이 모르기만 한다면, 학교에서 시험을 보고 있는 동안 부모가 집에서 무엇을 하건 아무런 상관이 없다. 집에서 기도를 하건, 절을 하건, 굿을 하건, 노래방을 가건, 등산을 가건, 낮잠을 자건 상관없이 시험을 잘 볼 아들은 잘 볼 것이고, 못 볼 아들은 못 볼 것이다. 물론 종교건 미신이건 뭔가 초자연적인 존재가 자신의 소원을 들어줄 것이라는 믿음을 가지고 있는 사람은, 자신의 행동이 실제로 자녀의 시험성적에 영향을 미칠 것이라고 믿을지 모른다. 하지만 지금까지 어떤 연구도 특정 종교나 믿음을 가진 사람들이 시험에서 더 나은 결과를 얻었다는 사실을 보여주지는 않았다. 실제 기독교적 믿음이 사회를 지배하고 있는 미국에서도, 명문 대학에 진학한 학생들과 그들 부모들의 종교를 조사한 연구 결과, 명문대 진학과 종교 사이에는 아무런 관련이 없다는 것이 과학적인 연구를 통해 밝혀졌다. 대학 진학뿐만이 아니라 사회적인 성공과도 아무런 관련이 없다는 결과도 있다. 즉, 미신이든 종교든 시험 보는 것과는 아무런 상관도 없다는 것이다.

그런데도 아내는 두 아들이 학교에서 시험을 보고 있는 내내, 초조하게 마음속으로 빌고 또 빈다. 사실 믿는 종교가 없으니 누구한테 비는지는 모르겠지만, 아무튼 마음속으로 매우 간절하고 처절하게 빈다. 결코 한순간도 즐겁거나 행복하려 하지 않는다. 오히려 괴로워지려고 노력하는 사람처럼 보인다.

아내의 이런 비합리적인 행동이 아무 소용이 없다는 것도 문제지만 시간과 노력, 자원을 낭비하는 데 그치지 않고, 오히려 두 아들과 우리 가족 전체에게 나쁜 영향을 미친다는 것도 문제다.

두 아들이 학교에서 돌아오는 순간 아내는 득달같이 달려가 물어본다. 시험은 어떻게 봤냐고. 그러면 10번 중에 10번이 다 실망스러운 대답이다. 아마 필자의 아내뿐만이 아니라 대한민국 엄마들 99퍼센트가 자녀들의 성적에 만족하지는 못할 것이다. 10등을 한 자녀에게는 왜 5등을 하지 못했냐고, 5등을 한 자녀에게는 왜 1등을 하지 못했냐고, 1등을 한 자녀에게는 왜 100점을 못 받았냐고 아쉬워하는 것이 바로 한국의 엄마들이다. 실망스러운 아들의 대답에 아내는 억장이 무너지고 다리가 풀린다. 그 순간부터 나와 아들들은 심기가 불편해진 아내의 눈치를 보며 하루를 보낸다.

그럼 필자는 아내에게 전혀 다른 시나리오를 제시한다. 아들들이 시험 보고 있는 동안 함께 영화도 보고 맛있는 음식도 사 먹고 즐거운 시간을 보내며 기분 전환을 하자고 말이다. 어차피 기대에 못 미치는 시험결과를 들고 올 아들들을 기분 좋게 웃으며 맞이하고, 맛있는 음식을 해주며, 그다음 시험을 더 잘 준비할 수 있도록 도와주자고. 아들이 시험 보는 그 순간에 우리가 즐거운 시간을 보내도 어차피 아들의 시험성적은 이미 정해진 것 아니냐고 설득하는 것이다. 이렇게 합리적이며 건설적인 제안을 하는 기특한 나에게 아내는 오히려 화를 낸다. 부정 타게 이상한 소리나 한다고….

한국 학부모들 중에 필자의 이 부정 탈 것 같은 합리적인 방법대로 살고 있는 부모는 얼마나 될까? 안타깝게도 이렇게 살고 있는 부모는 그리 많지 않을 것이다. 아마 대다수는 자녀교육을 위해 열과 성을 다해 수고와 희생도 감수할 것이다. 한국 부모들의 이런 비합리성의 중심에는 바로 인고의 착각이 있다.

인고의 착각은 왜?

사람들은 현재 자신이 힘들고 고생스럽고 어려운 시간을 보내는 만큼 후일에 그에 대한 보상을 받을 거라고 믿는다. 자신이 이루고자 하는 바를 이룬, 흔히 성공한 사람들의 삶을 보면 대부분은 젊었을 때 지지리 고생한 과거를 가지고 있다는 것이 그 증거다. 그리고 그들은 자신의 고생이 결코 헛되지 않았고 그 고난의 시간이 있었기에 현재의 성공이 가능했다고 얘기한다. 이런 유의 감동적인 이야기는 사람들에게 마치 고난의 시간이 성공을 위해 필수적이고, 더 나아가 그런 고생이 성공을 가져다줄 거라는 메시지를 전달한다. 하지만 이런 이야기는 종종 인과혼동의 오류를 일으킨다. 여기에는 두 가지 중요한 사실이 간과되어 있다. 첫째, 세상에는 그런 고생을 한 사람들 혹은 더 심한 고생을 한 사람들이 무지하게 많은데도, 성공하는 사람은 극히 일부라는 사실이다. 성공에 고생이 필요한 건 맞지만, 고생한다고 성공하는 것은 아니라는 것이다. 둘째, 더 중요한 것은 성공을 이루는 사람의 경우 그들이 고생을 했다는 사실 자체가 아니라, 고생의 내용이 실질적으로 성공에 도움이 되었다는 사실이다. 세상 거의 모든 부모가 자녀의 성공을 바라고, 특히 한국의 부모 대부분은 자녀가 공부를 잘하길 바라지만, 그 소원이 이루어지는 경우는 극히 드물다. 더구나 그 드문 경우 역시도 부모가 열심히 빌었기 때문이 아니다. 아마 그것은 자녀를 위해 좀 더 현실적이고 실질적인 도움을 주는 경우에만 가능할 것이다. 예를 들어, 같이 밤을 꼴딱 새우면서 졸고 있는 자녀는 깨워준다든지, 더 맛있고 건강에 좋은 음식을 해준다든지, 심지어 자녀가 모르는 문제를 미리 공부해서 가르쳐주는 등의 고생은 분명히 효과가 있다. 하지만 그냥 마음속으로 열심히 빌기만 하면서 자기 자신을 괴롭히는 행동은 전혀 도움이 되지 않고, 오히려 자녀를 짜증 나게 만든다. 그래서 이런 헛짓은 결국 자녀와 부모 모두에게 아무런 도움이 되지 않는 인고의 착각으로 끝나게 된다.

그렇다면 왜 우리는 이런 인고의 착각에 빠지게 되는 걸까? 바로 불안을 다스리는 착각적 통제감과 자신은 무조건 잘될 거라고 생각하는 비현실적 낙관주의 때문이다.

인간이 가지고 있는 가장 중요한 본능 중의 하나가 바로 통제의 욕구다. 인간을 포함한 모든 동물은 자신이 원하는 방향으로 환경을 조정하려는 욕구를 가지고 있다. 원하는 일을 일어나게끔, 원하지 않는 일을 일어나지 않게끔 막는 영향력을 발휘해서 환경을 통제함으로써 궁극적으로 자신이 원하는 바를 얻으려 한다. 이는 실질적으로 생존을 위한 기본원칙이 된다. 이러한 욕구는 너무나 강해서 때로는 실질적으로 통제할 수 있느냐 없느냐 여부를 떠나서 단순히 통제감을 가지는 것 자체가 중요할 때도 많다.

예를 들어, 놀이동산에 있는 정해진 트랙을 따라 도는 모형자동차를 떠올려보자. 이런 모형자동차에는 하나같이 핸들이 달려 있고, 아이들은 이것을 열심히 돌린다. 사실 그 핸들은 아무런 역할을 하지 않는다. 바퀴에 연결되어 있지도 않아서 어차피 그 자동차는 철로와 같은 궤도를 따라 돌게 되어 있다. 그런데도 아이들은 그 핸들을 서로 차지하려고 싸운다. 아마 핸들이 없다면 모형자동차를 타는 재미도 반감될 것이다. 이런 통제의 착각은 일상에서 재미를 증가시키는 효과보다는 불안을 다스리는 역할을 담당한다.

인생의 수많은 일은 우리가 어쩔 수 없는 운이라는 것에 의해서 결정되는데, 그것을 그냥 어쩔 수 없는 것으로 내버려두면 불안해서 견딜 수가 없다. 그래서 마치 우리가 어쩔 수 있는 것처럼 착각하면서 살아간다. 일상에서 우리가 가지고 있는 수많은 미신적 행동들이나 징크스에 대한 믿음들도 이런 착각적 통제감을 위한 것들이다. 이런 착각이 우리의 심리를 편하게 해주는 원리는 간단하다.

한국에는 수능 날 아침, 수험생에게 하면 안 되는 수많은 금기행동이 있다. 그중의 하나가 바로 미역국을 먹는 것이다. 만약 수능 날 아침에 미역국을 끓여주는 엄마가 있다면 '혹시 계모 아냐?'라고 생각할지 모른다. 하지만 "수능 날 아침에 미역국을 먹으면 대학에 떨어진다고 믿으십니까?"라고 물어보면, 아무도 그렇다고 대답하지 않을 것이다. 아무도 믿지는 않는데 먹이지도 않는다? 사람들은 미역국 때문에 자녀가 대학에 떨어진다고는 절대 생각하지 않는다. 하지만 미역국을 먹이지 않으면, 마치 자녀가 대학에 떨어져야 할 이유 하나가 줄어든 것 같은 느낌이 든다. 수능 당일에 미역국을 먹은 학생이 전국에 몇 명이나 있는지는 모르지만, 적어도 그들보다는 시험을 잘 봤을 것 같은 착각을 즐기는 것이다. 이런 착각은 불안감을 조금 덜어준다.

또 착각적 통제감은 미래에 대해서 근거 없이 낙관적으로 믿는 우리의 착각과 깊이 연결되어 있다. 사람들은 미래를 실제보다는 긍정적으로 예측하는 자기고양적 성향을 가지고 있다. 긍정적인 일은 자신에게 더 많이 일어날 것이고, 부정적인 사건은 자신을 피해갈 것이라고 믿는 것이다. 자신이 암에 걸리거나, 교통사고나 벼락과 같은 사고를 당하거나, 이혼하는 것과 같은 부정적인 사건을 겪을 확률은 타인이 경험할 확률이나 실제 일어날 확률보다 더 낮게 추정한다. 그와 반대로, 자녀가 명문대에 들어가거나, 자신이 임원이 되거나, 심지어 복권에 당첨되는 것과 같은 긍정적인 사건을 겪을 확률은 실제 일어날 확률이나 타인이 경험할 확률보다 더 높게 예상한다. 이런 자기 멋대로의 착각을 '비현실적 낙관주의'라고 부르는데, 이것은 인간이 가지고 있는 본능적 성향 중에 가장 강력한 것으로 알려져 있다.

비현실적 낙관주의 또한 착각적 통제감과 마찬가지로 미래에 대한 불안감을 완화해주고, 긍정적인 기대를 가지고 미래를 위해 정진하도록 만드는 데 긍정적인 심리적 기능을 수행한다.

착각적 통제감과 비현실적 낙관주의는 서로 협동해서 인고의 착각을 일으키기도 한다. 지금 고생하고 있다는 이유만으로, 지금 뭔가를 하고 있다는 이유만으로, 실제 그것이 미래의 성공을 위해 얼마나 도움이 될지는 상관없이 장밋빛 미래가 기다리고 있는 것처럼 믿는 것이다. 더 심각한 문제는 지금 더 고생해야지 훗날 더 크게 성공할 거라는 믿음에, 현재를 더 고생스럽고 더 고통스러운 상황에 몰아넣으려 하는 것이다. 왜 그래야 하는지도 잘 모르면서.

한국 부모들과 외국 부모들은 사실 그리 큰 차이가 없다. 외국 부모들도 자녀가 공부를 잘하길 바라고, 잘하면 좋아하고, 가능한 한 학업을 지원하며, 자녀가 여러 면에서 성공하고 행복하길 바란다. 그런데 큰 차이는 한국 부모들은 청소년인 자녀가 놀고 있는 걸 못 본다는 것이다. 종종 그들은 자녀에게 얘기한다. "너무 즐거운 거 아니니? 지금은 그럴 때가 아니야."라고. 즐거워하는 그들의 모습이 뭔가 잘못된 것처럼, 미래의 행복을 위해 지금의 행복과 즐거움은 포기해야 한다고 말한다. 왜? 과연 이런 주장은 정말 근거가 있는 것일까?

두 아들 중에 누가 더 행복할까?

필자에게 두 아들이 있으니, 두 아들을 예로 들어 미래를 한번 그려보
겠다(물론 실제 필자의 두 아들과는 전혀 상관없는 가상의 얘기다).

큰아들을 요즘 한국의 부모들이 키우는(키우고 싶어 하는) 전형적인
방식으로 교육시킨다고 가정해보자. 어려서부터 영어학원과 수학학
원을 보내고, 가능하면 영어유치원과 같은 조기교육에 소홀히 하지
않으며, 성적만 잘 나와준다면 명문 초등학교와 중학교, 특목고를 보
내는 것이다. 물론 대치동에 위치한 명문학원을 찾아다니며, 전 과목
학원이나 과외에 투자를 아끼지 않는다. 이렇게 할 수 있는 모든 것을
다 해도 억세게 운이 좋아야만 상위 1.5퍼센트에 속해서 소위 SKY 대
학에 입학할 수 있다. 그걸로 끝이 아니다. 대학에 들어간 이후에도 뒷
바라지는 계속된다. 가능하면 어학연수나 교환학생 프로그램을 다녀
올 수 있도록 해주고, 지속적으로 어학을 가르치며 각종 취업준비를
위한 학원에 보내는 데 쓰이는 비용을 계산해보면 2억은 족히 넘는
금액이 될 것이다. 이렇게 돈을 들이고도 원하는 직장이나 대기업, 이
름만 대면 알 만한 중견기업, 공기업, 전문 직종에 취업할 확률은 얼마
되지도 않는다. 사실 100명 중에 5, 6명도 채 되지 않을 것이다. 2억이
넘는 교육비를 들여서 좋은 곳에 취업시키면, 그나마 보람은 있을 것
이다.

아마 이 정도가 대부분의 중산층 부모가 해줄 수 있는 한계일 것이

다. 물론 그러고도 1억쯤 더 들여서 결혼도 시켜주고, 또 2억쯤 더 들여서 집도 한 채 사줄 수 있으면 얼마나 좋겠나. 하지만 두 아들에게 이 모든 걸 다 해준다는 건 꿈같은 얘기다. 모두 합쳐 12억 원이라는 돈이 있어야 하기 때문이다. 우리나라 중산층 중에 이게 가능한 사람이 과연 있기나 할까? 게다가 그렇게 쓰고 나면 부모의 노후는 어떻게 되나? 그래서 대부분의 부모들은 자녀가 취업하면 그때부터는 스스로 알아서 살아가길 바란다. 하지만 현실은 그렇지가 않다. 오히려 부모가 살던 집까지 팔아서 자녀의 결혼비용과 전세금을 대주는 일들을 언론에서 더 자주 접한다. 다 같이 망하는 길로 들어서는 것이다.

자, 이제 가상의 둘째 아들 얘기를 해보자. 둘째 아들은 어려서부터 공부에 재주가 없었다고 치자. 너무나도 명확하게 공부로는 절대 먹고살 수 없다는 것이 초기에 확실해진 것이다. 그래서 부모는 영어나 수학, 다른 사교육을 포기하고, 별로 교육비도 들이지 않고 둘째 아들을 키운다. 다행히 공부에 대한 스트레스도 없고 나쁜 친구들을 사귀지도 않아서, 착하고 순한 학생으로 성장했다. 물론 고등학교를 졸업할 때쯤이면, 성적은 전교 최하위권을 맴돌고 있을 것이다. 요즘은 그 최하위권의 성적을 가지고도, 등록금만 낸다면 합격시켜줄 대학은 많다. 하지만 부모는 그런 대학에 가봤자 아무 소용없다고 생각하고(아주 현명하게도), 둘째 아들에게 좋은 기술을 하나 배우라고 권한다. 용접과 같은 특수 기술일 수도 있고, 포클레인과 같은 중장비 운전일 수도 있다. 그리고 나서 이 부모가 가만히 생각해보니, 큰아들에게는 2억이 넘는 교육비를 썼는데, 둘째 아들에게는 교육비가 2,000~3,000만 원도 채 들지 않았으니, 미안한 마음이 든다. 고민하던 부모는 둘째 아들 앞으로 2억짜리 집을 한 채 사주었다. 그러면 두 아들에게 비슷한 투자를 한 셈이다.

20년 후 이 아들들이 40대가 되었을 때, 과연 누가 더 행복할까? 대기업에 취업한 큰아들이 부모의 도움 없이 자신의 힘으로 2억짜리 아파트를 마련하는 데 얼마의 시간이 걸릴까? 이미 2억 집을 가지고 출발한 둘째 아들은 한 달에 형보다 100~200만 원씩 덜 벌어도 형편은 비슷할 것이다. 왜? 아파트 대출금을 갚지 않아도 되니까. 반면에, 큰아들은 40대 중반이 되어 회사에서 퇴직하면, 치킨집이나 피자집을 하거나 그제야 동생처럼 기술을 배우겠다고 할지 모르겠다.

추락하는 중산층에 날개는 없다

우리 사회의 중산층이 무너지는 가장 큰 이유는 자녀교육비에 모든 것을 쏟아붓기 때문이다. 바로 앞에서 얘기한 둘째 아들에게도 무리하게 공부를 시키는 게 문제다. 사실 공부에 자질도 없고 관심도 없는 둘째 아들에게는 기술을 가르치고, 그 기술을 써먹을 사업을 지원하는 것이 맞다. 포클레인 운전기술을 배운다고 하면, 포클레인을 사주면 된다. 어쩌면 사교육비로 쓸 돈이면, 포클레인 두 대를 사줄 수 있을지도 모른다. 한 대는 직접 운영하고, 한 대는 기사를 고용하고. 만약 다른 기술을 배운다면, 그 기술을 써먹을 사업자금을 대주면 된다. 하지만 한국 부모들은 나중에 무슨 일을 하게 되건 관계없이, 자신이 가지고 있는 모든 자원과 돈을 자녀의 사교육에 몽땅 써버린다. 특히 수학과 영어 교육에 올인한다. 그러다 진짜 도움이 필요한 순간에는 도와줄 여력이 없다. 집을 구할 돈도, 사업자금을 보태줄 여유도 없다. 그래서 그 자녀들 역시 어려운 삶을 살게 된다. 더 무서운 사실은 부모들이 그 수많은 인고의 시간을 보냈는데도 불구하고, 전보다 어려운 노후를 보내게 된다는 것이다. 이들은 서로를 쳐다보면서 이렇게 얘기할 거다. 부모는 자녀에게 "내가 너를 위해 어떻게 했는데. 내가 그 고생을 해서 공부를 시켰건만…."이라고. 그러면 자녀는 부모에게 "내가 공부 안 한다고 했지요. 왜 내 말을 무시했어요. 부모님이 나한테 해준 게 뭐가 있는데. 사업자금도 안 대주고, 집도 하나 못 사주고…." 과연 이 사태는 누구의 잘못일까?

많은 사람들이 사교육비가 비싸다, 대학등록금이 비싸다고 하면서, 지금의 교육문제와 연관시켜 소득의 양극화나 가난의 대물림을 걱정한다. 한국 사회가 떠안고 있는 주요 문제에 교육이 중요한 역할을 하는 것은 맞다. 하지만 문제의 본질은 단순히 교육에 투자되는 금액의 정도가 아니라, 그것이 얼마이건 상관없이 투자한 교육비의 본전을 찾을 수 있는 사람이 얼마 되지 않는다는 사실에 있다.

대학진학률이 70퍼센트를 넘지만 우리 사회에 실제로 대학졸업
장을 필요로 하는 직장이 차지하는 비중은 아무리 높게 잡아도 40퍼
센트를 넘지 않는다고 한다. 이 말인즉 현재 대학을 졸업하는 청년들
의 50퍼센트는, 지금까지 들인 돈과 노력의 본전을 찾을 길이 없다는
얘기다. 청년실업 해소를 위한 그 어떤 정책을 도입하더라도 이 사실
은 쉽게 바뀌지 않을 것이다. 반값등록금을 시행한다는 얘기는 비싼
사교육비를 들여서 대학에 가면, 전체 교육비 2억 중에 마지막에 한
2,000만 원 정도 깎아주는 셈이다. 2,000만 원이 결코 적은 돈은 아
니지만, 그게 얼마나 큰 효과가 있을지는 모르겠다. 어쩌면 대학등록
금이 싸졌으니, 대학진학률이 더 높아질지도 모른다. 이런 방법으로
한국 사회의 문제가 해결될까? 지금 우리 사회가 청년실업과 중산층
의 붕괴를 막기 위해 하고 있는 노력이 과연 실질적인 효과가 있을지
는 의문이다. 어떠한 작은 도움도 없는 것보다는 나을지 모르지만, 어
차피 투자해야 하는 비용에서 조금 덜어주는 정도의 정책은 궁극적인
해결책이 될 수 없다. 결국 대부분이 본전을 찾을 길이 없는 현실을 그
대로 두고는, 그 어떤 방책도 백해무익하다.

괭이나 팔면서 쉴 줄 알아야 한다

궁극적으로 가난의 대물림을 막는 방법은 그들에게 공짜로 무엇을 주

는 것이 아니다. 그들로 하여금 현명한 판단을 내릴 수 있게끔 도와줘야 한다. 사실 돈이 넘쳐나는 사람들은 본전을 찾지 못할지도 모르는 바보 같은 투자나 소비를 좀 해도 된다. 그래서 그들은 말도 안 되는 가격의 자동차나 옷과 명품백을 사고, 주체성과 심정중심주의에 빠져서 말도 안 되는 돈을 들여서 사교육을 시켜도 상관없다. 설령 거기서 본전을 찾지 못한다 해도, 그들에게는 그것이 그다지 치명적이지 않다. 하지만 가용할 자원이 얼마 되지 않는 중산층 이하의 한국인들에게, 잘못된 판단의 결과는 너무나 가혹하다. 모든 자원을 자녀의 사교육에 쏟아부었는데, 그 자녀가 본전을 찾을 능력이 원천적으로 없었다면 자녀뿐만 아니라 부모도 같이 빈곤의 나락으로 떨어진다.

우리 사회의 가장 큰 문제는 바로 인고의 착각이다. 무엇을 해야 할지 모르는 막막한 상황에, 사람들은 불안하니까 그냥 아무거나 한번 해보려고 한다. 아니, 남들이 하는 걸 그냥 따라 한다. 매도 같이 맞으면 덜 아프니까. 아마 지금 자녀 사교육에 모든 것을 쏟아붓고 있는 많은 한국의 부모들은 사실 그것 외에는 뭘 해야 할지 모르기에, 아무것도 안 하고 있자니 불안하기에 그러고 있는 경우가 많다. 그러니 자녀를 위해 스스로 먹고 싶은 것, 입고 싶은 것, 하고 싶은 것을 포기하면서 고통의 시간을 보낸다. 나중에 자녀가 성공할 거라는 인고의 착각에 빠진 채로….

지금 당장 아무것도 하지 않는다고 해서 결코 자원이나 인생을 낭비하는 것이 아니다. 고스톱을 칠 때도 패가 나쁘면 광을 팔면서 쉬어야 한다. 포커를 칠 때도 손에 쥔 패가 나쁘고 가능성이 낮으면 빨리 포기해야, 다음에 좋은 패가 왔을 때 배팅할 돈이 남게 된다. 빤히 나쁜 패를 가지고도 "놀면 뭘 해, 못 먹어도 고!"를 외치는 사람은 가장 먼저 쪽박 차게 되어 있다는 것을 명심하길 바란다.

제발 이제부터라도 고통을 즐기지 말자. 필요 없는 고통은 무조건 피하고 봐야 한다. 그게 현명한 진심이다.

왜 한국의 교육이 문제인가?

//

기대에 못 미치는 성적표를 받아 온 자녀에게 대부분의 부모, 즉 자식을 사랑하는 보통의 부모는 흔히 이렇게 얘기한다.

"너는 머리는 좋은데, 노력을 충분히 하지 않아서 그래. 하기만 하면 잘할 텐데, 도대체 하지 않는 이유는 뭐니?"

이 말이 진실일 수 있을까? 물론 어떤 분야에서도 노력을 하지 않는 경우보다 노력을 하는 경우가 더 좋은 결과를 가져올 확률이 높다. 하지만 현실은 부모의 말과 정확히 일치하지는 않는다. 노력하는 학생들 모두가 자신이 원하는 성적을 달성하는 것도 아니고, 대부분은 기대와 먼 그저 그런 성적과 그냥 그런 인생을 살게 된다.

그런데도 왜 우리의 부모들은 한결같이 노력을 강조할까? 부모뿐만이 아니라 우리 사회 전체가 모든 성공과 실패를 노력의 결과로 해석하는 경향이 있다. 공부, 사업, 취업, 심지어 결혼까지 대부분의 인생사에서 성공은 부단한 노력과 힘든 역경을 꾸준히 이겨낸 결과라고 얘기하고, 실패는 그런 노력의 부족으로 해석한다.

'나는 원래 능력이 뛰어나서, 나는 원래 타고나서, 별로 노력하지도 않았는데, 그냥 어찌하다보니 성공했어요.'와 같은 말은 거의 들을 수가 없다. 물론 재수 없어 보이고 잘난 척하는 걸로 보일까 봐 두려워서, 그것도 아니면 인상관리 차원에서 겸손한 척하는 것일 수도 있다. 그런 겸손한 모습이 긍정적으로 평가되니까. 하지만 더 근본적인 의문이 들지 않을 수 없다. 왜 사회에서는 그런 노력으로 귀결되는 겸손함에 대해 긍정적으로 평가하게 되었을까?

'노오력'이 필요한 이유

인간이 어떤 사회적 사건의 원인이나, 자신 혹은 타인의 성공과 실패의 요인을 찾는 심리적 기제를 일컬어 '귀인과정attribution process'이라고 부른다. 이런 귀인과정은 단지 어떤 사건이 왜 일어났는지를 이해하고 알고 싶어 하는 순수한 호기심 때문에 시작되지 않는다. 근본적으로 그 호기심 자체도 어떤 사건, 성공 또는 실패를 일어나게 하는 원인을 파악해서, 미래에 자신이 원하는 결과를 얻고 원치 않는 결과를 막으려는 목적을 가지고 있다. 즉, 인과관계를 밝히는 심리적 귀인과정은 인간의 환경에 대한 통제욕구와 직결되어 있다.

한국 부모들이 자녀의 성적이 높거나 낮은 원인을 찾으려 하는 것은 미래의 자녀 성적 그리고 궁극적으로 미래의 자녀 행동을 통제하려는 의도에서 비롯된다. 더 나아가 한국 사회가 노력을 강조하는 것은 바로 이런 한국인들로 하여금 끊임없이 노력하게끔 채찍질하는 거시적 사회 시스템의 본질이 된다. 물론 이런 시스템의 존재는 한국 사회에만 국한되지 않는다.

사회심리학자 다니엘 웨그너Daniel Wegner는 성취achievement에 관한 인간의 귀인원리, 즉 뭔가를 성취하고자 할 때의 성공과 실패에 대한 원인을 찾아가는 우리의 심리적 원리를 체계화했다. '능력', '노력', '운', '과제의 특성' 등이 그것이다. 이런 원인들은 내 탓이냐 아니냐, 변할 수 있는 것이냐 아니냐, 어찌해볼 수 있느냐 아니냐의 측면에서 그 원인이 어떤 것으로 결론이 나느냐에 따라 미래 행동에도 서로 다른 영향을 미친다. 예를 들어, 어떤 성공이나 실패를 '노력에 귀인한다'라는 결론은 결국 내 탓인데, 쉽게 변할 수 있고(노력은 의지에 따라 늘리거나 줄일 수 있고), 내 통제하에 있는 것이다. 만약 나의 실패를 이런 노력에 귀인한다면, 결국 미래의 성공을 위한 결론은 하나다. 더 열심히 하기만 하면 된다. 반대로 어떤 성공이나 실패가 '능력에 귀인된다'는 것은 내 탓이기는 한데, 지능이나 재능처럼 잘 변하지는 않을 것이고, 자기가 어찌해볼 수도 없는 것이라는 얘기다. 그래서 실패한 사람이 그 실패를 능력에 귀인해버리면, 사실 미래에도 또다시 실패할 가능성이 높기에 별로 해볼 이유가 없다고 느껴진다. 그런데 만약 실패를 운에 귀인하면 어떻게 될까? 그 실패가 내 탓도 아니고, 내가 어찌해볼 수도 없는데, 운은 돌고 돌아 계속 바뀌니 미래에는 성공할지 실패할지 전혀 예상이 안 된다고 느껴질 것이다. 이런 때 우리는 보통 어떻게 할까? 가위바위보에서 졌을 때 평소 우리가 뭐라고 외치는지를 생각해보면 된다. 당장 "삼세판!"을 외친다. 왜? 그냥 계속해보는 거다. 언제까지? 내가 이길 때까지.

이렇게 인간이 성공과 실패의 원인을 어디서 찾고 그 원인이 우리의 행동에 어떻게 영향을 미치는가를 살펴보면, 우리 부모들과 한국 사회가 왜 그렇게 노력에 집착하는지 명확해진다. 바로 자녀들과 국민들이 실패를 자신의 탓으로 받아들이고 절대 포기하지 않으며, 이것도 해보고 저것도 해보면서 끊임없이 노력하도록 만들기 위해서다. 자신은 능력이 안 된다고 줄기차게 울부짖는 자녀와 국민들에게 "아니야, 이건 절대 능력 때문도 운 때문도 아니야. 노력이 부족해서 그래. 그러니까 더 열심히 해."라고 얘기하는 것이다. 하지만 이런 애정 어린 격려처럼 들리는 말이 실제로 그들에게 어떤 현실적인 의미가 있으며, 또 얼마나 도움이 될까? 그게 과연 결과적으로 그들을 위하는 걸까? 혹시 자녀가 실제로 성공할 수 있을지 없을지는 상관없이 그냥 부모의 만족을 위한 게 아닐까? 아니면 한국 사회가 유지되고 발전하고 성장하려면, 죽어라 노력하다가 결국 극히 일부의 성공을 확인시켜주는 임무를 완수할 다수의 실패자가 반드시 필요해서일까?

지성이면 감천일까?

전 세계의 모든 사회가, 특히 유달리 한국 사회가 전체의 이익을 위해 되지도 않을 걸 알면서도 국민들에게 '하면 된다'라는 환상을 계획적으로 심어주고 있는 것일까? 그건 아니길 바란다. 노력을 사회적 덕목으로 강조해온 것은 동서고금을 막론하고 공통적인 현상이었다. 인간의 이런 보편성은 진화론적 관점에서 설명해볼 수 있다. 인간의 진화 과정에서 똑같은 성공과 실패를 경험한 우리 조상들 중에 노력의 부족에서 그 원인을 찾고 부단히 노력하던 이도 있었을 것이다. 그 결과 무언가를 해보려고 했던 이들이 생존확률도 높았고, 성공적으로 자손을 번식시켰을 가능성이 있다. 이러한 자연선택 과정을 오랫동안 반복하면서, 결국 우리 모두의 유전자 속에는 노력을 중시하는 성향이 내포되었을 가능성이 있다는 얘기는 꽤 설득력이 있다.

하지만 이런 진화론 같은 범인류적인 설명은 한국 사회의 유별난 노력에 대한 집착까지는 잘 설명하지 못한다. 새마을 운동의 구호와도 같은 사회적 신념을 넘어, 한국 사회는 노력이 아닌 다른 원인을 금기시하는 것 같다. 전교 1등에서부터 꼴등에게까지 자기가 받은 성적은 모두 노력이 부족해서지 결코 능력이 없어서가 아니라고 얘기한다. 설령 자기 스스로가 능력이 없어서라고 인정해도 아무도 들은 척도 하지 않는다. 다른 사람의 능력에 대해 스스럼없이 말하는 것은 따귀를 맞아도 싸다고 생각될 만큼 분명 위험이 따르는 일이다.

OECD 국가 중에 가장 높은 교육열, 가장 긴 노동시간, 선진국에 비해 턱없이 짧은 수면시간…. 이 모든 것들은 바로 노력, 또 노력, 끊임없는 노력을 강조한 우리 사회가 만들어놓은 모습이다.

동북아의 농경정착사회, 친족 중심의 집단생활, 유불교적 가치와 같은 생태학적 특성은 한국인들에게 자신이 속한 집단의 기대에 부응해야 하는 책임과 의무를 강하게 느끼도록 만들었다. 출생부터 죽음까지 거의 평생을 같이 살아가는 주변 사람들은 한국인에게 특별히 중요한 존재일 뿐만 아니라, 자신에 대해 너무나 속속들이 잘 알고 있어서 감추거나 속이기 힘든 대상들이다. 이런 한국인들에게 주변의 평가는 무엇보다 생존과 직결되는 문제였고, 모두로부터의 긍정적인 평가를 추구하게 만들었다. 반대로 서구 사회는 사회적 이동성이 상대적으로 높았고 개인주의적 가치를 중요시했기에, 주변의 평가보다 자기 스스로의 평가를 더 중요하게 여기는 경향이 있다. 이런 문화적 차이는 다소 착각의 여지가 있더라도 스스로를 긍정적으로 보려는 자기고양self-enhancement을 서양인들에게 선물했고, 서양인들은 실제보다 자신을 더 잘난 사람으로 믿는 경향을 강하게 가지게 되었다. 반대로 한국인들에게는 스스로를 어떻게 보는가보다는 타인에게 어떻게 보이는가가 중요했고, 긍정적인 평가를 얻어내기 위해 실질적인 발전을 이루어내는 자기향상self-improvement이 더 절실했다. 실제로 많은 비교문화 연구에서 서양인들은 자신에 대한 긍정적인 정보를 원하고 그것을 더 가치 있게 평가하는 반면에, 한국인을 포함한 동북아시아인들은 자신에 관한 부정적인 정보를 가치 있게 평가하고 더 중요하게 다루는 것으로 밝혀졌다. 즉, 동북아시아인들은 무엇을 더 발전시킬 수 있는가를 알아내는 것을 항상 제일 중요하게 생각해온 것이다. 이런 자기향상에 대한 심리적 성향은 당연히 우리들로 하여금 '노력'을 강조하게 만들었다. 이런 동양적 사고의 바탕에 한국인 특유의 주체성과 심정중심주의가 더해지니 그 영향력은 훨씬 더 강력해졌다.

주체성은 자신의 존재감을 확인받길 원하고, 자신의 영향력이 확장되는 것을 좋아하게 만든다. 이런 문화심리적 특성은 자신의 능력을 과대평가하게 만들 뿐만 아니라, 자신의 능력과 성취를 극대화하는 것을 목표로 하게 만든다. '나도 할 수 있다', '내가 해내야 한다'는 생각은 '노력하면 될 것이다'라는 믿음과 신념을 강화시켜줄 수밖에 없다. 여기에 더해 심정중심주의는 '지성이면 감천이다'로 나타난다.

진심이 중요한 문화에서는 때로는 뭐든지 미련스러울 정도로 과하게 표현하게 만든다. 그냥 남들 하는 만큼만 하면 진심이 드러나지 않는다. 항상 그 이상을 해야 한다. 그래야 진심이 드러나고, 그 진심을 누군가가 알아준다. 한국 사람들은 '진심 경쟁'을 할 만큼 진심을 교환하고 공유하기를 좋아하는 특성이 있다. 특히 자식을 위해서 전지전능하신 그분께(누군지는 모르지만) 비는 거라면, 게으름을 피우거나 하는 척만 할 수는 없다. 그분이 다 보고 알고 계실 테니까 진심을 다해야 한다. 이들의 자식에 대한 지성은 끝도 없고 한계도 없다. 그냥 자기가 죽을 때까지 계속된다. 그러고는 나중에 자식도 알아줄 거라 믿는다. 자신이 진심으로 최선을 다했단 사실을.

노력의 함정에 빠진 대한민국

노력이 강조되어온 배경에는 이런 문화심리적 특성과 더불어 마치 불난 데 기름을 붓는 격의 폭발적인 요인이 있었다. 바로 지난 70년간의 엄청난 경제발전이다. 이 과정에서 한국 사회뿐만이 아니라 한국인 개개인은 엄청난 사회·경제·개인적 발전과 성공을 이루어왔고, 또 그것을 목격해왔다.

물론 현재 한국 사회에는 아직 어려운 사람도 많고, 모든 사람이 골고루 잘살지는 못하지만 그래도 대부분의 국민들은 70년 전보다 훨씬 잘 먹고 잘살며, 인터넷과 스마트폰과 같은 기술의 혜택을 보고, 해외여행과 해외유명상품들을 쉽게 접하며 살고 있다. 70년 전 배고프고 가난한 삶에서 벗어나고자 목숨 걸고 노력했던 한국인들은 이 변화와 발전의 과정에서, 노력에 대한 엄청난 학습효과를 경험하게 되었다. 분명히 타고난 배경과 능력이 다른데도, 국민 대부분이 더 잘살게 된 원인으로 노력이라는 요인이 부각될 수밖에 없었다. 그래서 대개의 기성세대들은 젊은 세대보다 성공과 실패의 원인을 노력에서 찾으려는 성향이 더 강하다. 이들은 요즘의 젊은이와 청소년들에게 이렇게 쉽게 얘기한다. "너희가 고생을 해봤어야지." 또는 "젊어서 고생은 사서도 한다."라고.

하지만 산 경험에서 나오는 이런 진실된 믿음과 충고는 오히려 귀납법의 오류에 취약하다. 만약 우리가 날마다 지나가는 길에서 만나는 속도위반 단속카메라가 고장 났다는 사실을 알게 되면 내일도 그 카메라는 고장 나 있을 거라고 생각한다. 하지만 수많은 예측 불가능한 요인들, 예를 들어 고장 난 카메라는 언제든 수리할 수 있고, 새롭게 교체될 수도 있다는 사실들을 고려해보면, 내일도 그 카메라가 작동할지 하지 않을지는 과거의 경험과는 최소한 어느 정도 독립적이다. 귀납법의 오류 가능성에 비추어볼 때 지금의 노력도 과거의 노력만큼이나 효과가 있을까 하는 의문이 들 수밖에 없다. 과연 오늘날 성공과 실패에서 노력이 차지하는 비중은 과거의 그것과 같을까?

과거 한국 사회는 엄청난 속도로 경제 규모가 팽창하면서 항상 인력이 부족했다. 평생직장 개념이 가능했던 이유도 회사가 직원을 사랑해서가 아니라, 인력이 부족하고 좋은 인재를 계속 채용해야 할 정도로 성장해왔기 때문이다. 꼭 능력이 뛰어난 사람뿐만이 아니라 열심히 노력하는 사람, 심지어 별로 노력하지 않는 사람까지 모두 필요했고, 그들의 노력은 대부분 보상받았다. 하지만 이제 한국 경제는 빠르게 성장하는 시기를 지나 저성장의 시대로 들어서고 있다. 이는 실업률 증가와 고용 감소로 이어져 노력만으로 취업이 되지 않는, 오히려 철저한 능력 위주의 사회를 만들었다.

　사람뿐만이 아니라 상품에 대한 국제적인 접근도 가능해졌다. 교통과 통신, 운송의 발달로 인해 전 세계가 하나의 경쟁 시스템으로 묶였기 때문이다. 즉, 가격 대비 가치가 가장 높은 몇 개의 제품만이 전 세계 소비자에게 선택적으로 소비되는 시스템으로 바뀌었다. 쉽게 말해, 과거에는 국내에서 열리는 축구 경기만 볼 수 있었던 한국인들이 이제는 전 세계 최고의 축구 스타 플레이어들이 활약하고 있는 리그를 보는 것이다. 이런 현상은 자연스럽고 자발적인 현상으로, 어느 누가 강요한 적도 없고 막을 수도 없다. 그렇기 때문에 적당히 만들어진 제품이나 열심히 노력만 하는 인재는 의미가 없다. 현대 사회는 리오넬 메시, 스티브 잡스, 마크 주커버그, 김연아 등 타고난 천재적인 능력과 함께 엄청난 노력을 모두 갖춘 이들로 가득하다. 재능을 타고나지 않은 사람들이 노력만으로 이기는 것은 거의 불가능한 시대인 것이다.

쉬운 수능의 딜레마

노력의 환상에 빠져 한국 사회가 병들어가는 데는 그런 환상을 부추기는 정책들이 한몫을 한다. 대학입시제도인 수능을 예로 들어보자. 언제부터인가 매년 수능일이 되면 출제위원들 대부분이 문제를 쉽게 출제했다는 점을 강조해왔다. 만약 어려웠다는 평이 나오면 마치 문제에 오류가 있는 것처럼 해석되고, 출제위원들은 졸지에 대역 죄인이 된다. 그런데 필자는 도대체 시험이 쉬워야 하는 이유가 뭔지 잘 모르겠다. 그 논리는 정상적인 학교수업을 '성실히' 수학한 수험생이라면 무난히 풀 수 있는 문제를 위주로 내서 사교육이 필요 없는 사회를 만들겠다는 것이다. 하지만 이 정책은 시험이 어려우면 공부를 더 해야 하고 그러면 사교육이 늘어날 거라는 초등학생 수준의 단선적인 논리에서 비롯된 것이다. 아니면 국민이 망해가건 말건 상관도 안하는 포퓰리즘 정책의 극치이던지….

우선 시험의 난이도가 학생들에게 어떤 영향을 주는지 한번 살펴볼 필요가 있다. 시험문제가 너무 어려우면, 대부분의 학생이 아예 풀 수 없는 문제가 많아진다. 시험문제가 주관식이어서 어떻게든 풀 수 있는 데까지 쓰고, 그에 대한 부분 점수를 인정하는 경우는 예외지만, 수능과 같이 객관식이 주를 이루는 시험에서는 정답을 몰라도 찍어서라도 답을 쓰게 된다. 전체 30문제 중에 학생들이 평균적으로 25문제 정도를 풀 수 있는 경우에, 결국 찍게 되는 약 5문제의 점수는 운에 의해 결정된다. 하지만 만약 평균적으로 학생들이 20문제만 풀 수 있을 정도로 시험이 어려워지면, 운에 의해 결정되는 점수는 10문제에 해당되고 결국 운의 비중이 두 배가 된다. 만약 2개월을 열심히 공부한 학생이 그렇지 않은 학생에 비해 평균적으로 약 2문제 정도를 더 맞힐 수 있는데, 문제가 너무 어려워서 두 학생 모두 4문제 또는 6문제를 찍어야 한다면 2달간 노력한 학생이 보상받을 확률이 줄어드는 불합리한 상황이 일어나게 된다.

　반대로 문제가 너무 쉬우면 아무런 문제가 없을까? 문제가 쉬워서 상대적으로 많은 학생들이 더 많은 문제를 풀 수 있게 되면 표면적으로는 공정한 것처럼 보인다. 하지만 이 경우에 훨씬 더 많은 학생들이 비슷비슷한 좋은 점수를 받게 되고, 실력에 따른 점수 차이가 자연스럽게 줄어든다(물론 하위권에서는 여전히 차이가 존재하겠지만). 이럴 경우에는 모순적이게도 한 문제만 틀려도 상대적인 순위나 등급이 더 크게 급락한다. 그래서 실력이 아닌 실수로 틀리는 한 문제는 치명적인 결과를 가져다준다. 흔히 자녀를 더 열심히 공부하게 만들고 싶은 부모들은 실력이 있으면 실수도 안 저지른다고, 실수도 실력이라고 주장하지만, 사실 본질적으로 실수는 그냥 실수다. 그리고 그 실수는 운에 의해서 거의 결정된다. 그래서 요즘은 그렇게도 '반수(대학에 입학한 후 재수)'와 '재수'가 많은 거다. 왜? 운으로 결정되는 가위바위보에서 지면 사람들이 제일 먼저 외치는 게 뭔가? 바로 '삼세판'이다. 운으로 결정되는 게임에서 운은 모든 사람들에게 돌고 도니까 될 때까지 해보는 거다. 그래서 도박에 중독성이 생기는 거다. 지금은 잃었지만 다음에는 딸 거라는 착각에 빠지니까.

　만약 시험이 그 사람의 실력을 제대로 반영해야 한다는 당연한 원칙만 생각한다면, 시험이 너무 어렵거나 혹은 너무 쉬워도, 사실 그 시험은 모두 정의롭지 않게 된다. 그런데 시험이 너무 쉽게 출제되면, 어려울 때보다 더 심각한 문제가 생긴다. 한국 사회의 교육판이 죄책감에 휘둘리게 된다는 것이다.

지금의 사교육 문제를 단순히 교육열로 설명하려면, 과거 부모들은 교육열이 적었다고 해야 하는데 과연 타당할까? 과거에도 우리의 부모들은 가능만 하면 소 팔고 논밭 팔아서 자식들을 교육시켰다. 그럼 지금과의 차이는 도대체 무엇일까? 과거에는 좋은 대학에 가려면 진짜 똑똑해야 한다고 생각했다. 하지만 지금은 돈만 있으면 더 좋은 대학에 갈 수 있다고 믿는다. 왜? 시험이 쉬워져서 그렇다. 시험이 쉬워지면, 사교육비를 조금만 더 투자해도 점수가 오를 수 있고, 갈 수 있는 대학이 많아진다는 생각이 상대적으로 더 쉽게 든다. 100만 원만 들이면 한 문제를 더 맞힐 수 있고, 그러면 한 단계 더 좋은 대학에 갈 수 있는데, 누가 마다하겠는가. 그만큼 자녀의 능력이나 재능이 아닌, 돈과 사교육, 정보력과 같은 부모의 노력으로 결과가 좌우될 수 있는 여지가 커진다. 어쨌든 돈을 투자하면, 그만큼의 효과는 나온다. 왜? 문제가 쉬우니까.

반면에, 문제가 진짜 어려우면 돈을 많이 들여도 그 효과는 제한적일 수밖에 없다. 아무리 돈을 들여도, 부족한 재능과 능력처럼 결국 안 되는 건 안 되는 거다.

그런데 이 모든 것이 능력이 아닌 노력에 귀인되고, 자신의 의지대로 할 수 있다는 생각을 강하게 가질수록 불만족스런 결과가 나왔을 때 그 책임은 모두 자신이 질 수밖에 없다. 그래서 우리의 많은 청소년들과 학부모들은 죄책감에 빠져 산다. '내가 더 노력했어야 하는데.' '사교육을 조금만 더 시켰더라면, 할 수 있었을 텐데…'라고. 최선을 다하지 않은 자신을 탓한다.

교육정책 담당자가 반수와 재수를 하는 수험생이 너무 많아서 문제라고 얘기하는 걸 듣고 있으면 미친 사람이 따로 없는 것 같다. 쉬운 수능 때문에 하나의 '실수'만으로도 인생이 바뀌는 운의 세상을 만들어놓고, 이제 와서 왜 그런지를 모르겠다고 하니 그렇다. 쉬운 수능이 사교육을 줄인다며 돈으로 '살 수 있는' 시험제도를 만들어놓고 사람들이 왜 사교육에 돈을 쓰는지 모르겠다고 말한다.

인간에게, 특히 주체성과 심정중심주의가 강한 한국 사람들에게 '나도 할 수 있다'는 착각이 얼마나 잔인한 건지 모르기에 하는 말일 거다. 만약 그걸 알고도 그런다면, 한국의 정치인과 교육정책 담당자들은 진짜 나쁜 사람들이다.

노는 것도 진심을 다할 수 있다

//

한국의 리더들이 제일 좋아하는 것이 폭탄주다. 왜? 폭탄주는 혼자 마시는 일이 거의 없으니까. 폭탄주의 주도酒道는 다 같이 마시는 거다. 누가 나랑 같이 이런 미친 짓까지 할 수 있는지를 확인할 수 있는 최적의 수단이다. 미친놈을 찾아서 자르겠다는 의미가 아니다. 오히려 그 반대다. 빤히 괴로울 줄 알면서도, 누가 그 미친 짓을 나와 기꺼이 하려는 진심을 가졌는지를 확인해보는 거다. 폭탄주를 거부하는 부하직원에게는 그들은 혀를 차며 이렇게 말한다.

"이걸 마셔야 성공한다니까, 그런 자세로는 안 돼. 쯧쯧쯧."

반면에, 폭탄주를 주는 대로 마시는 부하직원에 대해서는 이렇게 생각한다. '이런 힘들고 쓸데없는 일까지 저렇게 열심히 하니, 실제 중요한 일은 얼마나 더 열심히 하겠어.'라고. 하지만 폭탄주를 주는 대로 다 받아 마신 그들은, 다음 날 숙취 때문에 거의 일을 하지 못한다. 화장실을 들락거리며 조느라고 정신없다. 그게 아니면 외근을 핑계로 사우나로 도망을 간다. 그래서 실제 일은 전날 폭탄주를 거부했던, 그들이 진심이 없다고 여겼던 부하직원이 모두 도맡아 한다.

만약 폭탄주를 받는 족족 다 마시는 직원이 다른 어떤 직원보다도 일을 열심히 하려는 진심을 가지고 있다면, 더욱더 그런 직원에게는 폭탄주를 먹이면 안 된다. 만약 그런 일이 반복된다면 그 직원은 건강상 그리 오래 회사에 머무를 수 없을지도 모른다. 그렇게 뛰어난 인재에게 폭탄주를 먹이는 것은 회사에 해를 끼치는 행위다. 그럼에도 한국의 리더들은 오늘도 폭탄주를 돌린다. 도저히 다른 방법으로는 부하직원의 진심을 확인할 만한 창의성이 없기 때문이다.

우리는 과연 없어서 불행할까?

대한민국 대부분의 회사들은 현재 비상경영상태에 들어갔다고 한다. 2008년 이후 세계 곳곳에서, 특히 경제선진국들이 위기에 빠지면서, 세계 경제는 한 치 앞을 내다볼 수 없을 만큼 불확실성이 증가했다. 특히 우리 경제를 견인해왔던 전자, 자동차, 중공업, 철강 등을 수출하는 대기업들이 최근에는 예전만 못한 실적을 보이면서, 한국 산업경쟁력에 대한 의문이 커지고 있다.

미국이나 유럽과 같은 전통적인 시장이 휘청거리고, 그동안 한국 경제의 버팀목이 되어준 중국과 인도 같은 신흥 시장이 어느 순간 생산경쟁국들로 바뀌면서 한국 기업들이 샌드위치 상황에 빠졌다며, 더 이상 미래를 낙관할 수 없다고 아우성들이다. 대표적인 경우가 전자 업계의 실적 악화다. 지난 10여 년 동안 캐시카우 cash cow 역할을 해왔던 반도체와 휴대폰, 스마트폰 시장이 성숙기에 접어들면서 중국과 같은 후발주자들과의 기술 차이가 없어지거나 역전을 당함으로써 수익이 악화되고 있다고 한다. 그래서 기업들이 출장비를 줄인다느니, 교육비나 마케팅 비용 등 각종 지출을 줄인다고 연일 언론에서 호들 갑을 떨고 있다. 일부 대기업을 제외하면 흑자를 낸 기업이 별로 없다는 객관적인 지표와, 수익이 줄어들고 있다는 사실에 근거하면 이런 우려는 합당하다. 그리고 대부분의 국민들의 삶 역시 팍팍해졌다는 각종 조사결과들을 보면, 체감경기 역시 나빠지고 있는 것도 사실이다. 하지만 호들갑을 떤다고 문제가 해결되는 건 아니다. 더 나은 미래를 만들기 원한다면, 현재의 우리 모습과 그 원인에 대한 정확한 진단이 필요하다.

대한민국 경제위기에 대한 논란은 과연 현재가 어렵다는 얘기일까, 아니면 미래가 어려워질 것이라는 우려일까? 국가 전체 수준에서 보면, 무역수지는 2014년도 9월 기준으로 전체 수출액 476억 9,100만 달러이고, 무역수지는 33억 6,000만 달러로, 32개월 연속 흑자를 기록하고 있다. 2011년에 무역 1조 달러를 달성한 한국은 수출로는 세계 7위, 전체 무역은 세계 10위, 국내총생산GDP은 세계 15위, 1인당 국민소득은 2만(20K, K는 1000단위) 달러가 넘고 인구가 5,000만(50M, M은 백만 단위) 명이 넘는 '2050 클럽'에도 가입된 나라다. 2050클럽은 세계에 여섯 나라밖에 없었는데, 우리가 일곱 번째 나라가 된 것이다.

그렇다면 국민 개개인의 삶은 어떨까? 물론 어려운 사람이 아직도 많고, 소득양극화 수치는 계속해서 올라가고 있다. 하지만 1인당 국민소득은 3만 달러를 눈앞에 두고 있고(2015년 기준 2만 8,180달러), 대기업들은 수백만 명의 직원들에게 변함없이 꾸준히 월급을 지급하고 있다. 전 세계 스마트폰 보급률 1위, 인터넷 보급률 1위, 성형수술 비율 1위, 명품 소유율 2위, 한 해 해외여행객 수가 2,000만 명에 이른다. 그런데 국민들이 피부로 느끼는 체감경기는 조금도 나아지지 않았다. 중산층이 빈곤층으로 전락하고 있으며, 경기도 꽁꽁 얼어붙었다. 과연 체감경기가 나쁜 것이 국민들 주머니에 원래부터 돈이 없어서 그런 것일까, 아니면 어딘가에 다 써버려서 돈이 없는 것처럼 느껴지는 걸까?

2015년 9월에 발간된 유럽연합EU의 최신 보고서에 따르면, 한국의 가계지출 중 교육비는 6.7퍼센트에 달한다. 미국의 2.4퍼센트나 EU의 1.1퍼센트보다 월등히 높은 비율로 G20 국가 중 최고치를 기록했다. 이처럼 대한민국 가계부담의 블랙홀은 역시 교육비라는 사실이 국제통계자료를 통해서 확연히 드러난다.

전 세계에서 가장 높은 대학진학률을 생각하면 당연한 결과다. 연간 초중고등학생을 대상으로 한 사교육비 지출 규모는 20조 원 정도다. 여기에다 공교육에 들어가는 비용까지 계산하면 그 규모가 어마어마하다. 또 대학에 진학한 이후에는 어떨까? 4년제 대학 평균 연간 등록금 633만 원에 학생 수 225만 명을 곱하면 14조 원이 넘는다. 또 전문대학까지 합하면 그 규모는 더 커진다. 더구나 대학생 1인당 사교육비도 평균 20만 5,000원이라니 그 규모만 해도 7,000억 원대다. 이 모두를 합치면 아마 교육비만 연간 35조 원이 넘을 것이다. 이 엄청난 규모의 돈이 매년 새롭게 교육비로 지출된다. 즉, 국민의 주머니에서 나온다는 얘기다.

교육비뿐만이 아니라 우리나라 국민들의 소비수준은 대부분의 분야에서 세계 최고다. 예를 들어, 1인당 석유소비량도 세계 5위권(2008년도 기준)이고, 국내 수입명품 시장의 규모는 연간 5조 원 규모로 세계 2위다. 인구당 성형수술 건수는 세계 1위다. 해마다 25조 원어치의 음식물쓰레기가 버려지고 있을 만큼 식량자원 낭비도 심각하다. 이 모든 것이 국민의 주머니에 들어갔던 돈을 소비해서 만들어지는 수치들이다. 과연 우리나라 사람들이 체감하는 경제적 어려움이 원천적으로 수입이 적어서일까, 아니면 상대적으로 너무 많이 소비해, 특히 쓸데없이 낭비해서일까를 고민해보지 않을 수 없다.

한때 민주화 운동과 노동 운동의 상징으로, '박해받는 노동자의 해방'이라는 필명으로 우리에게 잘 알려진 박노해 씨는 사진작가로서 전 세계를 둘러보고 이런 말을 남긴 바 있다.

"이제 우리나라에는 가난한 사람은 없다. 부자가 되지 못한 사람들만 있다."

물론 말 그대로 가난하고 어려운 사람이 전혀 없다는 얘기는 아니다. 그들을 보살필 필요가 없다는 얘기도 아니다. 전 세계 69억 인구에 비춰보면, 한국인들 대부분의 소득, 특히 소비수준은 아마 세계 최고일 거라는 얘기일 것이다.

그런데도 국민들은 나라가 심각한 위기에 빠졌다고 난리를 치고 있다. 그러면서 지금 누리고 있는 사치(세계적으로 보면)를 조금이라도 잃을까 봐 두려워하며, 더 벌어야 한다고 외치고 있다. 물론 모든 조건이 똑같다면 풍요로운 것이 그렇지 않은 것보다, 더 소유하는 것이 그렇지 않은 것보다, 더 소비하는 것이 그렇지 않은 것보다 더 좋을 수도 있다. 하지만 이 세상에 공짜는 없다. 더구나 이미 90만큼 가지고 있는 것을 91이나 95만큼으로 올리기 위해서는 엄청난 희생이 필요하다. 마치 10시간의 수면시간을 9시간으로 줄이려고 할 때와 5시간의 수면시간을 4시간으로 줄이려고 할 때, 그 한 시간은 똑같은 한 시간이 아닌 것과 같다. 오히려 우리의 역량을 현재 50만큼만 가지고 있는 것 또는 20밖에 가지고 있지 않은 부족한 것을 채우는 데 쓰는 것이 훨씬 더 효율적일 수 있다. 그렇다면 우리가 가지고 있지 않은 것은 뭘까? 돈, 자동차, TV, 교육, 넓은 집…. 과연 이런 것들일까?

우리에게 가장 부족한 것이 무엇인가에 대한 질문의 답은 의외로 쉽다. 자신이 하루에 쓰는 자원, 대표적으로 시간이나 돈을 가장 많이 쓰는 활동과 가장 적게 쓰는 활동이 무엇인지 순서대로 나열해보자. 앞에서 얘기했듯이, 일상에서 조금만 더 있었으면 좋겠다고 생각하거나 당연히 부족하다고 여겼던 것들은(객관적으로 거시적인 측면에서 보면) 대부분 이미 우리의 삶에 충분하다. 그에 반해, 우리 삶에서 가장 작은 비중을 차지하는 것들, 그래서 가장 부족하다고 느끼는 것들이 있다. 바로 '여가', '즐거움', '삶의 의미'와 같은 추상적인 것들이다. 이것은 우리와 생활수준이 비슷한 나라들과 비교해보면 보다 명확해진다. 우리의 삶에서 무엇이 많아서 문제이고, 무엇이 부족해서 문제인지가.

한국인의 근로시간은 연간 2,163시간으로 OECD 국가 중 멕시코에 이어 두 번째로 많다. OECD 평균 1,770시간보다 1.3배를 더 일하고 있는 셈이다. 성인만 그런 게 아니다. 청소년의 학습시간도 OECD 국가 평균은 33시간인데, 한국의 청소년들은 49시간이다. 앞에서 얘기한 사교육을 포함한 교육비용을 고려해보면, 우리 학생들이 뭔가를 덜 배워서 문제가 아니라는 것은 확실하다.

가장 많이 일하고 가장 많이 공부하는 우리의 현실은 어떤가? 이미 잘 알려진 것처럼 우리나라는 '수년째 자살률 세계 1위'라는 불명예를 안고 있다. 이혼율, 실업률은 OECD에서도 가장 높은 수준이다. 반면, 학습동기나 행복지수는 최하위를 다투고 있다.

필자와 같이 해외에서 살아본 사람들이 거의 한결같이 하는 얘기들이 있다. 경제적인 측면이나 물질적인 측면에서는 선진국과 비교했을 때 이제 우리나라도 뒤처지지 않는다고. 여행을 가봐도 그렇다. 원시림이나 대자연이 펼쳐진 나라에 간다면 몰라도, 웬만한 세계적인 도시는 한국과 별다를 게 없다. 음식이나 서비스, 각종 편의시설 등 우리 삶을 편안하게 해주는 것들은 모두 비슷하다. 하지만 가장 차이가 나는 것이 한 가지 있다. 바로 그들의 삶의 자세, 즉 자연스러운 일상의 습관이나 가치들은 너무나도 크게 차이가 난다.

모두가 그렇지는 않지만, 대부분 선진국의 평범한 사람들은 우리처럼 더 많은 돈을 벌기 위해, 더 많은 것을 가지기 위해 무조건 노동시간을 늘리지 않는다. 단지 일을 하지 않으려는 것이 아니라, 그렇게 비워둔 시간을 자신이 진심으로 원하는 것으로 채우고 있다. 돈이나 출세, 물질적인 획득을 포기할 만큼 중요한 가치, 즉 가족, 친구, 여가, 여유, 봉사와 같은 것들 말이다. 단적인 예로, 선진국의 대부분의 학교가 주말이나 연휴 직전에는 숙제를 내주지 않는다고 한다. 왜? 숙제 때문에 학생들이 맘껏 놀지 못할까 봐. 우리나라는 어떤가? 오히려 주말이나 연휴 직전에는 더 많은 숙제를 내주고, 심지어 꼭 연휴 직후에 시험을 본다. 왜? 주말과 연휴 동안 놀지 말고 공부하라고.

결핍의 사회와 성숙의 사회

선진국과 우리 사회의 이러한 차이는 바로 한 사회를 지배하는 인간의 행동에 대한 관점의 차이다. 한국 사회는 아직도 인간행동이 본능적 쾌락주의의 원리를 따르는 것으로 인식하고 있다. 이런 원리를 따르는 대표적인 욕구가 식욕, 성욕, 수면욕 등이고, 이들은 기본적으로 항상성Homeostasis의 원리를 따른다. 항상성이란, 무엇이든 부족한 것이나 지나친 것을 바로잡아서 일정한 상태를 유지시키고자 하는 특성이다. 인간에게는 본능적으로 유지하려는 기본default 상태가 존재하는데, 배고프지 않은 상태, 성욕이 만족된 상태, 편안한 상태, 피곤하지 않은 상태가 그것이다. 이런 상태에서 벗어나게 되면 인간은 불편을 느끼고 다시 기본 상태로 돌아가려는 동기가 생기는데, 결국 이 동기가 인간행동을 지배한다고 한다. 즉, 항상성의 원리에서 가장 중요한 것이 결핍이며, 그 결핍된 무엇인가를 만족시키는 것이 중요해지는 것이다.

인류의 역사 역시 최근 약 200년 정도를 빼고는 기본적으로 결핍의 연속이었다. 태초부터 인간은 오랜 세월 동안 부족한 식량, 매서운 추위, 갖가지 질병, 불편한 잠자리, 위험한 맹수들에게 노출된 채 살아왔다. 그래서 인간의 본능적인 욕구 시스템이 항상성의 원리에 지배받는다는 것은, 진화심리학적 관점에서 보면 당연하다. 특히 한국인들에게 근현대사는 모든 것이 결핍되었던 너무나도 가혹한 시대였다.

일제강점기와 전쟁을 겪으면서 한국인들은 생존에 필요한 최소한의 것들조차도 가질 수 없었다. 이러한 지독한 결핍의 경험은 우리의 심리체계에 결여된 그것들에 대한 집착을 만들어냈다.

하지만 전 세계에서 유례없는 경제·사회·정치적 성장을 이루어낸 우리 사회는 객관적으로 보면 더 이상 결핍의 시대를 겪고 있지 않다. 계속해서 결핍의 요소에 관심을 가지고 모든 것을 결핍으로 이해하려고 해서 그렇지, 사실 우리는 엄청나게 풍요로운 시대를 살고 있다. 단지 풍요가 너무 급작스럽게 찾아와서, 우리의 심리 시스템이 이를 쫓아가지 못하고 있을 뿐이다. 그렇다면 그런 풍요가 오랜 기간에 걸쳐 천천히 발전함으로써 국민의 심리 시스템이 그에 맞춰 안정적으로 변화되어온 선진국들에는 우리와 어떤 관점의 차이가 있을까?

이들의 인간행동에는 성숙flourish의 원리가 작용한다. 결핍된 욕구를 채우기 위해서가 아니라 자신의 존재와 가치를 확인하고 마음껏 발현하려는 동기로 인간의 행동을 이해하는 것이다. 엉금엉금 기어다니는 아이들이 수많은 실패에도 불구하고 끊임없이 걷기를 시도하고, 굳이 어떤 보상이나 혜택이 없어도 무언가를 완성master하거나 향상시키려는 노력, 자신이 좋아하는 것과 잘할 수 있는 것이 무엇인지를 찾으려는 시도와 고민이 바로 이런 원리로 설명된다.

이런 성숙의 사회는 결핍의 원리가 지배하는 사회와 달리 획일적이지 않다. 몇 가지의 본능적인 결핍에서 비롯된 동기가 지배하는 사회는 그 구성원들의 행동이 비슷해질 수밖에 없다. 하지만 성숙의 사회에서는 개개인이 스스로 찾은 무언가를 추구하기 때문에 그 행동이 다양해질 수밖에 없다. 어찌 보면 서로 이해할 수 없는 짓을 하는 미친놈들이 늘어나는 것이다. 즉, 돈에는 관심도 없고, 성공에도 시큰둥하고, 결혼도 하지 않고, 취업도 하지 않고, 학교도 안 가고, 남들이 안 하는 뭔가를 평생토록 추구하는 한마디로 '돌아이'의 천국이 된다(한국 사람의 눈으로 보면). 아직 결핍의 원리에 지배당하는 우리 사회에서는 이런 미친놈들에게 처절한 사회적 제재를 가하지만, 성숙의 사회에서는 그들을 내버려두다 못해 격려와 지지를 아끼지 않는다. 그런데 이 미친 다양성이 바로 우리 사회에서 가장 필요하다고 말하는 창의성이다. 여기까지 봤을 때, 우리 사회가 창의적이지 못한 이유는 꽤 근본적이고 뿌리가 깊다고 할 수 있다.

못 놀아서 생긴 병이 더 안 논다고 고쳐질까?

성숙의 사회로 가는 가장 좋은 지름길은 각자 알아서 노는 것이다. 삶의 질이나 만족도 면에서 상위권을 기록하는 나라들이 공통되게 중요하게 여기는 것이 바로 여가인식, 여가시간, 여가기회이다. 반면, 우리는 바쁘고 정신없는 삶을 살며, 제대로 된 여가를 즐기지 못하는 게 현실이다.

원래부터 한국 사람들이 놀지 않는 문화를 추구했던 것은 아닌 것 같다. 문화심리학자인 한민 박사는 이 점에 대해서 다음과 같이 지적한다.

"한국 문화를 가장 잘 묘사하는 표현 중 하나가 '신명의 문화'라고 할 정도로 우리 민족은 신이 나서 뭔가를 하는 흥이 많은 사람들이었다."

즉, 우리는 농사일을 하면서도 노래와 춤을 즐겼고, 풍류를 즐기던 문화를 가지고 있었다. 하지만 일제강점기와 전쟁을 거치면서 가난과 고통에 대한 두려움이 모두의 가슴 깊숙한 곳에 박이고 말았다. 폐허가 된 나라를 복구하고 경제성장을 이뤄내면서 한국인 특유의 신명은 생산과 노동에 종속되기 시작했다. 일할 때만 신명이 나야 하고, 빡세게 일한 이후에 음주가무로 미친 듯이 노는 걸 신명이라고 착각하기 시작했다. 게다가 이 불안감은 한국의 심정중심주의를 만나면서 더욱 증폭되었다. 진심을 다해야 한다는, 그래야 원하는 것을 얻을 수 있다는 두려움이 사람들의 마음을 짓눌렀다. 그 논리는 지금도 여전하다. 내 할 일만 하면 된다고 생각하는 사람을 '얍삽'하다고 생각한다. 자신에게 이득이 되건 손해가 되건 시키지 않은 일도 항상 묵묵히 하는 사람을 롤모델이라 얘기한다. 한결같이 곰처럼, 소처럼 일하는 사람을 말이다. 어찌 보면 그 전통은 아주 오래전부터 지속된 것으로 보인다. 단군신화에서도 나오지 않는가. 미련스러울 정도로 끝까지 참고 버틴 곰만이 인간이 되었다고. 이런 인고의 진심이 통할 거라고 믿는 사회에서는 함부로 놀면 안 된다. 왜? 왠지 벌 받을 거 같으니까….

최근 우리 사회가 안고 있는 수많은 문제를 해결하는 방법이 무엇인지 돌아보자. 자살률의 문제는 빈곤과 같은 경제적 원인으로 쉽게 귀결된다. 실업률도 경기가 나빠서 또는 구직자가 뭔가 부족해서라고 말한다. 행복지수가 낮은 것도 소득양극화와 같은 사회경제적 문제로 설명된다. 학습동기가 낮은 것은 공부를 제대로 하지 않아서라고 한다. 즉, 뭔가 부족해서 그러니 더 채워야 한다고 한다. 그래서 더 열심히 하라고 부추긴다. 삼성전자는 분기별 영업이익이 4조 원이 넘지만 비상경영체제에 돌입하며, 그동안 실시해왔던 'work smart'에서 다시 'work hard'로 돌아가고 있다.

2014년 추석 연휴에 처음 실시된 대체공휴일 제도를 도입하는 과정에서 관련 토론회에 참석했을 때 일이다. 경제계는 기업경영의 어려움과 비용 증가를 이유로 반대 의견을 내세웠다. 그런데 재미있게도 경제계에서 제시한 경제지표 중의 하나가 제품재고율의 증가였다. 재고율의 증가는 만들어놓은 상품 중에 팔리지 않는 비율이 증가하는 건데, 과연 대체연휴 없이 열심히 일해서 더 만드는 것이 재고율의 감소로 이어질까? 이 점을 지적했을 때, 경제계를 대표하는 인사들은 대부분 꿀 먹은 벙어리였다.

과연 지금 한국의 경제상황, 특히 대기업이 아닌 중소기업의 어려움이 생산의 문제일까? 더 많이 만들지 못해서 일어나는 문제일까, 아니면 물건을 만들었는데 그것을 소비하지 않는 소비의 문제일까?

결핍의 원리에 지배를 받는 한국 사람들은 소비행동에도 다양성이 없다. 모두 비슷한 것을 먹고, 비슷한 것을 사고, 더 크고 더 화려한 것을 많이 소비하려 한다. 또 대부분이 먹고 마시는 데서 즐거움을 얻는다. TV 채널만 돌렸다 하면, '먹방(먹는 방송)', '쿡방(요리하는 방송)'이 나오고, 주말마다 고속도로는 지방 곳곳에 있는 맛집을 찾아가서 먹고 오려는(먹는 것 빼고는 별로 하는 것도 없는지) 차들로 가득하다.

사람들은 각자의 경제 규모에 맞지도 않는 큰 가전제품을 구매하고 큰 자가용을 유지하면서 쓸 돈이 없다고 아우성이다. 예비 신혼부부들도 살림을 장만하고 예식을 준비하는 과정에서 과도하고 무리하게 지출한다. 작은 집에 큰 벽걸이 TV, 대용량 냉장고를 갖추고 있고, 일생에 한 번뿐이라는 이유로 몇천만 원을 들여서 결혼식을 치른다. 실제로 결혼식은 판에 박힌 듯 공장에서 찍어내는 것처럼 대동소이한데도 말이다. 남들은 다 하는데 나만 안 하면 불안하니까, 더 큰 TV와 자동차는 필수품이 아닌데도, 마치 절대 없으면 안 되는 결핍의 무언가로 인식한다.

한국 사람들 대부분은 결핍이 가져다준 불안 속에서 더 열심히 일하고 공부해야 한다고 얘기한다. 왜? 그 부족한 결핍을 채우기 위해서다. 더 열심히 일하고 더 열심히 공부하면 실업률이 내려가고, 자살률이 내려가고, 궁극적으로 행복해질까? 아니, 정반대다. 사람들이 열심히 일을 하지 않아야 일자리도 늘어난다. 아무도 연장근무, 초과근무를 하려 하지 않고 주말근무를 기피할 때, 새로운 사람에게 일자리가 나누어진다.

열심히 뭔가를 했는데도 그게 잘 안됐을 때 사람들은 더 억울해하고 좌절하고 삶을 포기하고 싶어진다. 오히려 인생에 있어 성공이 굳이 중요하지 않고 남들과의 경쟁에서 반드시 이기지 않아도 된다고 생각하는 사람이 많을수록 자살률은 내려가고 행복지수는 올라간다.

성공과 경쟁을 버리라는 것이 인생을 막살고 꿈을 포기하라는 얘기가 결코 아니다. 한국 사회의 모든 젊은이가 공부로 승부할 필요가 없다는 얘기다. 공부를 포기하면, 대신에 더 많은 기회가 생긴다는 것을 생각해봐야 한다는 것이다. 예를 들어, 대학진학률이 현재의 절반으로 떨어진다면, 한국 사회에서 교육비에 들어가는 35조 원의 절반 정도는 어딘가 다른 데 쓰일 것이다. 만약 그 절반이 국영수와 같은 공부가 아닌 재능을 교육시키는 데 사용된다면, 어쩌면 SKY 대를 나오지 않은 사람들에게 더욱 다양한 성공의 기회가 주어질지도 모른다. 자녀교육에만 맹목적으로 사용되던 돈이 복지나 가족의 여가활동을 위해 쓰일 수 있으면 얼마나 좋겠는가. 비용적 측면뿐만 아니라 시간적 측면에서도 그렇다. 이미 세계 최장의 근무시간과 학습시간에 찌들어 있는데도, 더 노력하면 더 많은 걸 가질 수 있고 행복해질 수 있다고 얘기한다면, 그건 누가 봐도 미친 소리다.

단적인 예로, 저녁과 휴일이 없는 삶을 사는 직장인들은 대개 회사가 위치한 시내 중심가의 가게나 상점을 이용하게 될 확률이 높다. 하지만 이들이 덜 일하게 되면, 이들의 소비는 동네나, 지방, 소규모 상점으로 옮겨갈 확률이 높아질 것이다. 야근이나 회식이나 주말 연장근무를 안 하는데 시내 한가운데서 돈을 쓸 일은 당연히 없을 것이다.

이렇게 휴일을 휴일답게 지내면서 아이들과 축구를 하다가 동네 맛집을 가거나, 저녁에는 집 근처 호프집에서 아내와 함께 맥주 한잔 할 수 있는 여유도 생긴다.

경제양극화를 걱정하고, 국민 모두가 잘사는 사회를 고민하고, 나눔의 경제를 논의하지만, 결국 이 문제를 현실적으로 실천하는 방법은 국민이 좀 더 노는 것이다. 그래야 일자리도 더 생기고, 동네 상권도 살아나고, 부부와 아이와 함께하는 시간도 늘어난다.

창의성은 수단이 아니다

우리 사회의 리더들은 지난 70년간 죽어라 열심히 일해서 지금의 대한민국을 일으킨 장본인들이다. 이들이 세상을 보는 관점은 바로 결핍의 원리다. 그럴 수밖에 없다. 찢어지게 가난하게 태어나 악착같이 살아서 엄청난 발전을 이뤄낸 산증인이니까. 그래서 이들은 아직도 배고프다. 이들에게는 노는 걸 좋아하거나, 즐기면서 산다거나, 성공이나 경쟁에 목숨 걸고 싶지 않다는 사람이 배고픔을 경험하지 못한 철없는 어린아이에 불과하다. 경기침체가 날로 심해지고 우리 사회의 경쟁력도 점점 더 떨어지자 보다 못한 이들이 나섰다. 이들이 찾아낸 해결방법은 바로 다시 한 번 '새마을 운동'이다. 심지어 이들은 창의성마저도 '새마을 운동' 정신으로 교육하겠다고 한다. 이들은 도저히 이해가 되지 않을 것이다. 창의성은 교육의 양을 줄일 때(물론 적정 수준까지) 생기는 것이지, 똑같이 교육한다고 얻어지는 것이 아니라는 사실을. 뭔가를 더 크고, 좋고, 빠르게 만드는 것만으로는 우리의 경제가 살아나지 않는다는 사실을. 국민들에게 열심히 공부하고 일하면 모두가 승자가 될 수 있다고 얘기하는 것이 대국민 사기라는 것을. 경기가 어렵다는 이유로 출근시간을 당기고, 근무시간을 늘리고, 생산을 늘리고, 학습시간을 늘리라는 자신들이야말로 결핍의 마음에서 결코 벗어나지 못한 '졸부'라는 진실을.

우리보다 삶의 질이나 만족도가 높은 선진 사회들은 모든 국민이 다 부자라서가 아니라, 많은 국민이 부자가 될 필요가 없다고 생각하기에 성숙한 사회이다.

과거에, 의식주의 해결이 곧 잘사는 것이었던 결핍의 시절에는 잘 살기 위해 해야 하는 것들이 빤히 정해져 있었다. 이때는 뭘 하느냐가 아니라, 얼마나 열심히 하느냐가 중요했다. 즉, 고통과 노력의 양이 미래를 결정했던 시대였다. 마치 길이 정해져 있을 때, 누가 얼마나 빨리 달리느냐가 중요하듯이 말이다. 하지만 이제는 그 길이 수천 가지, 수만 가지로 늘어났다. 잘사는 것이 도대체 무엇을 의미하는지는 너무나도 다양해졌다. 따라서 그냥 열심히 빨리 달려가는 게 아니라, 어느 방향으로 가는지가 훨씬 더 중요해졌다. 이때 필요한 것이 창의성이다. 창의성은 잘살기 위한 수단도, 공부를 잘하기 위한 조건도 아니다. 누구나 자기가 원하는 삶을 살아가기 위해 꼭 필요한 게 창의성이다.

2015년 5월, 국민여가활성화기본법이 제정됐다. 국민의 쉴 권리를 보장하고 일과 여가의 균형을 이루자는 것이 이 제정안의 취지다. 선진국에서는 이미 오래전부터 시행되고 있는 정책으로, 사실 이런 법이 필요 없을 정도로 그들은 개개인마다 매우 다양한 취미, 여가활동을 즐기며 일과 삶의 조화를 추구하고 있다. 성공을 지향하는 대신 이들은 자신의 존재와 삶의 의미를 확인시켜줄 더 큰 성숙의 가치를 가지고 있는 것이다. 이제라도 우리도 이 법이 제정된 것이 다행이다. 사실 이런 삶의 가치는 법이나 교육을 통해 강제하거나 배워서 생기는 것이 아니다. 살아가는 동안 마음의 여유가 주어질 때 스스로 찾고 정하는 것이다.

결핍의 시대는 이제 끝났다. 다만 한국인들이 여전히 부족하다고 느낄 뿐이다. 이제는 결핍의 사회에서 성숙의 사회로의 전환이 필요하다. 성장과 생산, 경쟁을 추구하는 결핍의 마음에서 벗어나야지만 비로소 우리의 마음속에 사회정의, 복지, 양극화 해소, 휴머니즘과 같은 개념이 들어설 수 있다. 한국인이 원하는 사회를 만드는 방법은 우선 잘 놀아보는 것이다. 이제 진심으로 놀아야 되는 시대가 되었다.

태어날 때부터 가진 자들의 외로움

//

부의 대물림, 재벌그룹의 경영권 세습, 재벌 2, 3세들의 골육상쟁과 같은 주제는 항상 한국 사회의 뜨거운 감자다. 여론은 이런 것들에 대해 당연히 부정적이다. 일반 국민의 입장에서는 많은 부유층과 재벌이 때로는 법률의 맹점을 이용한 교묘한 방법으로 불법증여나 상속을 하면서도, 납세라는 국민의 의무를 다하지 않는 모습을 자주 봐왔기 때문이다. 물론 탈세와 절세의 경계가 작위적인 측면이 있고, 세법의 맹점을 찾아주는 천재적인 변호사가 사방에 널려 있는 현실에서 가능하면 세금을 덜 내려고 하는 마음은 가진 자나 가지지 못한 자에게나 똑같을 수 있다. 재벌 상속자들은 세율을 1퍼센트만 낮춰도 어마어마한 금액을 줄일 수 있으니, 그 유혹이 더 크게 다가온다는 것도 이해는 간다. 하지만, 그 세금을 다 내고도 대부분의 국민들은 대대로 구경도 못해 볼 재산을 공짜로 얻는데도 불구하고, 더 많은 이득을 얻기 위해 수단과 방법을 가리지 않고 아등바등하는 모습은 분명히 탐욕적이다.

우리가 어떤 사람이 식탐이 있다고 얘기할 때, 너무나 오랫동안 굶주려서 음식을 허겁지겁 많이 먹는 사람을 가리켜 그렇게 말하지는 않는다. 배가 부른데도 불구하고 음식만 보면 환장하는 사람을 가리켜 식탐이 있다고 얘기한다. 그런 의미에서 평생 다 쓰지도 못할 돈을 가지고도, 더 많은 걸 가지려고 눈에 불을 켜고 있는 재벌들은 분명 탐욕스러운 것이 맞다.

남이 하면 상속, 내가 하면 자식사랑

문제는 국민이 이런 재벌들을 탐욕적이고 부정적으로 보아도, 자본주의 사회에서 부와 경영권의 승계를 완전히 막을 수는 없다는 사실이다. 물론 막아야 하는 근거도 명확하지 않다. 역사적으로 보았을 때도 한국만 아니라 대부분의 나라에서도 항상 같은 일이 일어나고 있다. 〈포춘〉지가 선정한 전 세계의 500개 기업 중에서 약 3분의 1 정도가 경영권을 가족에게 승계했다고 한다. 심지어 개인 자산이나 경영권을 인정하지 않는 공산주의나 사회주의 국가에서도 부의 세습은 항상 일어났었고 또 일어나고 있다. 어찌 보면 그들은 국가 전체의 경영권을 세습한다고도 볼 수도 있다. 이렇게 그 사회에서 가치 있는 자원(현대 사회에서는 일반적으로 금전적 재화)을 자신의 후대에 물려주려는 것은, 인간의 당연한 본성이다. 그리고 인간이 다른 동물보다 훨씬 더 강하게 가지고 있는 양육본능(후손이 더 잘되기를 바라는 마음과 지원)의 결과라고도 볼 수 있다. 사실 이러한 동기가 바로 인간 사회를 발전시킨 원동력일 수 있다. 일반적으로 자손이 있는 사람에 비해 자손이 없는 사람들이, 세속적 성공이나 축재에 더 초월적이라는 것을 우리는 경험적으로 알고 있다. 아마 그래서 불교나 천주교와 같은 많은 종교의 성직자들이 결혼을 금지당하고 있는 건지 모르겠다. 종교적인 신념도 자기 자식에 대한 욕심을 이기기는 쉽지 않다는 진리를 안 선지자들의 지혜로운 규제라고나 할까. 최근의 대형 교회에서 일어나는 갈등과 추문을 봐도 알 수 있다. 그 중심에도 세습과 재산상속이 있었다.

하지만 이렇게 당연히 자기의 자손이 잘됐으면 하는 부모의 본능적 욕구로 재벌의 세습을 이해하려고 하면, 정작 더 근본적이고 중요한 질문이 남는다. 실제로 그 세습된 재화와 경영권이 그 자손들에게 궁극적으로 도움이 되고 그들을 더 행복하게 해줄까? 미래의 일을 정확히 예언하는 것은 가능하지도 않고, 모든 재벌 2, 3세가 다 똑같지 않기에 일반화하기도 힘들다.

경영권을 물려받은 그들이 경영에 성공할 것인지, 인간으로서 행복할 것인지에 관한 내기에 필자가 진짜로 돈을 걸어야 한다면, 심리학자로서 주저 없이 '실패한다'와 '불행해진다'에 걸 것이다. 실패하고 불행했으면 하는 질투나 저주가 아니다. 심리학적으로 그럴 확률이 높다는 얘기다.

재벌은 아무나 하나?

재벌 2, 3세가 성공하기 힘들 거라는 예측은 '평균으로의 회귀'라는 자연의 법칙으로 설명할 수 있다. 평균으로의 회귀란, 한 극단적인 사건에는 일반적으로 그보다는 덜 극단적인 사건이 뒤따른다는 단순한 원리다. 예를 들어 얘기하자면, 평균 키가 170센티미터 정도 되는 한국 남자들 중에 무작위로 한 명을 뽑았는데 그 사람의 키가 180센티미터였다고 치자. 그 다음에 또 한 사람을 뽑으면 앞서 뽑은 사람보다 키가 클 확률보다, 그보다 작아서 평균인 170센티미터에 가까운 사람이 나올 확률이 높다는 얘기다. 같은 논리로 부모가 평균보다 키가 크면 그 자녀는 부모보다 키가 작아서 평균에 더 가까울 확률이 높고, 부모가 평균보다 키가 작다면 자녀의 키는 부모보다는 더 클 확률이 높다.

특히 아주 예외적으로 극단적인 사건이 일어났을 때는 더욱 그렇다. 진짜 극단적인 사건이나 사람은 몇 가지 극단적인 요인들의 조합에 의해 일어난다. 한 요인이 극단적이기도 힘든데, 수많은 요인이 동시에 극단적이고 또 그들이 연합하여 굉장히 극단적인 사건을 일으켜야 하니, 얼마나 일어나기 어려운 일이겠는가. 그렇기 때문에 일어나기 힘든 일이 일어난 뒤에 그와 같은 일이 또 연달아 일어나기보다는, 좀 덜 극단적이고 평범한 사건이 일어날 확률이 당연히 높다. 아인슈타인의 자손 중에 어느 정도 머리가 좋은 사람은 있어도, 그와 같은 천재적 두뇌를 가진 후손은 없었다. 매우 잘생기고 아름다운 사람의 자녀를 보면, 평균보다는 잘생기고 아름답지만 부모에 비하면 실망스러울 때가 많다. 타이거 우즈의 아들이 골프를 어느 정도 잘할 수는 있어도, 타이거 우즈와 같은 수준은 되기 힘들 거다. 아인슈타인급의 천재, 김태희급의 미인, 타이거 우즈급의 골퍼는 대부분 우리가 누군지도 모르는 평범한 부모 밑에서 태어났고, 앞으로도 계속 그럴 거다(확률적으로 그렇다는 얘기다). 이게 바로 부모가 엄청 잘났는데 그 자식마저도 너무 잘나서, 그들을 보면서 배 아파할 일반인의 고통을 줄여주는 착한 법칙, '평균으로의 회귀'이다. 세상은 참 공평하지 않은가. 최소한 여러 세대에 걸쳐서 보면….

한국의 재벌 창업자들 대부분이 그랬듯이, 아무것도 없는 빈손으로 재벌그룹을 이루는 것은 누구나 할 수 있는 게 아니다. 혹자는 마치 자기도 할 수 있는데 안 한 것처럼, 마치 정부의 특혜만 있으면 자신도 여느 재벌처럼 될 수 있었다고 자신을 위로하고 산다. 하지만 실제로 왜 그렇게 안 했냐고 물으면 그들은 대답할 적당한 말을 찾지 못한다. 정부의 특혜는 아무한테나 주어지는 게 아니다. 받기를 원하는 수많은 사람 중에 가장 준비된 자에게 돌아가게 되어 있다. 대부분의 창업자는 원래 가진 게 없었지만(그래서 창업자다), 특혜를 받기 전에 이미 준비를 하고 있었던 소수의 사람 가운데 하나였다. 물론 억세게 운이 좋았다고 얘기할 수도 있지만, 그 성공을 전부 운 때문이라고 단순화해버리면, 대부분의 국민이 지지리도 운 없는 사람이 되어버린다. 그냥 재벌 창업자가 전체 국민 중에 몇 퍼센트 정도인가라는 단순한 자료만 생각해봐도, 그들이 얼마나 예외적인 사람들인지 알 수 있다. 그들은 재벌이 되어서 예외적일 수 있지만, 예외적이어서 재벌이 된 것도 사실이다. 좋은 쪽이건 나쁜 쪽이건, 한 가지 측면이건 여러 가지 측면을 종합한 결과이건, 그들은 분명히 재벌이 아닌 일반 사람들과 비교하면 극단적인 존재다. 문제는 이렇게 한 세기에 몇 명 나오기도 힘든 예외적인 사람의 자녀도, 그들만큼 예외적인 사람이 될 가능성이 얼마나 될까 하는 것이다.

삼성그룹의 창업자인 고 이병철 회장이나 현대그룹의 창업자인 고 정주영 회장과 같은 사람은 1,000만 명 중에 한 명, 좀 더 관대하게 잡아도 100만 명 중에 한 명 나올까 말까 한 인물이다. 이들의 2세가 또 100만 명 중에 한 명 정도의 예외적인 사람이려면, 100만 분의 1의 확률에 100만 분의 1을 또 곱해야 한다. 문과 출신인 필자는 이제는 계산도 안 된다. 물론 물려받은 자원과 최고의 교육, 물심양면의 지원이라는 변수를 고려하더라도, 이것은 초극단적으로 낮은 확률이다. 그래서 많은 기업들이 2세에게 상속되었을 때, 흔적도 없이 사라지는 경우가 많은 것이다. 그런데 삼성과 현대에는 그런 초극단적인 사건이 벌어졌다. 이건희 회장과 정몽구 회장은 경영 능력 면에서 그 아버지에 버금가거나 능가한다는 평가를 받는다. 그랬기에 국내 최고의 이 두 재벌기업이 오늘날 세계 1위를 달성했거나 달성을 노리는 초일류 기업이 된 거다. 이건희, 정몽구 회장 본인들뿐만이 아니라 기업 그리고 국가 차원에서도 이는 엄청난 행운이었다.

하지만 이런 행운이 또다시 일어날 수 있을까? 100만 분의 1의 제곱에다가 100만 분의 1을 또 곱하면, 도대체 그 확률을 표현할 숫자가 있긴 할까? 그런 재벌그룹을 물려받는 재벌 3세들이 그 할아버지와 아버지처럼 뛰어나다면, 20년쯤 후에는 이들 기업이 우주 최강의 자리를 놓고 경쟁하고 있을 거다. 그런데 3대에 걸쳐서 국내 최고, 세계 최고급의 경영자가 탄생하는 것을 기대하는 것이 과연 합리적일까? 군이 선대 회장들처럼 회사를 발전시키지 않더라도, 이미 세계 정상급인 재벌기업을 현 상태로 유지하는 것만으로도 엄청난 능력이 요구될 것이다. 아마 이걸 유지하는 것만도 100만 분의 1의 극단적인 능력을 가진 자만이 할 수 있지 않을까? 그런데도 한국 사회는 이들에게 할아버지와 아버지만큼의 기업성장을 보여주길 기대한다.

'왕자의 난'은 숙명인가?

현재 재벌의 가업승계가 걱정되는 또 다른 이유는 좀 더 심리학적이다. 앞에서 얘기했듯이 그런 뛰어난 자질을 가진 후계자가 나올 확률이 통계학적으로 적기에, 그나마 경영자질이 가장 뛰어난 자녀를 선택해서 경영권을 승계하는 것이 중요하다. 하지만 과거에 비해 그 선택의 여지가 현저히 줄었다. 고 이병철 회장은 슬하에 3남 5녀를, 고 정주영 회장은 8남 1녀를 두었다. 창업자의 형제도 많았다. 그때는 최고의 교육과 실제 현장경험 등 다양한 기회를 통해 경영능력을 가르치고 검증하여, 그중 최고를 뽑아서 후계자로 삼았다. 전통적으로 장자에게 승계가 이어져온 것과 달리, 자식들 간에 피 튀기는 경쟁을 통해 살아남은 승자가 경영권을 물려받았다고도 볼 수 있다. 실제로 이건희 회장은 셋째였고, 정몽구 회장도 둘째였다. 결국 후계자들 중에(그게 어떤 측면이건) 가장 극단적이고 뛰어난 사람이 후계자가 되었다.

하지만 불행인지 다행인지, 이들의 후계자들에게는 경영권을 두고 경쟁할 남자 형제가 없다. 물론 아들만 후계자가 되어야 하는 것은 아니지만, 삼성그룹과 현대자동차그룹에서 이들의 후계자 자리가 자매에 의해 심각하게 위협받았다는 소식이 알려진 적은 없었다. 확률적으로만 보자면, 그나마 경쟁적인 후계자의 선발과정이 생략된 것이다. 하지만 단지 아들이 하나라서 여러 형제 중에 선택의 여지가 없다는 환경적 요인보다는, 큰아들이자 외아들로 성장하는 과정에서 생기는 심리적 특성이 더 중요할 수도 있다.

심리학자 알프레드 아들러Alfred Adler는 형제간의 탄생순서에 따라 형성되는 성격에 차이가 있다고 말한다. 형제 중에 첫째로 태어난 아이는 부모의 사랑을 듬뿍 받고 자라 세상이 모두 자신을 위해 존재하는 것 같은 마음의 평화를 누리며 산다. 동생이 태어나서 부모의 관심이나 사랑을 조금 잃을 수는 있지만, 동생이라는 존재는 자신에게 항상 큰 우월감을 느끼게 해주는 고마운 존재가 된다. 최소한 성격이 형성되는 아동기까지, 동생에 비해 더 많은 것을 할 수 있는 유능감과 동생에 비해 더 많은 우선권과 더 강한 발언권을 부여받는 경우가 많다. 이런 첫째 아이는 자라면서 세상은 원래부터 자신에게 유리하다는 인식을 갖는다. 사회적 체계와 규범에 대한 긍정적인 태도를 가지며, 그것을 유지하려는 경향성을 가지기 쉽다. 그래서 대부분의 첫째 아이는 부모와 사회의 기대를 저버리지 못한다. 때로는 답답할 정도로 바른 생활을 추구한다.

반면에 둘째는 태어나면서부터 열등감을 가질 가능성이 있다고 한다. 항상 자신을 앞서 무언가를 할 수 있는 첫째는 계속 거슬리는 존재다. 우선권과 결정권, 발언권을 아무런 근거 없이(최소한 둘째에게는 그렇게 느껴진다) 첫째인 형이나 언니에게 주고 있는 사회적 체계는 뭔가 잘못됐다는 느낌이 든다. 그래서 그들은 사회에 더 반항적이고 더 많은 불만을 품게 될 가능성이 높다. 이런 둘째는 기존의 규범이나 사회적 제약을 거부하고 그것에 구애를 받지 않으려고 한다. 그래서 그들의 사고와 행동은 더 자유롭고 혁신적이며 모험적인 경향이 강하다. 대신 당연히 더 위태로워 보이고 때로는 무모해 보일수도 있다.

2015년 가을부터 한동안 한국 사회를 떠들썩하게 만들었던 롯데그룹의 '왕자의 난'은 이런 심리학적 분석이 얼마나 말이 되는지를 단적으로 보여준다. 아버지의 든든한 지원을 받고 있는 보수적 성향의 큰아들 신동주 부회장과 파격적이며 공격적인 경영방식으로 한국롯

데를 엄청나게 성장시켜온 신동빈 부회장의 진검승부가 그들의 탄생에서부터 어느 정도 예견된 일이었다고 보면 무리한 해석일까? 만약 이미 안정적 궤도에 올라 있으므로 변화와 혁신보다는 지속적인 노력과 안정적인 관리가 중요한 상황이라면, 다소 우유부단할지 모르지만 기존의 가치를 중요시하고 조화와 화합을 중시하는 첫째가 기업후계자로 적합할 것이다. 그렇기 때문에 심리학적으로 보면 수백 년 동안 사회적 체계와 삶의 변화가 별로 없던, 오래전 과거나 안정된 서구 사회, 지속성이 높은 사업이 주를 이루어왔던 근대 산업화 시기에는 기업들의 장자승계가 나름 말이 된다. 하지만 요즘 세상은 그 변화의 속도가 상상을 초월한다. 매년 새로운 변화와 혁신이 창조될 만큼 시장은 급변하고 있다. 이런 초스피드 환경에서 사업을 지속시키는 방법은 역설적이게도 계속 변화와 혁신을 이루는 것이다.

"마누라와 자식 빼고 다 바꿔라."

20년 전에 이건희 회장이 외친 이 말은 사실 심리학적으로 보면 첫째에게서는 상대적으로 나오기 힘든 발상일 수밖에 없다. 그렇다면 여기서 한 가지 의문이 생긴다. 현대 사회가 모험적이고 혁신적인 경영자를 필요로 한다고 해서 한국 사람이 원하는 기업인도 실제로 그렇게 모험적이고 혁신적인 사람일까?

실패할 기회조차 없는 사람들

단지 형제가 없거나, 형제 중에 첫째라고 해서 반드시 혁신적이지 않거나 모험적이지 않을 이유는 없다. 더구나 이미 공룡처럼 커진 대기업을 선천적으로 모험심을 타고난 후계자가 이끌고 가는 것이 과연 맞는 것인지는 진지하게 생각해봐야 한다. 혁신을 요구하는 시대라고 해서 재벌기업들이 너도나도 새로운 영역과 방법을 시도한다면, 그 기업뿐만이 아니라 사회에도 어마어마한 혼란을 가져다줄 수도 있다. 더구나 모험적인 것은 원래 불확실성이 높고 성공확률은 낮다. 만약 삼성전자나 현대자동차 같은 대기업이 모험적인 시도를 했을 때 성공하면 다행이지만, 만에 하나 실패한다면 과연 한국 사람들이 "뭐 그럴 수도 있지."라고 쿨하게 넘어가줄까?

사실 삼성전자가 지금의 발전을 이룰 수 있었던 근간은 2000년대 초반 반도체와 LCD 분야에서의 큰 성공이었다고 한다. 1997년 한국이 IMF 구제금융을 요청할 정도로 경제가 어려웠을 때, 일본과 대만을 비롯한 많은 아시아권의 나라들도 경제적으로 큰 타격을 받았다. 그래서 그 당시 일본과 대만은 반도체와 LCD에 들어가는 대규모 투자를 철수했다. 위험관리risk management 차원에서 바라본다면, 매우 합리적이고 적절한 판단이었다. 반면에 한국은 오히려 대규모 투자로 정면돌파를 시도했다. 말이 정면돌파지 어찌 보면 무모할 만큼 위험관리가 되지 않았다고 볼 수도 있다. 그때 당시 LCD 관련 부품사업을 하던 분의 말에 따르면, 청와대와 삼성, 현대 등이 'GO' 결정을 내렸을 때(그런 상황에서 반도체나 LCD와 같은 대규모 투자는 정권 차원의 지원과 경제계의 목숨을 건 올인이 없으면 불가능했다고 한다) '이제 죽었구나.'라는 생각이 들었다고 한다. 사실 그때 반도체나 LCD 투자가 잘못됐다면, 아마 여러 대기업이 휘청했을 뿐 아니라, 몇 번의 청문회가 열리고 대규모 검찰조사가 이루어졌으며 수많은 사람이 감옥에 갔을지도 모른다. 원래 정권 차원에서 진행한다는 것 자체가 이미 무리한 대출과 투자, 봐주기를 전제로 하고 있기에, 잘못되면 많은 사람이 잡혀가게 될 수밖에 없는 구조다. 만약 지금 그때와 같은 일이 벌어지면 왜 그런 무모한 결정을 내리느냐고 온 국민의 비난을 받을지도 모른다. 실제 대우, 웅진, STX 등과 같은 창업주의 모험정신으로 일어선 수많은 대기업들은, 기업의 원동력이었던 그 모험정신 때문에 아이러니하게도 위기를 맞아 해체되거나 갈기갈기 찢겼다.

창업주들은 모험정신으로 똘똘 뭉친 사람들일 수밖에 없다. 모험정신이 있다고 모두 성공하지는 않겠지만, 모험정신 없이는 절대 창업에 성공할 수 없다. 모험정신으로 뛰어들었던 수많은 사람 중에 성공한 사람들만 우리들 눈에 보여서 그렇지, 지금의 성공을 일궈낸 창업주도 한때는 다 시련이 있었고, 그 당시에는 실패한 모험가였다. 다만 그때는 그들이 국민들에게 전혀 알려지지 않은 사람이었고, 따라서 모험이 실패해도 국가와 국민들에게 미치는 영향이 작았다. 그렇기 때문에 실컷 모험정신을 발휘할 수 있었다.

하지만 지금의 재벌 후계자들은 그 일거수일투족이 온 국민의 관심을 받고 있다. 재벌그룹의 주식을 단 한 주도 가지고 있지 않은 국민들, 즉 기업경영이나 수익 등과 아무런 상관 없는 국민들도 재벌 후계자와 관련된 이슈를 365일 지켜보고 있다. 이재용 부회장이 시작한 사업이나 투자했던 벤처가 결국 성공했다느니 망했다느니, 정의선 부회장이 공을 들인 자동차가 잘 팔린다느니 안 팔린다느니, 거의 날마다 그들의 성공과 실패가 언론에 보도되고 있다. 이런 재벌 후계자들이 과연 모험적인 선택을 할 수는 있을까?

인간의 동기를 크게 향상적promotion 동기와 예방적prevention 동기로 나누는 조절초점이론theory of regulatory focus의 관점에서 보면, 재벌 후계자들은 예방적 동기를 가질 확률이 높다. 이미 가진 게 너무 많아서 잃을 게 많은 상황적 요인이나, 수많은 국민이 지켜보고 있다는 부담감, 그리고 절대 실패하면 안 된다는 불안감은 바로 예방적 동기를 일으키는 가장 전형적인 요인들이다. 이런 예방적 동기를 가진 사람의 가장 큰 특징은 바로 모험을 회피하는 것이다.

모험은 성공의 환상에 빠져 있을 때나 가능하지, 실패의 두려움 속에서는 절대 나오지 않는다. 첫째나 외아들로 태어난 것도 바로 현상을 그대로 유지하려는 예방적 동기를 강화시키는 데 한몫한다. 태어나길 부유하게 태어나서, 맏아들로 키워지고, 이미 혼자 감당하기에도 너무 큰 책임감을 안고 살아가는데, 온 국민이 도끼눈을 뜨고 쳐다

보고 있다면 어떨까? 그러면서도 사람들은 재벌 후계자가 창업주 같은 모험성과 혁신성, 전투력을 가지길 바란다. 글쎄, 더 큰 문제는 그런 재벌 후계자를 국민들은 받아들일 수나 있을까? 실패를 해도 '어려운 걸 모르고 자란 젊은 놈이 무모하게 날뛰더니 내 그럴 줄 알았다'라고 생각하는 공감대가 깔린 사회에서 그들의 모험성과 혁신성이 과연 잘 발휘될 수 있을까?

사도세자의 운명

재벌 2, 3세들이 어느 정도 성과를 내면 과연 성공했다고 인정받을 수 있을까? 창업주나 재벌 2세가 이룬 것만큼? 이건희 회장이 삼성전자를 키운 것만큼이나 정몽구 회장이 현대자동차를 키운 것만큼 지금의 삼성과 현대자동차를 더 키우는 것이 가능은 할까? 결국 이들이 성공이라는 평가를 받기는 훨씬 어려워진다.

강하고 위대한 부모 밑에서 자란 아들은 두 가지 인생의 길을 갈 수 있다. 더욱더 순종적이고 보수적으로 되던지, 아니면 아예 막나가든지. 웬만큼 해서는 부모를 뛰어넘을 수도, 이길 수도 없기 때문이다.

2015년 9월에 개봉한 〈사도〉라는 영화는 사도세자가 뒤주 속에 갇혀 죽는 비극의 본질을 바로 아버지를 극복하려는 사도세자와 아들을 강하게 키우려고 하는 영조 사이의 갈등으로 해석하고 있다. 결국 아버지인 영조를 뛰어넘지 못한 사도세자의 운명은 비극이 될 수밖에 없었다(물론 이 영화는 사도세자 죽음에 관한 하나의 해석이다. 심리학적으로 굉장히 그럴싸한…). 사실 그래서 국가를 창건하고 새로운 세상을 연 대부분의 전설적인 인물은 아버지가 없다. 예수도 아버지가 없으며(물론 하나님이 아버지 같은 존재이지만), 많은 전설 속의 시조들은 알에서 태어났다. 그들에게 아버지의 존재는 불편하다. 지금까지 언급된 이건희 회장이나 정몽구 회장도 강하기로 치자면 대한민국에서 몇 손가락 안에 꼽힐 것이다. 이런 아버지는 필연적으로 아들을 불행하게 만든다. 왜? 절대 극복이 안 되니까. 모든 아들은 아버지에게 인정받고 싶어 한다. 하지만 엄청난 성공을 일궈낸 아버지에게는 여간해서 아들의 능력이 눈에 찰 리 없다. 꼭 아들이 아니더라도, 이들의 눈에 찰 사람이 대한민국에 얼마나 있겠는가.

넘어야 할 산은 아버지뿐만이 아니다. 온 한국 사회가 모두 그들을 주시하며, 비교한다. 누구와? 그 위대한 부모와. 100만 명 중에 한 명 나올까 말까 한 사람과 비교당하는 거다. 더 환장하겠는 건 자수성가한 다른 사업가와 비교하며 괴롭히는 것이다. '저 자수성가한 사업가는 재벌 자식으로 태어나지도 않았는데 저렇게 성공했다(그런데 너는 왜?)'라고.

어떤 일의 원인을 찾는 인간의 귀인과정에는 '절감효과 discounting effect' 라는 게 있다. 대부분의 사회적 사건의 원인을 정확히 알 수는 없기에,

어떤 사건을 설명할 수 있는 잠재적 원인이 하나일 때보다 두 개일 때, 한 원인의 중요성이 자연스럽게 평가 절하된다는 원리다(절감효과의 반대 현상은 증폭효과augment effect다).

절감효과를 쉽게 설명해보면 다음과 같다. 누군가 나한테 무지하게 잘 대해주는데 도저히 왜 잘해주는지 특별한 원인을 찾을 수 없을 때는(실제 다른 원인이 있는지 여부와는 상관없이), 우리는 너무나도 쉽게 그 사람이 나를 좋아해서라고 믿게 된다. 하지만 그 사람이 돈 좀 빌려달라고 하는 순간, '아, 나를 좋아한 게 아니라 돈 빌리려고 그랬구나.'라고 그 사람의 마음을 평가 절하한다. 사실 그 사람의 마음은 알 수도 없고, 그 사람이 나를 진심으로 친하게 생각해서 어렵게 부탁하는 것일 수도 있는데 말이다.

이런 절감효과는 종종 사람을 억울하게 만든다. 내가 열심히 노력했다거나 머리가 좋아서 성공했는데도, 부모가 부자라는 이유로, 다른 어떤 도움이 있었다는 이유로 나의 노력이나 뛰어남이 충분히 인정받지 못할 때가 많다. 성공을 하면 대부분 '나라도 그 정도는 하겠다. 주변에서 다 도와주는데 뭐.'라는 평가를 받는다. 실패하면 '아니, 뭐 저런 상황에서도 실패해? 얼마나 못났기에.'라는 평가를 받는다. 그래서 재벌 후계자들은 상대적으로 성공하기는 쉽지만, 성공했다고 합당하게 평가받는 일은 거의 불가능하다. 남들은 평생에 한 번 가지고 싶다고 꿈조차도 못 꾸는 것들을 다 가지고 있으면서도, 평생 성공했다고 평가받지 못하는 삶은 어떨 것 같은가? 그들이 입에 물고 태어난 건 어찌 보면 그냥 금수저가 아니다. 너무 커서 잘못 넣으면 입이 찢어지는 금수저일지도 모른다.

금수저로는 혼자 먹게 된다

이런 절감효과는 다른 사람이 재벌 후계자를 평가할 때만 일어나지 않는다. 어찌 보면 재벌 후계자가 다른 사람을 대할 때 더 강하게 일어난다. 창업주가 창업공신을 좋아하는 이유가 뭔지 아는가? 사업 초기부터 함께 동고동락한 동료와 부하직원에게는 강한 믿음을 갖고 있기 때문이다. 창업주가 성공하기 전부터 함께했으니, 창업공신들이 처음에 자신을 따른 이유는 최소한 자기가 부자였기 때문은 아니라고 생각하는 것이다. 그래서 그들이 지금 자신의 말을 듣고 자신에게 잘하는 것을 의심할 필요가 없다. 설사 지금 자신에게 나쁜 얘기를 하고 자신의 말을 따르지 않아도, 그 의도는 순수하게 이해된다. 지금 자기가 가지고 있는 돈이 그들의 진심에 미치는 절감효과는 제한적이기 때문이다.

하지만 창업주가 부자가 된 이후에 만난 사람들, 채용한 부하직원들은 도무지 그 진심을 알기 힘들다. 자기한테 잘해줘도 반대해도 헷갈린다. 이것이 바로 절감효과와 증폭효과의 장난질이다. 그래서 남이 원하는 것을 이미 가지고 있는 사람은 오히려 외롭다. 왜? 남의 진심을 의심할 명확한 이유를 자기 자신이 이미 가지고 있기 때문이다.

그래서 그들은 끊임없이 고민한다. 내가 부자가 아니었어도 이 사람이 나에게 똑같이 대해줬을까? 그 진심을 확실히 확인할 수 있는 방법이 하나 있다. 망해보는 거다. 그런데 과연 이걸 확인하려는 부자가 있을까?

어렸을 때부터 금수저를 물고 태어난 재벌 2, 3세들은 어떨까? 이들은 태어날 때부터 엄청난 부자였다. 그래서 실제로 태어날 때부터 대부분의 사람들이 자신에게 매우 친절하게 잘 대해주었을 것이다. 어찌 보면 부유한 탓에 좋은 교육을 받고, 멋진 옷을 입고, 남들에게도 여유 있게 잘 베푸는데 누가 싫어하겠는가. 하지만 이미 타인이 자신에게 잘해줄 수밖에 없는 잠재적인 이유를 선천적으로 가지고 태어난 게 비극의 시작이다.

재벌 2, 3세들은 머릿속으로 항상 '이들의 진심은 뭘까? 내가 가난해도 이들이 나한테 이렇게 해줬을까?'라는 배부른 고민을 하면서 성장할 수밖에 없다. 아주 어렸을 때, 아마도 사회관계를 배우기 시작할 때부터 말이다. 회사직원이나 친구들뿐만이 아니라 심지어 친척과 가족들의 마음을 볼 때도, 이 절감효과는(무의식적으로라도) 작동한다. 그래서 이들은 선천적으로 외로울 수밖에 없다. 그리고 항상 불안하다. 그나마 형식적이고 공적인 인간관계를 중시하는 서구에서도 이런 상황은 충분히 괴로운 일인데, 심정중심주의가 강하게 지배하는 한국 사회에서는 어떻겠는가? 끊임없이 진심을 확인하고 싶지만 그럼에도 절대 알 수 없는 상태로 평생을 살아야 한다면 어떨까?

최근에 재벌 2, 3세들의 이혼 소식이 심심치 않게 보도되는데, 이들이 행복한 결혼생활을 할 수 없는 가장 중요한 심리적 요인도 절감효과 때문일 가능성이 크다.

　배우자의 사랑을 100퍼센트 믿기에는, 그들은 너무 많은 걸 가졌다. 그래서 항상 불안하다. 조그만 사건(일반인들은 눈치 채지도 못할 만한 작은 일)에도 쉽게 다른 사람의 마음을 의심하게 된다. 이런 이들은 마음을 줄 때도 인색하고, 마음을 받을 때도 신중하다. 아마 재벌들이 끼리끼리 어울리려 하는 이유도 여기에 있지 않을까. 최소한 나한테 잘해줄 이유가 없는 사람들의 말과 행동은 그나마 좀 신뢰할 수 있기 때문이다.

　같은 원리로 이들은 타인을 떠나가게도 만든다. 특히 어렵사리 바른 말을 해주는 진정한 친구와 동료, 부하직원을 잃을 위험이 높다. 다른 사람이 자신에게 하는 부정적인 말이나 행동을 과대 지각할 수 있기 때문이다. 자신에게 잘해줘야 하는 이유가 명확하고 대부분의 사람들도 실제로 그러고 있는데, 자신에게 부정적인 말이나 그런 행동을 하는 사람이 있다면 그건 자기를 진짜 싫어하거나 악의를 가지고 있어서라고 오해하기 쉽다. 또는 실제보다 훨씬 버릇없거나 매너 없는 사람이라고 오해할 가능성이 있다. 바로 증폭효과가 일어나는 것이다. 그래서 그들은 참을성이 없고, 항상 배신당한다고 생각하면서 살지도 모른다. 이런 일이 반복되면, 그들의 주변에는 진정으로 그들을 아끼는 사람보다는 가식으로 가득 찬 사람들이 많아지게 되고, 그로 인해 그들은 더욱더 불안하게 된다. 이런 악순환에 빠진다면 불행해지지 않을 사람이 어디 있겠나. 서로 진심을 주고받고 공감하는 친밀한 인간관계가 인간의 행복, 특히 한국 사람의 행복에서 가장 중요한 비중을 차지하는 요소라는 것은 굳이 심리학을 들먹이지 않아도 너무나 명확한 사실이다. 이에 비춰 본다면 재벌 2, 3세들은 결국 행복해지기에는 너무 많은 것을 가지고 태어난 것이다.

왕관을 쓰려는 자, 그 무게를 견뎌라?

물론 재벌 후계자들이 성공할 수 있는 심리적 요인도 무수히 많다. 좋은 유전자에, 좋은 환경에, 다른 사람은 상상할 수도 없는 고급정보와 기회를 접하고, 세상을 한발 앞서 멀리 보면서 살 수 있다. 동시에 여러 가지 면에서 뛰어난 사람들과 어울릴 사회적 관계의 기회도 가질 수 있다. 그러니 재벌 후계자들이 반드시 실패하고 불행해진다는 얘기가 아니다. 하지만 이러한 성공의 요인들만큼이나, 실패로 이끌 요인들도 강하고 많다는 것을 알았으면 좋겠다.

사실 대한민국 재벌이 떠안고 있는 문제점은 부의 세습보다 경영권의 세습이다. 성공한 기업인의 자녀 모두가 그 창업자만큼 경영에 뛰어난 인재일 수 없다. 오히려 평균으로의 회귀를 생각하면 반대의 경우가 더 많다. 그런데 한국 재벌들은 이상하리만치 모든 자녀가, 특히 많은 경우에 아들들 대부분이 경영에 직접 참여한다. 성공한 기업인의 자녀라고 모두 다 선천적으로 경영능력을 타고날까? 왜 재벌가의 자녀들 중에는 역사, 과학, 교육, 체육, 예술 등의 분야에 능력을 타고난 사람은 없을까? 경영자의 피만 특별히 진해서 강하게 유전되는 걸까, 아니면 회사 경영이 쉬워서 특별히 타고나지 않아도 경영권이 넘어오면 누구나 잘하게 되는 걸까? 만약 그렇다면 창업자 스스로도 운이 좋거나 상황이 좋았던 것뿐이지, 자신의 능력이 사업의 성공에 아무것도 기여한 바가 없다는 것을 인정해야 한다. 과연 그런 사람이 몇이나 있겠는가. 그렇기 때문에 창업가 자신의 능력이 기업의 성공에 기여했다고 믿는 만큼, 자신의 자녀 역시 성공적인 기업가가 되는 데도 타고난 자질이 필요하다는 것을 인정해야 한다.

물론 경영적인 능력도 있고 경영이 적성에도 맞는 자녀도 분명히 있을 거다. 이런 이들이 경영권을 물려받는 것은 자신과 기업을 위해서도, 국가를 위해서도 좋은 일이다. 하지만 능력도 없고 적성도 안 맞는 자녀는 경영자로서 성공하기도 힘들 뿐만 아니라, 일의 성공과 실패 여부와 상관없이 불행한 삶을 살아갈 가능성이 높다.

어차피 부와 경영권의 세습은 앞으로도 계속될 것이다. 불법만 아니라면 그것을 막을 방법도 명분도 사실 없다. 따라서 이제는 경영권 승계를 무조건 부정적으로만 보지 말고 어떻게 하면 그것이 개인적으로나 사회적으로 더 건설적이고 도움이 될 수 있는가를 고민해야 한다. 한국 사회에서 대기업 후계자의 성공과 실패는 사회 전체와 많은 사람의 삶에 직간접적 영향을 미친다. 이제 이들에게 우리가 진짜 무엇을 기대하는지, 어떤 후계자를 원하는지 확실한 메시지로 전달할 필요가 있다. 만약 진짜로 모험적이고 혁신적인 재벌 후계자를 원한다면 그들의 실패를 어디까지 이해할 건지, 이들의 성공에 대한 합리적인 기준을 모색해볼 시점이 아닐까?

복합유연성

□

□

한국인이 유독 포기를 싫어하는 이유

□

2015년 노벨상은 한국 사회에 다시 한 번 큰 질문을 던졌다. 일본이 과학 분야에서 2명의 수상자를 배출하면서, 지금까지 총 21명의 과학상 수상자를 배출한 나라가 된 것이다. 그에 반해 한국은 여전히 제로 (0) 상태다. 각종 매체에는 이 점을 애통해하고 개탄하는 기사에서부터 정부의 연구비 지원 정책을 비난하는 칼럼, 과학의 역사를 보면 당연한 결과라는 논평까지, 심지어 한국 과학발전을 위해서는 올해도 한국인 수상자가 나오지 않은 게 다행이라는 어느 과학자의 글도 실렸다. 하지만 이들 모두가 일본의 수상 비결에 대해서는 한결같은 목소리를 냈다. 바로 수십 년 동안 한 우물만 파는 소위 '오타쿠' 기질 때문이라는 것이다. 그러고는 그걸로 끝이다. 우리에게는 왜 그게 없는지에 대한 진지한 고민도 뼈아픈 성찰도 없다.

한국에 노벨상 수상자가 없는 근본적인 이유는 바로 한국인의 심리적 특성에 있다. 우리는 한번에 너무 많은 것을 바란다. 포기를 싫어하고 선택을 회피하면서 오히려 선택을 인식하지 못하는, 그래서 모든 걸 두루두루 잘해야 하고 그렇게 할 수 있다고 믿는, 한국인의 복합유연성 때문이다.

미국으로 대표되는 서구 사회의 심리적 특징은 일관성을 빼고는
이야기할 수 없다. 여기서 일관성이란 단순히 피상적인 사회적 체
계의 일관성이나 행동적인 일관성을 기술하는 것이 아니라, 일관
된 행동성향을 만들어내고 또 그것을 추구하는 인간의 근본적인
욕구를 얘기한다.

　서양의 심리학은 인간에게 '일관성의 욕구need for consistency'가 있다
고 전제한다. 즉, 인간의 사고체계를 움직이는 주요 작동원리 중
하나가 일관성이고, 더 나아가 인간은 사고와 행동 간의 일관성을
추구한다는 관점이다. 이런 관점은 심리학의 한 시대를 지배했었
다. 그리고 이것은 인간이 자신이 생각하는 바와 다른 행동을 했
을 때 불편한 심리적 각성 상태에 빠진다는 '인지부조화 이론cognitive
dissonance theory'의 근간이 되었다.

　이 이론은 사람들은 자신이 좋아하는 물건을 사고, 좋아하는 사
람에게 잘 대해주고, 좋아하는 후보와 정책에 투표하고, 싫어하는
음식은 피하고, 무슨 이유로든 그 반대로 행동을 하면 의식적이건
무의식적이건 불편한 감정을 느껴서, 일관성을 회복하기 위한 노
력을 하게 된다는 논리다. 이런 경향성은 서구 심리학에서 모든 인
간이 당연히 가지는 보편적 속성으로 간주되었다.

　그런데 재미있게도 이런 인지부조화 이론이 한국 사회에는 잘

들어맞지 않는다는 연구결과가 있다. 한국 사람들은 자신이 믿거나 생각하는 바와 일치하지 않는 행동을 해도, 그리 크게 불편해하지 않는다는 것이다. 오히려 한국 사회에서는 너무 일관성만 강조하거나, 자신의 소신이나 자신이 믿는 바에 일치하는 행동만을 고집하는 사람을 그리 긍정적으로 평가하지 않는 경향이 있다. 상황에 맞추거나 상대에 맞추는 등 여러 요인을 동시에 고려해서 유연하게 대처하는 것을 더 가치 있게 생각하는 것이다. 왜? 바로 한국 문화의 복합유연성 때문이다. 이런 복합유연성은 생각이나 행동, 감정들이 서로 모순되는 것을 인식하지 못하고, 오히려 이것들을 동시에 추구하게 만든다.

서양의 철학적 관점은 보통 대립적이고 직선적이며 명시적이다. 선과 악, 천당과 지옥, 천사와 악마, 빛과 어둠 등 서로 공존할 수 없는 매우 대립적인 개념을 만들어서, 경쟁을 통해 한쪽이 반드시 이겨야만 직성이 풀리는 그런 철학적 구조를 선호하는 경향이 있다. 그래서 서양의 동화나 영화도 대부분 명확한 선의 존재와 악의 존재 간의 갈등을 그린다. 진실을 규명한다는 현대 과학적 사고와 방법도 이러한 정신체계적 선호를 반영한다. 어찌 보면 최근에 융합이니 통섭과 같은 포스트모더니즘적인 학문적 시류에 대한 반박으로 현대 철학의 지적 남용을 과학적으로 폭로한 물리학자 앨런 소칼Alan Sokal의 '지적 사기'와 같은 논란은 바로 서구적, 과학적 정신세계와 그 반대세력의 충돌로 볼 수 있다. 그 반대세력의 사상적 관점은 동양 철학에 매우 가깝다.

일반적으로 서양에서 대립적 개념으로 보는 것들이 동양에서는 더 조화롭고 유기적으로 상위의 수준에서 통합되며, 경쟁을 통해 어느 한쪽만 생존하는 것보다 서로 보완적이고 의존적인 관계로 인식된다. 사회문화적으로 유교적 배경을 가지고 있는 한국인들 또한 비슷한 사상적 배경을 가지고 있다. 어렸을 때부터 항상 중용의 가치를 배우고 융화, 화합을 추구하도록 교육을 받아와서인지 한국 사람들은 모순되는 감정이나 주장을 쉽게 수용하는 경향이 있다. 좋으면서도 싫기도 하고, 기쁘면서도 슬플 수 있다는 이런 특징은 동양 문화의 특성인 변증법적 사고dialectic thinking와 일맥상통한다. 그래서 굳이 하나를 위해 다른 하나를 포기해야 한다는 것을 인정하기도 싫어하고, 그렇게 하라고 강요하는 사람도 싫어한다. 그래서 한쪽을 선택하면서도 다른 쪽을 포기하지 않아도 된다는 착각에 빠져, 자꾸 싸면서도 좋은 걸 내놓으라고 하고, 안전비용을 줄이면서도 사고가 일어나지 않을 거라고 믿고, 일을 꼼꼼하게 하는 동시에 빨리 하라고 요구한다. 또 아기 같은 얼굴에 글래머러

스한 몸매를 가진 베이글녀를 그렇게 좋아하고(실제로 그런 조합은 의사의 도움 없인 신도 만들어내기 무지하게 어렵다), 평상시에는 얌전하지만 내 앞에서만은 요부가 되는 여자를 찾는다. 나쁜 남자가 나한테만 착하기를 바라는 것도 같은 논리다. 다른 사람에게는 까칠하게 굴지만, 유독 나에게만큼은 착한 남자에게 매력을 느낀다는 것이다. 남녀 관계뿐만 아니라 그 외의 많은 것에도 이와 같은 논리가 적용이 된다. 한국 사람들은 아주 오래전부터 대립되는 것들이 골고루 조화를 이룰 수 있다고 믿었다. 태극기가 좋은 예다. 가운데 있는 태극문양도 직선이 아닌 S자 모양의 곡선으로 음과 양의 조화를 상징하고, 4괘도 하늘, 땅, 물, 불의 조화와 발전을 뜻한다. 어느 것 하나 놓치기 싫어하는 한국인은 짬뽕과 짜장면이 결합된 '짬짜면'을 개발하고, 심지어 최근에는 불고기버거와 새우버거를 합친 '불새버거'까지 출시했을 정도다. 이렇게 하나를 얻으려면 잃을 수밖에 없는 것도 잃지 않으려 하고, 잃지 않아도 된다고 믿는다. 그래서 아마 우리는 '행복하지만 동시에 지옥 같은 한국'에 살고 있는지도 모른다.

지킬 것이 없는 한국 사회

//

20여 년 전, 아는 사람 하나 없는 먼 타국으로 유학을 떠났던 토종 국산인 필자는, 떠나기 전까지 무지에서 오는 불안과 막연한 두려움에 떨어야 했다. 그때 당시 영어도 시원찮고 미국 지리도 잘 몰랐기에, 당장 미국 공항에 떨어져서 어디로 어떻게 가야 하나를 고민할 정도로 막막했다. 그래서 미국에서 먼저 유학하고 있던 선배 유학생에게 도움을 청하게 되었다. 필자와 아내를 위해 미리 아파트도 구해주고 공항으로 마중까지 나와서 아파트까지 직접 데려다준 선배 유학생 부부는 너무나도 선하고 친절한 사람들이었다.

우리의 대화는 처음 만난 한국 사람들의 예정된 식순처럼 호구조사로 시작되었고, 그 선배는 내게 자연스럽게 물었다.

"종교는 있어요?"

나는 웃으면서 대답했다.

"예, 유교요."

그 선배는 황당하다는 표정을 지으며 "유교가 종교인가?"라고 중얼거렸다. 내 대답이 꽤 충격적이었는지 얼마 후 유학생들 사이에 소문까지 난 듯했다. 약 1년 후에 지역 한인 모임에서 자기소개를 했을 때, 한 교포가 나를 보고는 "아! 그 유교 믿으신다는 분….."이라고 하는 것이었다.

미국은 기독교의 영향력이 어마어마하게 큰 나라이다 보니, 한인 사회도 교회를 중심으로 돌아가는 경우가 많았다. 많은 유학생이 실제로 믿건 믿지 않건 상관없이 일상의 편안함을 위해 교회에 나갔던 반면, 필자는 유학을 마칠 때까지 교회 근처에도 안 가본 다소 예외적인 유학생이었다.

유교가 종교냐는 의문에 대해 전문가나 일반인들은 각기 다른 생각을 가질 수 있다. 유학생 시절 필자는 어차피 누군가에게 자신이 바라는 뭔가를 비는 것이 종교라면, 조상님께 비는 유교적인 관점도 일반 종교와 크게 다를 바가 없다고 생각했다. 종교를 잘 모르는 필자의 눈에도, 다른 나라들과 비교해서 한국 종교가 가지고 있는 독특한 점은 바로 그런 기복신앙적 특성이었다. 신앙을 가지는 주요 동기가 신앙이 추구하는 어떤 관념적인 가치나 존재에 대한 추구보다는, 현세적이고 단기적인 이익에 있다는 것이다. 한국 사람들은 자녀의 대학입학을 위해, 사업의 성공을 위해, 가족의 건강을 위해, 심지어 복권 당첨을 위해 각자 자신이 믿는 신앙의 '그분'에게 비는 경향이 있다. 그래서 많은 이가 이런 한국 종교의 기복신앙적 특성을 걱정한다. 진실한 신앙심을 가진 사람이 얼마 되지 않는다는 우려에서다. 반면에 필자와 같이 믿는 종교도 없고 종교성도 별로 없는 사람은 신앙심의 부재를 걱정하지는 않는다. 오히려 한국 종교의 문제는 많은 사람들이 각자 서로 다른 '그분'에게 같은 소원을 빌고 있음에도 불구하고, 서로 다른 '그분'이 자신들의 소원만은 꼭 들어줄 것이라고 철석같이 믿는 것에 있다고 생각한다. 그들의 종교가 각자 유일신을 추구한다면 자신이 믿는 종교가 아닌 다른 종교를 믿는 사람들은 어떻게 되나? 한쪽이 승자면 다른 쪽은 패자일 수밖에 없지 않은가.

종교의 자유 뒤에 숨은 진실

통계를 통해 본 한국 사회는 명백한 다종교 사회다. 불교 22.8퍼센트, 기독교 18.3퍼센트, 천주교 10.9퍼센트 그리고 스스로 무교라고 얘기하는 사람들이 46.7퍼센트다(2005년 인구센서스). 어느 한 종교도, 심지어 무교도 과반을 차지하지는 못한다. 이런 현실은 사실 완벽한 종교의 자유가 실현됐을 때만 가능한 모습이다. 맞다. 한국 사회에는 완벽한 종교의 자유가 있다. 하지만 선언적이거나 법적인 관점에서가 아니라, 이렇게 실질적인 종교의 자유가 존재하는 사회는 정말 이상한 사회다.

원래 대부분의 안정된 사회에는 실질적인 종교의 자유가 상대적으로 없다. 기존의 사회를 지배하는 종교가 있으며, 굳이 국가나 사회적 압력이 아니더라도 할아버지, 할머니, 아버지, 어머니, 친척, 친구까지 모두 다 같이 믿는 종교를 혼자 거부하는 것은 매우 힘들기 때문이다. 그래서 실질적으로 종교를 믿느냐 안 믿느냐의 선택권을 느끼기도 전에 이미 그것을 믿게 된다. 즉, 자연스럽게 모태종교를 가질 수밖에 없는 환경에서 태어난다. 그런데 한국 사회에서 현재 다양한 종교가 절묘한 균형 상태를 유지하고 있다는 사실은, 우리의 기성세대부터도 거의 실질적으로 완전한 종교의 자유 속에서 성장해왔다는 것을 의미한다.

하지만 이것은 단지 종교에 한정되지 않는다. 역사적으로 종교는 한 사회 구성원들의 가치관과 그들이 인생에서 추구하는 바를 반영하고 동시에 규정하는 역할을 해왔다. 인간이 어떤 존재이며, 인생의 의미는 무엇이고, 어떻게 살아가다가 어떤 모습으로 죽어갈지, 심지어 죽음 이후 어떻게 되는지까지도 규정하고 있는 것이 종교다. 그래서 교육, 결혼, 장례 등의 관습적 절차와 심지어 국가의 역할, 제도, 정책, 공식적 절차의 대부분이 종교적인 가치를 반영하고 종교적 의미를 가진다. 역사적으로 유럽의 왕들은 종교지도자로부터 왕위를 인정받았고, 미국의 법정에서는 성경에 손을 얹고 진실 선서를 하며, 아랍 국가들의 대부분은 이슬람 율법에 따라 법적으로 여성에게 운전을 허락하지 않는다. 또 많은 공휴일은 종교적 기념일과 연결되어 있다. 이처럼 한 사회에서 종교라는 것은 그 사회를 유지하고 운영하는 데 근간을 제공해왔다고 봐도 지나치지 않다. 그래서 전 세계 많은 국가들은 그 나라 국민의 다수가 믿는 지배 종교를 가지고 있다.

작은 차이는 있지만 기본적으로 같은 계열인 개신교, 천주교를 포함하면 미국, 영국 등 과반 이상의 서양인들은 기독교인들이다. 미국은 그 수치가 무려 80퍼센트에 이른다. 인도는 힌두교도의 비율이 80퍼센트가 넘는다. 대부분의 아랍 국가들은 아예 다른 종교를 허락하지 않고, 100퍼센트 이슬람을 추구한다. 종교 자체를 인정하지 않는 일부 사회주의 국가들을 제외하면(이들 국가는 사실 역사가 단절됐다고 보는 것이 더 합당하다), 오랜 역사를 가지고 있는 대부분의 나라들은 지배 종교가 있다.

그렇다면 현재 한국 사회에서 각각의 종교가 균형 잡힌 배분을 이루고 있는 사실은 실제로 무엇을 의미할까? 바로 오랜 역사를 가졌다고 믿는 우리 사회를 지배하는 가치관과 사상이 없다는 것을 의미한다. 즉, 한국의 기성세대가 태어나서 성장하는 동안, 자신이 어떤 가치를 추구해야 하는지를 암묵적으로나 명시적으로 강제해온 강한 사회적 규범이 존재하지 않았다는 얘기다. 아마도 우리 사회는 근대 역사의 과정에서 그런 가치들을 잃어버렸을 가능성이 크다. 우리가 배운 바에 따르면 최소한 조선 말기에는 그런 가치가 존재했던 것 같다. 우리 조상들에게는 '내 목을 자르는 한이 있어도, 내 상투를 건드릴 수는 없다.'와 같이 자신이나 가족의 안녕을 희생하면서도 지키고자 했던 어떤 가치와 상징들이 있었다. 당파적이고 비효율적이며 구시대적으로 여겨지는 선비의 모습에도 효율성을 포기하고 목숨을 걸고서라도 지키려 했던 그 사소한(지금 우리의 눈에는) 무엇이 존재했었다. 옛날에는 죽기 직전 자손들에게 과거시험에 응시하지도, 출세하지도 말라는 유언을 남기는 기개 있는 조상도 심심치 않게 있었다. 그리고 대부분의 후손들은 그 뜻을 지켰다(물론 한동안만). 요즘에는 이런 부모가 얼마나 있을까? 상투, 예법, 절차, 의식 등 상징적인 의미가 들어간 것들은 현재의 시각으로 보면 비효율적이고 쓸데없는 헛짓들처럼 보일 수 있지만, 그것을 지키고 따르는 사람들에게는 그들이 추구하는 절대적인 가치를 반영하는 것들이다. 과거 부모님이 돌아가셨을 때 묘소를 3년 동안 지키던 것이나, 전통 결혼식에서 행하였던 수많은 의식들은 지금은 말도 안 되는 구습이나 미신적인 것들로 취급받고 있다. 하지만 지금의 결혼식에서 신부가 하얀 웨딩드레스를 입어야 한다는 인식이나 입지 못한 것이 한이 된다는 생각은, 과거의 그것들에 비해서 전혀 더 효율적이거나 합리적이지 않다. 사실 순수함을 상징하는 하얀 웨딩드레스를 입고서 영원함을 상징하는 다이아 반지를 교환하며 결혼하는 지금이, 과거보다 이혼율은 훨씬 더 높은데도 말이다. 아마 머지않은 미래에는 지금 행하는 이 모든 것이 말도 안 되는 구습으로 취급받고 사라지지 않을까.

목숨보다 소중한 것

지금의 한국인들에게 자신과 가족의 성공과 안녕을 포기할 만큼 지켜야 하는 그것이 무엇인가를 묻는다면, 자신 있게 "바로 ＿＿＿입니다."라고 대답할 수 있는 사람이 얼마나 될까? 역사상 최악의 참사라 불리는 9·11테러와 같은 자살테러는, 자신이 믿는 바를 위해서 목숨을 기꺼이 내놓은 이들이 저지른 짓이다. 물론 그 방법이 옳다는 얘기가 아니고 그 목적에 동의하지도 않지만, 한 가지 생각해볼 문제는 그만큼 우리는 자신을 희생할 만한 뭔가를 가지고 있느냐 하는 점이다. 그 질문에 자신 있게 그렇다고 대답할 수 있는 한국 사람이 얼마나 될까? 아마 우리는 조상들이 목숨과도 바꿀 만큼 소중하게 지키려 했던 그것들을, 일제강점기와 전쟁을 겪으며 잃어버렸을지도 모른다.

흔히 식민지배나 전쟁으로 인한 피해에 관해 말할 때 일반적으로 물질적인 것을 얘기하는 경우가 많다. 식민지배를 통한 경제적 피해, 자원의 수탈, 노동력 착취, 문화자원의 손실 등이나 전쟁을 통한 기간시설의 파괴, 경제 시스템의 붕괴, 발전기회의 상실, 인적 손실 등이 가장 먼저 떠오르기 때문이다. 이러한 손실은 너무나 거대한 동시에 명백하기에 그 규모도 어느 정도 가늠해볼 수 있다. 그래서 보통 그에 대한 보상이 명시되는 경우가 많고, 역사적인 논의도 이러한 물질적 손실에 집중하게 된다. 물론 부분적으로 피해국가의 국민들이 겪었을 정신적 고통이나 정신적 외상 등을 언급하며, 그에 대한 보상이나 사과를 요구하기도 한다.

하지만 식민지배나 전쟁이라는 비극이 한 국가와 국민들로부터 빼앗아가는 것은, 단순한 물질적 혹은 직접적인 피해를 초월하여 정신적인 손실이라는 훨씬 광범위한 피해를 포함한다. 이미 알려진 바와 같이 일제는 우리의 문화, 언어, 가치를 없애기 위해 갖가지 악행을 저질렀다. 역사왜곡과 한국적인 것들에 대한 체계적인 비난으로, 무려 30년이 넘는 세월 동안 우리의 과거를 부정적으로 인식하게 만들었다. 그런데 해방 이후 우리의 가치와 역사를 되찾기도 전에, 전쟁이 일어났다. 원래 전쟁은 그것이 일어난 사회의 국민 수준을 끌어내리는 결과를 가져온다. 생존이 위협받는 극한 상황에서 대부분의 인간들은 자신이 평소라면 절대 하지 않을 일들을 서슴지 않고 한다. 전쟁이 일어나면 아무리 고결한 사람이라도 상한 음식을 먹고 쓰레기통을 뒤지며 죽은 자의 물건을 빼앗고, 스스로 살기 위해 주변 사람을 배신하고 버리게 된다. 서로 아끼고 소중하게 여긴다고 믿었던 사람도 총알과 폭탄, 굶주림과 두려움 앞에서는 서로를 신뢰할 수 없게 된다. 그동안 일상에서 자신이 지켜왔던 수많은 예의범절과 의미 있는 의식들은 더 이상 가치 없는 것들이라 여긴다. 오직 자신과 가족의 생존만이 중요해지므로 그 외의 모든 것들은 상대적으로 의미를 잃고 만다. 심지어 때로는 가족을 포기하기도 한다. 이런 경험은 그런 행동을 하는 자신과 그것을 지켜보는 모든 이들에게 인간의 존엄성, 상징적 가치, 사회적 규범의 허무함과 상대적인 가벼움을 느끼게 한다.

이런 심리적 손실이 일어나는 과정은 인지부조화 이론과 태도의 중요도로 설명할 수 있다. 일반적으로 우리는 자신의 신념과 태도가 행동을 결정한다고 믿고 있고, 대부분 실제로도 그렇다. 어떤 대상이나 행동을 좋아한다면 그 태도를 반영하는 행동을 하고, 반대로 싫어한다면 부정적 태도를 반영하는 행동을 하게 된다. 하지만 반대로 행동을 하고 나면, 그 행동 때문에 태도나 신념이 바뀌는 것도 충분히 가능하다. 물론 아무런 제약 없이 자유롭게 행동을 할 수 있는 상황에서는, 행동이 신념이나 태도를 따르지 않을 이유가 없다. 하지만 때로는 상황적 제약이나 외부의 요구에 따라 자신의 태도와 다른 행동을 하게 되기도 한다. 전쟁과 같은 극단적인 상황은 인간으로 하여금 전혀 상상하지도, 원하지도 않았던 행동을 하게 만든다. 자신의 태도, 믿음, 신념에 반대되는 행동은 행하기 전과 행한 이후에도 당연히 심리적 갈등을 일으킨다. 그리고 자신의 행동을 정당화하고 합리화하려 하고, 그런 절체절명의 어쩔 수 없는 상황은 좋은 핑곗거리가 된다. '그래, 자신의 목숨보다 중요한 게 어디 있어.', '가족을 지키는 게 우선이야.', '이런 상황에서 이 정도는 받아들여질 거야.', '다른 사람은 나보다 더한데 뭐….' 이런 합리화는 적어도 그 순간만큼은 마음을 편하게 만들어준다. 그리고 그것은 결국 그 어떤 숭고한 가치, 종교적 교리, 사회적 규범도 생존보다는 중요하지 않다는 결론으로 연결된다. 진실로 심각한 생존의 위협을 받기 전까지 대부분의 사람들은 너무나 쉽게 '나는 죽어도 그건 못해.'라고 여기는 것들이 많다. 하지만 전쟁과 같은 특수한 상황에서는 자신의 소신을 지키기란 어렵다. 여기에서 오는 심리적 갈등과 합리화 그리고 인식의 변화 과정이 바로 인지부조화 이론이다.

어떤 행동을 할지 말지 결정하는 순간에 머릿속에서는 의식적이건 무의식적이건 심리적 기제들이 서로 충돌하고 경쟁하고 협동하게 된다. 그 행동과 관련된 가치, 태도, 믿음 등 적게는 몇 개, 많게는 수백 개의 심리가 작용하는데, 이때 행동은 더 중요한 가치와 태도의 영향을 상대적으로 더 받게 된다.

일반적으로 사람들의 태도나 가치관을 조사할 때, 특정 태도나 가치를 하나씩 따로따로 물어보는 경향이 있다. 예를 들어, '가족이 얼마나 중요한가?', '인간의 존엄성은 당신에게 얼마나 중요한가?', '다른 사람에게 해를 끼치는 것이 얼마나 나쁘다고 생각하는가?' 이런 질문들에 대한 답들이 달라봐야 얼마나 다르겠는가. 중요한 것은 이런 가치들이 서로 충돌하는 과정에서 사람들이 어떤 선택을 하는가를 조사하지 않는 한, 결국 사람들의 행동을 예측하는 것은 불가능하다는 사실이다. 실제로 많은 사람들은 대통령 선거를 앞두고 성장도 중요하고, 복지도 중요하다고 말한다. 또 지연과 학연에 얽매이지 않아야 한다고 하면서도 "우리가 남이가?"라는 말에 흔들린다. 게다가 이들에게는 이 모든 것을 다 갖춘 후보와 아무것도 갖추지 않은 후보 중에 선택하라는 쉬운 문제가 주어지지 않는다. 항상 충돌하는 가치 중에 무언가를 포기하면서 더 중요한 걸 선택해야 한다. 그리고 이런 선택의 결과는 인지부조화를 통해 그 중요성을 더 강화시키는 선(악?)순환에 빠지게 된다.

성공의 비결? 다 바꿔!

30년이 넘는 일제강점기와 6·25전쟁을 겪으면서 우리의 조상들은 무엇을 선택했으며, 그 선택을 통해 얻은 경험들을 어떻게 합리화시켰을까? 그리고 우리는 무엇을 얼마나 잃었고, 마지막까지 남은 가치는 무엇이었을까?

우리가 무엇을 잃었는지는 다 헤아릴 수 없지만(이미 잃어버렸기에 그것이 무엇인지 알 방법은 없다), 무엇이 남았는지는 추론해볼 수 있다. 바로 생존, 가난에 대한 두려움, 물질적 풍요와 성공에 대한 열망이다. 지난 70년간 우리에게 생존과 성공을 포기하면서 지켜왔던 게 있었던가? 현재 서울의 모습에서 600년의 전통을 찾을 수 있는 곳이 몇 군데나 되나? 기껏해야 몇 개의 궁궐과 4대문 정도일 것이다. 그렇다면 일상의 모습에서 전통적인 가치를 반영하는 것은 얼마나 남아 있나? 한복이 사라진지는 이미 오래고, 결혼식 때 서양 문화에서 들여온 하얀 웨딩드레스는 꼭 입어도 우리 고유의 전통예복인 한복은 허례허식이라고 생각한다. 우리 조상의 정신세계를 지배했다는 유교적 가치를 반영한 일상은 얼마나 남아 있나? 보편적이고 공익적인 수많은 가치는 사라지고 이제는 상대적으로 이기적인 가족애, 가족의 성공, 입신양명만 남아 있을 뿐이다.

지켜야 할 것을 모두 잃어버린 역사는 결국 한국인의 복합유연성을 만나 진짜 엄청난 일을 이루어낸다. 복합유연성을 가지고 있는 한국 사람들은 선택을 싫어하는 경향이 있다. 좀 더 근본적으로 말하자면, 한국 사람들은 선택을 왜 해야 하는지 잘 이해하지 못한다. 모든 것, 심지어 선과 악, 천국과 지옥, 정의와 불의처럼 반대되는 개념들도 서로 어울릴 수 있고 공존할 수 있다고 믿는데, 거기다 뭘 굳이 선택하려 하겠는가. 그냥 다 같이 '좋게 좋게' 가는 거다. 그래서 한국인들은 모두 다 가지려고 한다. 아니, 다 못 가질 이유를 못 찾는다. 뭔가를 하나 선택할 때 다른 무언가를 잃을 수도 있다는 인식이 약하기 때문이다. 그래서 회사에서 일하느라고 가족과 많은 시간을 보내지 않아도, 가족의 사랑은 변치 않을 거라 생각한다. 하루의 대부분의 시간을 학원에서 사교육으로 보내고 친구랑 노는 시간을 주지 않아도, 내 아이의 사회성과 인성은 괜찮을 거라고 믿는다. 성장을 위해 모든 과정적 절차를 무시해도, 정의는 실현될 거라고 확신한다. 그래서 선택을 싫어하는 한국 사람들은 모순적이게도 매우 빠른 선택을 할 수 있는 것이다. 자신이 어떤 선택을 해도 잃을 것이 없다고 믿기 때문이다. 그래서 한국 사람들은 뭐든지 빨리 바꿀 수 있다.

어찌 보면 이러한 복합유연성을 가진 한국 사람들이 지킬 것이 없는 가치 부재의 상황을 만나서, 결과적으로 엄청난 경제·물질적 성공을 이루어왔는지도 모른다. 그런 말이 있지 않는가. 잃을 것 없는 사람이 제일 무섭다고. 왜? 망설일 게 없으니까. 우리의 기성세대는 그런 마음으로 일했다. 새로운 건물을 짓기 위해 과거의 건물을 허무는 데 전혀 망설이지 않았다. 과거의 문화재를 지키느냐 잃느냐의 수준이 아니라, 그저 성장을 위한 효율성과 생산성이라는 명분하에 인권, 인간의 존엄성, 환경, 나눔, 정의와 같은 추상적 가치들은 머릿속에서 밀려났다. 이런 것들은 누군가가 우리에게서 빼앗았던 것이 아니다. 국민 스스로가 별로 신경 쓰지 않았으며, 암묵적으로 묵인하며 살아왔다. 그리고 뭐든지 너무 쉽게 바꾸며 살았다.

일본과 영국에 갔을 때 나를 가장 놀라게 한 것은 멋진 궁이나 전통 가옥, 문화재나 문화유산보다도 바로 그들의 택시였다. 자동차 산업에서 이들 두 나라가 세계를 선도했거나 선도하고 있다는 사실은 누구나 알고 있을 것이다. 그런데도 그들의 택시는 대부분 수십 년 전의 모습 그대로를 유지하고 있다. 더 편리하거나 멋있거나 연비가 좋은 택시용 자동차를 만들지 못해서는 아닐 것이다. 무언가 바꾸는 일에 망설이기 때문이다. 이에 대해서 한 일본 교수에게 물어봤을 때, 그의 답은 간단했다.

"그게 택시잖아."

그에 비해 우리는 어떤가? 새로운 차가 나올 때마다 사람들은 너도 나도 그 차로 갈아탄다. 이와 같은 신차 선호도는 우리나라를 '세계에서 가장 빨리 새 차로 바꿔 타는 나라'로 만들어주었다.

사실 과거의 것을 잃었다는 것보다는 생존과 성공 이외의 가치를 찾지 못하고 있는 것이 더 큰 문제일지도 모른다. 3대, 5대에 걸쳐 70년째 같은 곳에서 같은 방식으로 운영하고 있는 식당보다는, 조금만 장사가 잘돼도 금방 프랜차이즈 사업으로 확장하는 사례가 더 많은 걸봐도 알 수 있다. 한국에서 지켜야 할 맛은 항상 돈보다 뒷전이다. 심지어 전 세계 전자업계 1위를 차지하고 있는 삼성전자도 언제든지 더 큰돈을 벌 수 있는 다른 사업을 찾아다닌다고 한다. 이처럼 지킬 게 없는 우리 사회는 초고속 스피드 시대와 잘 어울린다. 당장 돈이 되지 않는 무형의 가치를 지키기 위해 생존과 성공을 포기할까 말까를 망설이는 심리적 갈등은 별로 일어나지 않기 때문이다.

한국이 절대 망할 일은 없겠지만…

한때 잘나가다가 망한 기업은 쓸데없는 것을 포기하지 않아서 망한 경우가 많다. 미국의 자동차 회사들이 그렇다. 과거에 세계를 지배했던 미국 자동차 산업이 실패하게 된 원인 중 하나가 '크고, 무겁고, 강력한 자동차'에만 집착했기 때문이다. 실제로 미국의 자동차를 보면 그럴 만도 하다. 아직도 옛날의 그 디자인을 고수한다. 기술적인 측면은 독일 차나 일본 차에 뒤지지 않아도, 디자인, 특히 내부 디자인은 여전히 투박하다. 왜 그들은 디자인을 바꾸지 않는 걸까? 그들에게 돈을 벌어다줬던 그 디자인이, 어느 순간부터 그들의 가치가 됐기 때문이다. 마치 '미국 차라면 이래야지, 이게 바로 미국 차야'와 같이 디자인 자체가 가치가 된 것이다. 이런 가치는 참 바뀌기가 힘들다.

소위 망했다고 하는 기업들을 보면, 그들이 절대 바꿀 수 없다고 생각한 것들이 있었다. 그것들을 고수하며 변화와 혁신을 받아들이지 못하면, 그때는 안 바꾸는 게 아니라 못 바꾸는 게 되는 것이다. 어찌 보면 한국 사회는 절대 망하지 않을 것 같다. 언제든지 잘되는 쪽으로 바꿔 탈 준비가 되어 있는 사람은 무지하게 생명력이 길기 때문이다. 우리는 생존과 물질적 성취를 위해서라면 언제든지 무엇이든지 버릴 준비가 되어 있다. 그래서 한국 사회는 지난 70여 년간 잘살아왔고, 앞으로도 잘살 것 같다. 최소한 물질적으로는….

하지만 언제까지 이런 식으로 살 수 있을까? 시간이 지나면 자연히 지키고 싶은 게 생기기 마련이다. 더 중요한 건 생활이 풍요로워질수록 사람들은 자연스럽게 옛 가치를 추구하기 시작한다는 것이다. 실제로 최근 몇 년 사이 한국 사회에서도 오래된 뭔가를 찾는 게 각광을 받기 시작했다. 한옥 바람이 불면서 북촌이나 서촌이 주요 관광지가 되었고, 건강 열풍을 타고 한식과 전통음식이 유행하고 있으며, 청학동 서당방식의 예절교육 등이 뜨고 있다. 이제야 슬슬 한국 사람들도 '우리도 뭔가 있었는데….'라고 중얼거리기 시작한 것이다.

일반적으로 안정화된 사회에서는, 상대적으로 지배계층이나 리더그룹들이 지키고자 하는 가치에 더 매달리게 된다. 조선시대 양반들의 유교적 형식이나 체면, 서양귀족들의 예절이나 예술, 종교지도자들의 의식과 설교 등이 그런 것들이다. 이들의 역할은 현실적인 생존이나 일상을 초월해서 그 사회가 추구하는 가치를 제공하는 일이다. 그래서 과거의 인문학, 예술, 종교들은 대부분 귀족과 같은 지배계층의 지원 속에 발전해왔다. 그리고 이런 가치가 결국 그 사회의 문화수준을 보여주었다.

그런데, 현재 한국 사회에는 이런 가치를 추구하고 발전시킬 지배계층이 있긴 있는 걸까?

현재 한국 사회에서 소위 가진 자들, 리더들이 이런 사람이길 바라는 것은 너무 이상적인 생각이다. 우리 사회에서 금전적으로나 사회적으로 성공한 사람들은 대부분 과거에 찢어지게 가난했던 시절을 경험했고, 그 가난에서 벗어나기 위해 지독하게 노력한 사람들이다. 한마디로 엄청나게 독하고 경쟁적이며 생산적인 사람들이다. 이들에게 이제 와서 생존의 두려움을 떨쳐버리고 욕심을 내려놓고 어떤 문화적 가치를 위해 살라고 하면, 갑자기 그렇게 할 수 있을까? 이들이 자신의 금쪽같은 자녀들에게 바라는 것은 무엇일까? 그 자녀들은 또 그들의 무엇을 보고 자랐으며 어떤 가치를 가지고 있을까?

미국 전직 대통령인 빌 클린턴은 어렸을 때 매우 가난하고 힘든 삶을 살았다고 한다. 그래서인지 클린턴은 매우 현실적이고 성취지향적인 대통령이었다는 평가를 받는다. 반면에 앨 고어 부통령은 매우 부유한 명문가에서 태어나, 평생 물질적 성공이나 돈 걱정을 해본 적이 없었다. 실제로 앨 고어는 방이 20개가 넘는 저택에서 살면서 1년 동안 3,000만 원이 넘는 전기료를 낸다고 한다. 재미있는 것은, 어마어마한 전기료를 내고 있는 앨 고어가 환경운동가로서 활동한다는 것이다. 어쩌면 생존에 대한 두려움이나 불안한 현실을 걱정해본 적 없는 앨 고어 정도의 사람이 되어야 관심과 고민도 자연스럽게 추상적이고 거시적일 수 있는 것 같다. 클린턴을 보라. 대통령까지 했어도 여전히 그런 정도의 마음의 여유는 없는 것 같다. 우리 사회에는 아직 앨 고어 같은 사람은 별로 없다. 현재 돈이 많거나 사회적 지위가 높은 이들도 이제 겨우 안정된 생활을 향유한 1세대, 잘하면 2세대에 머물러 있다. 이들에게는 아직도 생존의 두려움과 집착이 남아 있다. 그래서 아직도 배고파고 너무 현실적이고 단기적일 수밖에 없다. 물론 한국 사회에도 자신과 자녀의 세속적 성공 대신 사회에 공헌하는 사람들처럼 진정으로 대의를 위해 사적인 이익을 포기하는 사람도 존재한다. 불행히도 그런 사람은 매우 드물어서 그래서 더욱 존경을 받는지도 모른다.

아마 몇 세대가 더 흘러 우리 자손들 중에 생존이나 경쟁, 세속적 성공을 걱정하지 않는 이가 계속해서 늘어나면, 변화는 일어날 것이다. 돈이나 물질 대신에 그들 나름대로의 가치를 찾아 그것을 추구하는 삶을 살아갈 것이다. 그러면 자신들에게 별로 중요하지 않은 돈을 기부하거나 회사를 포기하고, 사회에 모두 환원하는 등 인생을 멋지게 사는 사람들도 늘어날 것이다. 그러나 아직 한국 사회는 가진 자는 가진 것을 잃어버릴까 봐 전전긍긍하고, 가지지 못한 자는 가지고 싶은 욕망과 두려움에서 벗어나지 못하고 있다. 그것이 무엇이든 간에 우리 국민의 대다수가 믿는 지배적인 종교(신념, 가치)가 생겨날 때까지 우리 사회의 심리적 성숙도는 천천히 성장할 것이다.

우리가 목숨을 내놓고 지킬 만한 가치가 생기면, 우리의 삶은 성숙되고 문화의 격 또한 높아질 것이다. 단, 그전에 먼저 해야 할 일이 있다. 번개같이 빠른 변화와 성장을 포기해야 하는 것이다. 또다시 한국인의 복합유연성이 실력을 발휘하지 않게 하려면….

포기하기 싫어하는 한국인에게 정치란?

//

안철수 의원만큼 그 평가가 다양한 정치인도 드물지 싶다. 몇 년 전 한 행사에서 안철수 의원을 본 적이 있다. 많은 젊은이와 여성이 몰려들어 기념사진을 찍고 사인을 받아가고, 난리도 아니었다. 마치 무슨 한류스타 같았다. 반면에 안철수 의원을 직간접적으로 알던 그와 비슷한 나이 또래의 지인들 일부는, 한때 그가 대통령 후보로 거론될 때 입에 거품을 물며 비난했다. 물론 약간의 질투와 부러움이 있었다고 해도, 전혀 근거 없는 마타도어도 아닌 것 같았다. 그렇게 잘나가던 안철수 의원의 현재는 상대적으로 초라하다. 현재 대선후보로서의 가능성도 예전에 비하면 낮아졌고, 야당에서의 입지도 애매하고, 심지어 2016년 총선에 대한 여론조사에서는 지역구 수성도 쉽지 않을 정도였다. 만약 이대로 안철수 의원이 정치적으로 몰락한다면, 아마 대한민국 정치 역사상 최단 시간에 가장 드라마틱한 등장과 함께 가장 드라마틱한 퇴장을 한 정치인 중 한 명으로 기억될 것이다. 워낙 혜성같이 등장해 엄청난 인기를 누렸기에, '안철수 현상'이라고까지 불리며 수많은 논란과 해석을 불러왔던 그였다. 유례가 없었던 이 기현상에 대한 설명으로, 흔히 기존 정치에 대한 환멸, 변화와 새로운 정치에 대한 요구, 개인 안철수의 성공신화에 의한 후광효과, 청년 토크콘서트의 인기 등과 같은 다양한 사후 분석이 있었다. 그 많은 이유들이 합쳐져 어떤 열망을 만들어냈기에 한국의 정치 역사상 유일무이한 사건으로 기억될 수 있었다. 하지만 이런 환경적이고 피상적인 상황적 요인들로 설명되기에는, 안철수 현상과 관련된 너무나 많은 본질적 질문이 여전히 미스터리로 남아 있다.

능력 있는 군자? 안철수

안철수 현상에 대한 많은 분석들은 정치적 관점에서 안철수 의원의 역할과 의미를 논의해왔다. 하지만 국민들이, 특히 안철수 의원을 지지했던 많은 사람들이 과연 그를 정치인으로 인식하고 있었느냐에 관해서는 의문이 든다. 많은 사람이 안철수라는 한 개인에 대해서는 관심과 사랑을 가졌을지 몰라도, 정치적인, 특히 정치공학적인 안철수의 의미를 그리 크게 기대하거나 생각하지 않았을지도 모른다. 오히려 안철수라는 개인에게서 바로 우리 사회가 그리 갈망하던 '능력 있는 군자'라는 환상을 좇았을 수는 있다.

　가족확장적 특성을 가진 한국인들은 이상적인 리더로 아버지와 같은 군자상을 추구한다. 스스로가 아닌 남을 위하고, 더 큰 사회적 이익을 위해서 자신의 욕심과 이득을 포기하고, 사사로운 감정이나 관계가 아닌 원칙과 사회적 규범을 우선으로 행동하고, 타인을 배려하며 아끼는 따뜻하고 관대한 마음을 가진 사람을 유달리 좋아한다. 이런 사람을 싫어하는 사회와 사람들이 전 세계에 어디 있겠냐마는, 한국인은 특히 이런 리더에 대한 강한 집착을 보인다. 왜? 가족확장주의적이고 관계주의적이니까. 하지만 현실적으로 한국 근현대의 역사적 배경과 시대적 상황은 그러한 군자가 성공하기 힘든 구조였다. 타인을 배려하고 양보하며, 사익보다는 공익을 우선시하고, 욕심보다는 원칙을 따르며 살아온 이들이 세속적으로 성공하기에는 너무나 가혹한 역사이자 시대였다. 지난 70여 년 동안 세계 역사상 전례가 없는 경제발전을 이루어온 대한민국은 그러한 발전의 대가로 원칙과 명예, 배려, 규범을 다소 외면해왔고, 그 과정에서 그런 군자들을 지켜주지도 못했다. 그래서 많은 한국인들은 마음속 한 곳에 그런 가치에 대한 일종의 죄책감과 후회, 그리움과 갈망을 안고 있다.

　1960년대부터 일어난 경제발전의 과정에서 많은 기성세대는 원칙을 지키고 손해를 보느니, 편법과 비겁을 선택해 이익을 취해왔다. 또 배려와 양보보다는 경쟁과 승리를 추구해왔다. 그 과정에서 이들은 가족과 회사, 국가를 위해서 어쩔 수 없이 원치 않은 선택을 해왔다고 스스로를 위로했다. 하지만 경제가 발전하고 교육이 보편화되고 사회적 욕구와 기준이 다양해지면서, 사람들은 원칙과 신뢰, 정의와 같은 더 높은 가치를 추구하기 시작했다. 특히 젊은 세대들은 그런 가치를 당연히 지키면서 살아가야 한다고 배웠고, 그것이 가능하다고 믿고 싶어 했다. 하지만 기성세대에게서 그런 예를 찾기 어려워 큰 실망을 느껴왔다. 그들의 부모들은 여전히(최소한 암묵적으로) 과거와 같은 방법으로 자식들이 경쟁에서 살아남기를 기대했다. 이런 혼돈의 시기에 안철수라는 존재는 교과서적인 롤모델로 등장했다.

안철수 의원이 실제 인격적으로 군자의 덕목을 갖추었느냐 하는 문제나 세속적으로 성공했느냐 하는 여부(이 점은 상대적으로 명확해 보이지만은)는 안철수 의원을 가까이서 지켜볼 기회가 없었던 필자가 확인할 길이 없고, 또 그것은 사회심리학자인 필자의 관심사도 아니다. 하지만 일반 국민들, 특히 안철수 의원을 한때 지지했거나 아직도 지지하는 국민들에게 그는 군자처럼 살면서도 세속적인 성공을 이루어낸 영웅이고, 그것이 가능하다는 메시지를 세상에 보여주는 존재였음이 틀림없다.

안철수 의원은 서울대 의과대학을 졸업했고, 의사가 되었다. 그리고 소프트웨어 산업에 선구자적으로 뛰어들어 컴퓨터 바이러스 백신 프로그램을 개발해서 엄청난 벤처부자가 되었다. 그의 성공은 일반적으로 사회에서 지탄받는 특혜나 편법이 통할 여지가 없이 공정하면서도 멋진 성공, 정직한 성공이었다. 매일 뉴스를 도배하는 부의 상속, 뇌물, 부패, 부당거래, 갑을관계 등의 불법과 탈법 소식에 지친 사람들에게 안철수 의원은 편법과 비리 없이도 세속적인 성공을 이룰 수 있다는 것을 보여준 상징적인 존재처럼 인식됐을 것이다. 여기에 더해 '능력남' 안철수 의원이 '군자'의 반열에 오르는 결정적 사건이 터졌다. 바로 서울시장의 유력한 후보 자리를 깨끗하게 양보한 것이다.

한국 사회의 신뢰도를 묻는 조사에서 가장 신뢰받지 못하는 집단의 최고 자리를 놓고 경쟁하는 사람들은 늘 법조인이나 정치인이다. 그러한 인식이 합당한가 아닌가에 상관없이, 일반적으로 한국 사회에서는 정치인이나 고위공무원들은 탐욕스럽고 자신의 이익만을 고려하며 국민이나 국가, 공익은 안중에도 없다고 인식되고 있다. 대기업, 사주, 자본가들과 같은 가진 자들에 대한 국민들의 인식도 크게 다르지 않다. 그런 한국 사회에서 자본가이며 정치인인 안철수 의원이 아무런 조건도 없이 서울시장 후보 자리를 박원순 후보에게 양보하는, 그것도 자신의 지지율이 더 높았음에도 불구하고 포기하는 모습은 그야말로 신선했다. 가질 수 있는데도, 가져도 되는데도 불구하고 모두가 가지고 싶어 하는 것을 홀연히 포기한 그의 모습은 바로 국민이 원하던 군자의 모습이었다. 배려와 양보로 상징되는 서울시장 후보 양보 사건은 과거에 자신이 개발한 백신프로그램을 무료로 배포했던 일과 기득권(의사로서, 성공한 사업가로서)을 포기한 경력 등과 함께, 국민들에게 일관성 있는 모습으로 지각되었을 것이다.

사람의 행동에 대한 관찰이 그 사람의 성격이나 기질적 또는 인격적 성향으로 연결되는 가장 중요한 요인은 바로 일관성이다. 병을 고쳐주는 의사라는 직업과 게임이나 상업적인 프로그램이 아닌 컴퓨터에 해로운 바이러스를 없애주는 백신프로그램의 개발자라는 공익적 이미지도 그런 일관성을 더욱 부각시켰을 것이다. 바로 이런 이유로 안철수 의원은 많은 사람에게 능력 있는 군자가 되었고, 이 시대가 갈망하는 롤모델이 될 수 있었다.

정치 코미디가 반복되는 까닭은?

안철수 의원이 '능력남'과 '군자'라는 두 가지 매력을 동시에 가졌다는 사실은, 두 매력이 단지 '1+1=2'의 효과를 가져왔다는 뜻이 아니다. 한국 사회에서 능력(세속적인 성공)과 군자적 인성은 일반적으로 양립하기 힘든 가치로 여겨진다. 현실에서 많은 사람은 가지고 싶은 이두 가지 가치 사이에서 하나를 얻는 대신 다른 하나를 포기해야 하는 갈등을 경험한다. 그런데 안철수 의원의 등장으로 사람들은 어느 것도 포기하지 않아도 된다는 메시지를 받았다. 하나만 선택하는 걸 힘들어하는 한국 사람들에게 두 가치를 모두 가질 수 있다는 것은 너무나도 매력적일 수밖에 없었다.

선택은 흔히 '여럿 취할 수 있는 것 가운데 필요하거나 적절한 것을 뽑는 행위'라고 정의된다. 하지만 이런 정의는 맞기도 하지만 틀리기도 하다. 일반적으로 여러 개 중에 하나를 고르는 선택 행위의 결과는 하나를 얻지만 동시에 반드시 그 이상의 것을 포기해야 하는 결과를 수반한다. 짜장면과 짬뽕을 골라야 하는 상황에서도 최소한 하나를 선택하면 다른 하나는 포기해야 한다. 편의점의 수많은 음료수 앞에서 하나를 고르는 순간, 수십 개의 다른 음료수는 포기해야 한다. 결혼하는 순간, 이 세상의 30억이 넘는 이성을 포기해야 한다. 대학입시에서 지원서를 내는 순간, 지원하지 않은 수많은 대학에 진학할 기회를 포기해야 한다. 이렇게 현실에서는 포기하는 것이 훨씬 더 많고 크다. 그래서 원래 선택은 가지는 것이 아니라 포기하는 것이다. 하지만 사람들은 선택의 과정에서 가지는 것에만 목숨을 건다. 그러니 당연히 포기해야 하는 것들을 인식하지도 못하고 받아들이지도 못한다.

원래 포기를 본질로 하는 선택은 한국인들의 심리적 특성인 복합유연성에 그리 잘 어울리지 않는다. 한쪽이 이기고 다른 쪽이 완전히 패배하는 결과보다는, 또는 하나를 얻기 위해 다른 하나를 포기하는 것보다는, 항상 이런 교육을 받아왔기 때문이다. '치우치지 마라.', '그것만 하지 말고 이것도 해라.', '놓치는 것이 없는지 잘 봐라.', '이겨도 너무 이기지 마라.', '이겨도 너무 기뻐하지 마라.', '이건 잘했는데 저건 왜 못했니.' 이런 문화적이고 사상적인 배경은 결국 한국인으로 하여금 포기란 나쁜 것이라는 생각과 함께 포기하는 것을 싫어하고 더구나 포기하지 않아도 된다는 인식을 가지게끔 만든다. 현실에서 무언

308

가를 선택하면서 또 다른 무언가를 포기하기는커녕 자신은 포기하지 않았다는 착각에 빠지기도 한다.

안철수 의원은 바로 이와 같은 선택만 하고 포기를 싫어하는 한국인의 특성에 가장 잘 맞는 상징적 인물로 보였을 것이다. 사실 안철수 의원의 등장 이전에도 한국인들의 포기하기 싫어하는 특성은 이미 한국 정치에 많은 영향을 미쳐왔다.

정치 민주화와 대통령 직선제를 이루어온 이후 한국선거의 큰 특징 중에 하나는, 일반적으로 국민들이 연속되는 선거를 통해 어떤 동일한 정치세력에 연속적인 지지를 보내지 않았다는 점이다. 대부분의 경우에 한 선거에서 여당이나 야당이 성공하면, 일반적으로 다음 선거는 반대쪽이 성공하는 경향이 있었다는 얘기다. 일반적으로 이러한 결과는 한쪽의 독주를 견제하는, 또는 지난 선거에서 승리한 쪽에 균형 잡힌 정책을 실시할 것을 경고하는 국민의 절묘한 선택이라는 해석이 뒤따른다. 하지만 이 절묘한 선택은 인간의 일관성이라는 측면에서 보면 좀 이상하다.

한 시기에 국민의 다수가 진보건 보수건 어떤 후보나 정당을 지지했다는 것은, 그 후보나 정당이 주장하는 정치적 지향점이나 정책을 선호한다는 것을 의미한다. 그렇다면 비슷한 시기에 실시된 선거에도 그러한 국민 다수의 선호가 반영되어야 한다. 즉, 대통령이 진보세력에서 당선되면 뒤따르는 국회의원 선거도 진보가 승리해야 하고, 대통령이 보수세력에서 당선되면 국회의원 선거도 보수가 승리해야 한다. 왜? 그게 국민이 선호하는 국정운영과 정책의 방향을 선택하는 것이고, 그래야 정책의 일관성이 생긴다. 하지만 한국인들은 그런 일관성이나 정책의 효율성보다는 조화를 원했다. 혹시 한쪽으로 치우쳐서 잃어버리는 것이 있을까 봐 서로가 견제하기를 원했던 것이다. 그래서 우리는 과거에 진보 대통령에 보수 다수당 또는 보수 대통령에 진보 다수당을 가지는 조화로운 비극을 경험해왔다. 사실 이러한 선거 결과가 비극적인 이유는 국민들이 그렇게 싫어하는 '발목잡기'를 하기 딱 좋은 구조이기 때문이다. 일부러 발목잡기를 하는 게 아니라 자신들의 정치적 소신을 따르다 보면 그냥 발목잡기가 되는 환상의 조합인 것이다.

　한국 사람들은 한마디로 패자가 없는 승자를 원한다. 그래서 우리의 정치와 정책은 항상 죽도 밥도 아닌 그 무엇인가가 되고, 그 무엇을 만든 국민은 나중에 누가 밥을 망쳤냐고, 누가 죽을 이렇게 만들었냐고 되묻는 정치 코미디가 반복되어왔는지도 모른다.

혼혈의 성공과 순혈의 실패

2014년 7월에 있었던 재보선의 결과와 같이 최근 몇 년의 선거에서 소위 진보세력이 이끄는 정당은 연이어 패배를 경험했다. 앞에서 얘기한 절묘하게 견제세력을 만들었던 우리 국민의 선택은 지난 몇 년 동안은 볼 수 없었다. 이명박 대통령이 당선된 이후 거의 대부분의 선거는 보수진영이 승리해왔다. 보수는 승리의 이유로 '선거의 여왕'이라는 박근혜 대통령의 역할을 강조해왔지만, 여기에는 다양한 정치공학적인 논리와 설명뿐만 아니라 포기를 싫어하는 한국 사람들의 복합유연성이 포함되어 있다. 즉, 새누리당의 성공과 새정치민주연합의 실패는 최소한 일정 부분 다음과 같이 설명될 수 있다.

기본적으로 당시 새누리당은 혼혈이었다. 새누리당에는 사실 같은 당에 있어도 되나 싶을 정도로 다양한 인생경로를 거쳐 온 사람들과 다양한 정치지향점을 추구하는 정치인들이 공존하고, 더구나 다 같이 중요한 역할을 하고 있다. 재벌가 출신에 재산이 1조 원이 넘는 정몽준에서부터, 전문경영인 출신의 이명박, 농업고등학교 출신의 김태호, 나경원과 조윤선 등의 대중적인 여성 정치인들, 젊은 시절 박정희 전 대통령에 저항했던 진보전사 김문수, 김영삼 전 대통령의 민주화 세력 출신인 김무성, 박정희 대통령 시절부터 쭉 존재해왔던 극보수 어르신들까지. 이처럼 각각 다른 배경을 가진 수많은 정치인이 그 안에서 이미 조화를 이루고 있다. 더구나 이명박 전 대통령의 재임 시절부터 보수당에는 항상 자체 견제세력이 있었다. 이명박 전 대통령 때는 박근혜 대통령이 강력한 견제세력으로 그와 계속 갈등을 유지해왔다. 실제 세종시 이전과 같은 굵직굵직한 갈등에서, 당시 여당과 야당의 갈등보다 여당 내의 갈등이 더 크게 부각되는 측면도 있었다. 새누리당에도 끊임없이 '친박'과 '비박'이라는 이름으로 갈등이 진행 중이며, 재미있게도 '비박'계의 김무성 의원이 대표최고위원이 되면서 여당 내의 야당처럼 인식되고 있었다. 이렇게 다양한 세력과 그들 간의 갈등이 상존하는 새누리당은 그 자체가 굳이 뭔가를 포기하지 않아도 되는 마치 종합선물세트 같은 이미지를 국민들에게 인식시키고 있었다. 박근혜 대통령이 대선 후보일 당시, 그가 내놓은 공약의 주요 키워드는 보수정당답지 않게 '복지'였다. 지금도 성장과 복지 문제로 새누리당과 보수진영 내에서 갈등이 지속되고 있고, 그래서인지 정책도 갈팡질팡하고 있다. 많은 사람은 새누리당이 보수답지 않다고 얘기하고, 또 다른 이들은 새누리당이 너무 보수적이라고 얘기한다. 이런 성장과 복지라는 갈등은 원래 여당과 야당 간에 이루어져야 하는데, 여당 내에서 자기들끼리 이루어지는 것은, 결국 야당은 없어도 된다는 얘기가 될 수 있다. 즉, 성장을 추구하는 보수적 정체성을 지닌 아버지와 복지를 추구하는 진보적 정책의 어머니 사이의 혼혈인 새누리당은 포기를 싫어하는 한국인들에게 '짬짜면'과 같은 절묘한 선택이 되고 있었던 것은 아닐까?

반면에 당시 새정치민주연합으로 대표되는 진보세력은 외형적으로는 혼혈보다는 오히려 순혈을 추구하는 것 같아 보인다. 최소한 국민들은 그렇게 인식하고 있는 것 같다. 실제로 2014년 7월 재보선이 끝나고, 많은 언론이 새정치민주연합의 전략이 너무 극단적이고 획일적이었다는 평가를 내놓았다. 한결같이 정부와의 대결구도를 강조하고, 내부에서 다른 의견을 내는 사람은 변절자로 비판받는 분위기였다는 것이다. 이는 전형적인 집단사고의 현상이라고 볼 수 있다. 스스로가 도덕적으로나 윤리적, 또는 지적으로 우월하다고 믿는 집단이 어떤 공동의(특히 성스러운) 목적을 위해 의사결정을 할 때, 자신들은 절대 질 수 없는 절대무적이라는 착각, 반대의견은 있을 수 없다는 만장일치의 압력, 다른 의견에 대한 집단적 비판과 자체 검열 등의 현상이 일어나는 것이다. 이런 집단사고는 주어진 정보에 대한 종합적인 사고나 균형 잡힌 논의를 막아 결국 합리적인 의사결정이 이루어질 수 없게끔 만든다. 더구나 이런 과정에서 그 구성원들은 반대의견을 낼 경우 집단적 비판을 받을 것을 두려워하게 되어 점점 더 극단적인 순혈주의적 특성을 띄고 더 폐쇄적인 행동을 보이게 된다. 이런 집단사고 현상은 당시 새정치민주연합의 문제점을 지적하는 보도에서 흔히 볼 수 있는 내용이다. 집단사고를 통한 순혈주의는 결국 선택을 싫어하는 한국인들에게는 피하고 싶은 대상이 될 수밖에 없다.

군자가 욕심을 부리면

아마 민주당은 새정치연합과 안철수 의원과 통합하면서 안철수 의원이 가지고 있는 중도적 이미지와 중도세력의 지지를 기대했을 것이다. 사실 민주당과 통합하기 전까지 안철수 의원의 이미지는 중도였다. 누가 봐도 정치적으로 보수적일 것 같은 배경이지만 보수를 비판하는 언행과, 그렇다고 딱히 진보세력과 손을 잡지도 않는 그를 보수도 진보도 아닌 중도세력으로 많은 지지자가 인식했다. 그를 지지하지 않는 사람들은 그의 모호하고 추상적인 언어적 표현을 비난했지만, 사실 그것이야말로 안철수 의원이 중도적이고 통합적인 이미지를 가지는 데 가장 큰 자산이었다.

어떠한 정책도 구체적인 각론으로 들어가면 얻는 것과 잃는 것이 모두 존재하고 명확해진다. 그런 선택의 상황에서 정치적 지향점에 따라 서로 다른 선택을 하는 것이 정치적 결정이다. 하지만 각론이 아닌 상위의 수준에서 좀 더 거시적이고 추상적인 담론을 얘기한다면, 서로 갈등을 일으키는 가치들을 굳이 충돌시키지 않고도 논의가 가능하다. 그 어떤 정치적 지향점도 결국 궁극적인 목적은 친국민적일 수밖에 없기 때문에 원론적으로 추상적이고 모호한 담론에는 선택과 포기가 존재할 필요가 없다. 그래서 국민들은 안철수 의원의 원론적인 얘기에 반대할 이유가 전혀 없었고, 안철수 의원을 싫어하는 사람들도 '왜 그런 선택을 했느냐.' 하고 그를 비난할 이유도 없었다.

이런 안철수 의원의 강점은 민주당과 통합이라는 선택을 하는 순간, 현실적으로 어느 정도 훼손될 수밖에 없었다. 안철수 의원이 그것을 선택하는 순간, 국민도 포기할 게 생기기 때문이다. 하지만 민주당과의 통합부터 재보선의 실패까지 그 과정에서 안철수 의원이 입은 가장 큰 손실은, 아마 중도적 이미지보다 군자적 이미지일지 모른다.

지지자들이 열광하는 안철수 현상의 중심에는 개인적 욕심과 사익을 초월하는 군자적 인성이 있었다. 하지만 민주당과 통합한 이유, 새정치민주연합에서의 역할, 공천과정에서의 갈등을 통해 안철수 의원이 과연 개인적 영달이나 야망을 초월한 사람인가에 대한 의문이 시작되었을 수 있기 때문이다.

흔히들 이런 얘기를 한다. 정치를 권력욕만으로 하는 것은 잘못된 것이며 막아야 하지만, 권력욕이 없는 사람에게 정치는 결코 어울리지도 않고 성공하기도 힘들다고.

여전히 포기를 싫어하는 국민들로부터 사랑받는 안철수 의원에게 이제 더 큰 선택이 기다리고 있을지 모른다. 권력욕이 없고 많은 사랑을 받지만 정치에 실패한 군자로 남을 것인가, 아니면 권력욕이 있어 군자가 아닌, 그래서 사랑받지 못하는 성공한 정치인으로 변신할 것인가? 최근에 부쩍 자기 목소리를 강하게 내고 있는 안철수 의원에 대한 지지도가 올라가기는커녕 내려가고 있는 현실에 대한 해석이 어느 정도 이해가 가는 건 바로 이 때문이다.

칭찬에 춤추는 고래가 행복할까?

//

현재 한국의 교육이 정상이 아니라는데 동의하지 않을 학부모는 거의 없는 것 같다. 현 교육체계의 문제점을 지적하며 다른 교육방식을 찾아서 대안학교나 홈스쿨링, 조기유학 등을 선택하는 적극적인 학부모나, 한국 교육에 철저히 순종하며 입시교육에 몰입해서 나름 성공적으로 적응하고 있는 또 다른 적극적인 학부모나, 아예 무엇을 해야 할지 모른 채 우왕좌왕하거나 자포자기한 학부모 모두 한국의 현 교육체계는 미쳤다고 입을 모은다. 입시제도에 함몰되어버린 지옥과 같은 한국 교육에 대한 문제점은 언제나 정치논쟁과 공약의 주요 논제가 되어왔고, 특히 교육감 선거에서는 너 나 할 것 없이 모든 후보가 현 교육제도를 어떻게 바꿀 것인지를 놓고 경쟁한다. 물론 그 어떤 교육감도 공약을 제대로 실시하지 못했고 실시했더라도 결국 실효성이 없는 공약이었기에, 대부분의 한국 청소년들은 아직도 지옥 같은 교육체계 안에서 고통받고 있다.

자사고의 잘못인가?

2014년 선거를 통해 선출된 다수의 진보 교육감들이 취임하자마자
제일 먼저 '자율형사립고등학교(자사고) 폐지'를 추진하면서 엄청난
논란이 일어났다.

자사고 폐지의 근거는 표면적으로는 현 자사고들이 교육의 다양성
이나 건학이념 실현에 부족하다는 평가 때문이었지만, 실제로는 최근
대학입시에서 외고와 자사고가 일반고에 비해서 엄청난 성공을 이루
어낸 것이 그 근본 원인이라는 것은 너무나 명확하다. 일반고와 비교
해서 상대적으로 비싼 등록금을 받는 외고와 자사고에 부유한 가정출
신에 성적이 우수한 중학교 졸업생들의 입학이 집중되면서, 사회양극
화와 교육양극화를 조장시켜 일반고를 황폐하게 만들었다는 것이 그
근거였다. 일반고를 황폐화시켰다는 논리의 근거로는 일반고에 진학
한 학생들이 상대적 낙인효과도 좌절해 대학진학에 많이 실패했다는
점을 꼽았다.

자사고 폐지의 근거로 내세운 이러한 논리 대부분은 최소한 부분적
으로 사실이고 일리가 있다. 자사고가 없었다면 일반고의 수업 분위
기가 지금보다는 좋았을 것이고, 대학진학률 역시 더 높아졌을 것이

라는 주장 역시 말이 된다. 또 일반고에 진학한 학생들이 낙인효과로 좌절할 일도 없을 것이다. 하지만 이러한 추정은 자사고에 진학 가능한 상위권의 중학교 졸업생들이 일반고로 진학하게 되면, 그냥 아무것도 바뀌지 않아도 당연히 나타날 수 있는 결과다. 자사고에 갈 똑똑한 학생들이 일반고로 가게 되면, 일반고의 성적과 대학진학률이 높아지는 건 당연하다. 어차피 동일한 학생들에 학교만 바뀐 것이다. 물론 이들이 일반고에 진학하면 전체적으로 공부하는 분위기가 향상되어, 중하위권의 학생들도 공부에 더 전념할 수 있는 면학 분위기가 조성되고, 대학진학에 성공하는 학생이 상대적으로 더 늘어날 수도 있을 것이다. 하지만 동시에 현재 일반고에서 상위권의 성적을 내는 학생들은 자사고에 진학했을 학생들과 교내에서 3년 동안 더 치열하게 경쟁해야 하며, 결과적으로 더 낮은 내신점수를 받을 가능성도 높다. 하위권 학생들이 더욱 하위권으로 밀리게 될 것은 자명하다.

요즘 대학입시는 수능을 중요시하는 정시보다, 내신을 중요시하는 수시의 비중이 나날이 커지고 있다. 자사고 학생들은 내신에서 불리하기에 정시로 대학진학을 하는 경우가 더 많고, 일반고 학생들은 다양한 수시제도를 통해 상대적인 혜택을 보고 있다. 만약 자사고에 진학했을 우수한 학생들이 자사고 폐지로 일반고에 진학했을 때, 현재 일반고의 학생들이 대학입시에서 상대적으로 더 유리해질지 아니면 불리해질지는 사실 매우 복잡한 시뮬레이션을 해봐야만 결론이 날 수 있다. 그러니 자사고의 폐지가 현재 한국 교육이 직면하고 있는 교육양극화와 사회양극화의 문제를 해결하는 최적의 방법인지에 대해서는 좀 더 신중한 분석이 필요할 것 같다.

하지만 자사고 폐지 논란이 적절하지 않은 가장 중요한 이유는, 이러한 논리의 핵심에는 여전히 대학입시와 입시성적만을 고려하고 있는 사회 분위기가 지배적이라는 것이다. 양극화 주장의 기준도 상위권 대학진학률이고, 낙인효과의 근거도 입시성적이며, 면학 분위기도 결국 입시공부를 얘기하고 있다. 결론적으로 일반고에서도 좋은 대학에 진학하는 학생의 수를 늘리겠다는 것이 '일반고 전성시대'와 '자사고 폐지' 정책의 핵심이다.

대부분의 사람이 입시교육 지양이나 창의성교육과 같은 교육의 다양성을 외치지만, 결국 모든 정책은 대학진학과 입시교육만을 그 판단의 기준으로 삼고 있다. 대한민국 대부분의 학부모와 학생들이 그것을 원하니 어쩔 수 없다는 논리는 교육철학의 부재를 스스로 여실히 보여주는 것이고, 결국 인기에 영합하는 포퓰리즘이라는 본질을 드러내는 것이다.

문제는 자사고를 폐지하든 안 하든 상관없이, 일반고에서 무엇을 가르치고, 학생들이 무엇을 배우며, 어떤 학생들이 배출되는지, 즉 교육의 성공을 무엇으로 평가할 것인지에 대한 논의가 없다는 것이다.

전체 고교생 수의 3퍼센트만을 차지하는 자사고에 비해 97퍼센트의 일반고 학생이 뒤처진다는 문제보다는, 97퍼센트나 되는 일반고 학생들에게 무엇을 가르칠 것인가가 더 중요한 문제다. 만약 대부분의 사람들이 흔히 주장하듯이 입시 위주의 교육이 인성을 파괴하고 궁극적으로 제대로 된 인재를 배출할 수 없다면, 그야말로 입시 위주의 교육을 받은 자사고의 졸업생들은 궁극적으로 인생에서 실패할 가능성이 높을 것이다(논리적 모순을 얘기하는 것뿐 결코 그러길 바란다는 얘기가 아니다). 진짜 중요한 문제는 97퍼센트의 일반고 학생들이 현재 무슨 교육을 받고 있느냐 하는 것이다. 거기에 자사고가 폐지될 경우 100퍼센트에 육박하는 일반고 학생들에게 무엇을 가르칠 것인가 하는 점이 관건이다. 만약 일반고 학생들에게 가르칠(입시교육이 아닌) 무언가가 제대로 준비되어 있고, 인성을 갖춘 진정한 인재를 어떻게 키울지 알고 있다면, 자사고를 폐지하든 안 하든 시간이 지나면 일반고 전성시대는 저절로 올 것이다.

꼴찌가 없는 나라의 행복한 교육을 위하여

누구나 얘기한다. 현재 국영수 위주의 입시교육과 그 점수에 의해 당락이 결정되는 대학입시가 문제라고. 이렇게 교육제도를 비난하면서 한국 사회의 지나친 교육열이 가져온 어쩔 수 없는 결과라고 얘기하기도 한다. 부분적으로는 맞는 말이다. 70퍼센트가 넘는 대학진학률 그리고 자녀의 학업을 위해서라면 어떠한 희생도 치를 준비가 되어 있고 그 고통을 자식을 향한 부모의 사랑으로 믿고 있는 한국의 부모들을 보면, 문제의 근원에는 지나친 교육열이 있는 것도 사실이다. 하지만 한국의 부모들은 아무것도 없는 전쟁의 폐허 속에서 어찌 보면 인적자원만으로 세계에 유례없는 경제발전을 이뤄온 역사를 살아왔다. 그 과정에서 지식권력을 선점했던 사람들이 사회적으로 성공하는 광경을 목격한 한국의 부모들이 자식교육에 매달리는 것은 충분히 이해할 수 있는 일이고 나무랄 수만도 없다. 그러나 문제는 교육학벌의 힘이 점점 약해지고 있고, 미래의 지식권력의 내용과 형태는 현재와는 분명 다를 것이라는 점이다. 피할 수 없는 이 사실을 대부분의 일반 국민들은 알지도 못하고 알려줘도 받아들이지 못하고 있다. 충고와 경고를 들어도 100퍼센트 이해하거나 과거 자신의 경험을 극복할 만큼 용감하지도 않다. 그건 평범한 국민 개개인이 바꿀 수 있는 일도 아니다. 오히려 교육의 변화를 통해 국민들의 인식을 전환시키고, 미래 시대에 적합한 인재를 배출해야 하는 것이 진정한 교육계의 사명이고 역할이다.

현재 대학입시 위주의 교육은 그런 면에서 분명 문제가 있다는 것에는 전문가 대부분이 동의한다. 따라서 국영수 위주의 암기식 교육에서 벗어나기 위해 수능의 난이도와 내신의 체계에서 그 비중을 줄이려고 노력하고 있다. 하지만 그 대신 무엇을 가르칠 것인가에 대한 현실적인 대책은 없다. 물론 현재와 미래에도 수리나 언어능력 같은 전통적인 측면에서 지적으로 뛰어난 인재는 필요하다. 그게 정확히 몇 명인지는 누구도 알 수 없지만, 한국 청소년의 70퍼센트는 절대 아니고 아마 50퍼센트도 되지 않을 것이다. 문제는 그런 전통적인 지적 측면의 자질을 가지고 있지 않은 50퍼센트 이상의 청소년들에게 무엇을 가르칠 것이냐는 점이다. 이들에게 국영수를 전혀 가르칠 필요가 없다는 것은 아니지만, 지금처럼 모두에게 똑같은 교육을 시키는 것은 말도 안 된다. 똑같은 것을 가르쳐놓고 자질에 따라 차이가 나는 것이 잘못됐다고 얘기하는 것은 사기다. 그리고 그 차이에 따라 상처받지 말라고 하는 것은, 자기는 계속 때리면서 맞는 사람보고 그 상황을 즐기라는 변태에 가깝다.

문제는 하위 50퍼센트에게, 그들이 잘할 수 있는 무엇을 가르칠 것이고, 어떤 기회를 줄 것인가이다. 이들에게 그들이 잘하고 원하는 것을 배울 수 있는 기회를 주는 것과 이들에게도 국영수 시험에서 좋은 점수를 받을 수 있는 기회를 주겠다는 것 중에, 과연 어느 것이 사회정의의 실현에 더 가까울까? 후자는 국가적으로도 낭비고, 궁극적으로도 실패할 확률이 높다. 오히려 국영수 공부가 아닌 그들이 진짜 잘할 수 있는 영역이 교육내용에 포함되어야 하고, 그게 바로 교육의 다양성일 것이다.

교육의 다양성 문제는 상위권 성적의 학생들이 몰려 있는 3퍼센트의 자사고 문제가 아니라, 상대적으로 전통적인 학업에 자질이 부족할 가능성이 높은 97퍼센트의 학생들이 있는 일반고 문제다.

사실 전통적인 지적영역에서 우수한 인재들의 가치는 점점 줄어들고 있다. 이미 한국 사회에서 명문대 졸업생, 각종 고시합격생의 삶이 예전처럼 보장되지 않는다는 현실과 창의성이나 인성, 다양성을 강조하는 사회 분위기를 보면 자명해진다. 당장 법학전문대학원(로스쿨) 졸업생들의 취업률이나 취업의 질이 너무 떨어져서 문제라는 자료나, 전국에서 폐업률이 가장 높은 직업 중에 하나가 의사라는 믿지 못할 자료만 봐도 알 수 있다. 공부 잘해서 대기업에 들어간 4, 50대의 한계와 좌절은 이미 고착화되어 있다. 지금과는 전혀 다른 미래의 기회가 오고 있는데, 그런 미래 시대에 적합한 자질을 가진 97퍼센트의 인재들에게 국영수를 쉽게 가르쳐준다고 그 근본적인 문제는 해결되지 않는다. 우리의 교육체계 안에 국영수 대신 뭔가를 넣어줘야 한다.

고래를 춤추게 하는 방법

한때 한국 사회에서 화제가 되었던 켄 블랜차드의《칭찬은 고래도 춤추게 한다》라는 책이 있다. 칭찬보다는 처벌에 익숙한 한국 사회에 긍정적 인간관계의 중요성을 강조한 신선한 내용으로 베스트셀러가 되었다. 필자는 이 책의 내용에 반대할 생각도 없고 이 책이 한국 사회에 많은 기여를 했다고 믿지만, 책의 제목만큼은 결국 한국 사회의 또 다른 한계를 보여주었다고 생각한다. 이런 제목은 칭찬 때문에 춤을 추는 고래는 원래 춤추고 싶지 않았다는 진실과, 고래의 의도와 상관없이 어떻게든 그 고래를 춤추게 하려 한다는 강제성을 전제로 하고 있다. 사실 원래 춤추고 싶어 하는 고래에게는 칭찬이 필요 없다. 춤추고 싶지 않거나 춤출 이유가 없는 고래를 춤추게 할 때만, 칭찬과 같은 외재적 동기(외부에서 주어진 보상이나 처벌)가 필요하다. 동물원에서 조련사가 원하는 시점에 원하는 장소에서 춤을 춰야 하는 고래는 칭찬이 필요하다. 왜? 그 고래는 원래 춤추고 싶지 않았으니까. 하지만 넓은 바다에서 혼자 헤엄치는 자유로운 고래가 춤을 추거나 물위로 뛰어오르는 이유는 누군가 옆에서 칭찬해서가 아니다. 바다의 고래는 그냥 춤추고 싶어서 춘다. 이들에게는 칭찬이 아니라 아마 그들만이 들을 수 있는 음악이 필요할 거다. 그럼 알아서 춤춘다.

한국의 교육은 그래도 발전하고 있다. 과거에 비해서 칭찬과 보상을 늘리려고도 노력하고 있다. 여전히 상점보다는 벌점이 흔하고, 많은 선생님들이 감시나 처벌로 학생들을 다루고 있지만 그래도 (아주) 조금씩은 변하고 있다. 하지만 여전히 모든 고래를 춤추게 하려는 본질적인 강제성은 바뀌지 않는 것 같다.

이 세상에는 춤추고 싶은 고래와 춤추고 싶지 않은 고래가 있는데, 이 모든 고래를 춤추게 하려고 칭찬과 채찍질을 휘두르는 것이다. 학생들은 하고 싶은 것과 하기 싫은 것, 할 수 있는 것과 할 수 없는 것에서 너무나도 다양한데, 한국의 교육은 모든 학생이 비슷한 것을 해야 한다고 강요한다. 그러다 보니 강한 칭찬과 강한 처벌을 필요로 하는 것이다. 복합유연성을 가진 한국 사회는 뭔가를 선택할 때 다른 뭔가를 포기하고 집중하는 것을 받아들이기 싫어한다. 그래서 한국의 교육은 선택의 여지가 없이, 다양성을 죽이고 모든 학생들에게 똑같은 것을 하나도 빠짐없이 공부하라고 요구한다. 그리고 국영수만 잘하면, 뭐든지 잘할 수 있다고 믿는다. 국영수를 공부하기 위해 다른 것을 배울 기회가 전혀 없었는데도 말이다. 더 나아가 국영수를 잘하면 인성까지도 자동으로 길러진다고 믿는다. 진짜 한국인의 복합유연성은 강력한 거 같다.

춤을 좋아하는 고래라도 아무 때나 춤을 추지는 않는다. 그래서 음악이 필요하다. 한국의 교육체계에는 어떤 음악이 있을까? 현재의 교육체계는 국영수와 같은 전통적인 학업을 좋아하는 학생들에게는 그들이 원하는 필요한 음악을 틀어주고 있다. 하지만 다른 것을 좋아하는 학생들에게는 음악을 틀어주기는 하는 걸까? 공부를 잘하면 칭찬해주려고 너무 열심히 기다리고만 있는 것은 아닐까….

더 본질적인 문제는 춤추고 싶은 고래에게는 춤추기 위해서 필요한 것이 음악이지만, 그 음악 자체가 춤을 추는 이유는 될 수 없다. 음악은 그냥 방아쇠와 같은 역할을 하는 환경적 요인이지, 총알이 날아가게 하는 근본적인 동력이 아니다. 춤추는 이유는 바로 '재미'라는 내재적 동기 때문이다. 다른 이유는 없다. 그리고 이 재미가 바로 한국의 교육체계에서 가장 부족한 것이다.

대부분의 학생들에게 학교는 재미있는 곳이다. 그 이유는 결코 교육이나 학업 때문이 아니라, 친구 때문이다. 친구와 수다 떨고, 간식 먹고, 축구하고, 음악 듣고, 게임하고, 심지어 낮잠을 자도 너무나도 재미있다. 하지만 공부가 재미있어서 학교에 가는 학생은 소수다. 칭찬을 해주면 그나마 공부에 재미를 조금이라도 붙여볼 수 있는 학생의 수도 절대 다수는 아니다. 공부하는 양은 세계 최고이지만, 공부에 대한 흥미는 세계 최하라는 것은 이미 여러 조사에서 확인된 바이다. 이들을 춤추게 하려면 학업과는 다른 음악을 틀어줘야 한다. 그래야 그들이 느끼는 재미가 교육으로 돌아온다. 하지만 한국의 교육체계는 마치 재미를 무슨 전염병이라도 되듯이 치부하는 것 같다. 어떻게 하면 똑같은 교육을 재미있게 만들지, 새로운 재미있는 교육을 추가할지는 별로 고민하지 않는다. 그저 국영수를 얼마나 쉽게 가르칠 수 있을지만 고민한다. 국영수만 쉬워지면 청소년들이 즐거워서 춤을 추게 될까? 고래가 재미있을 이유가 하나도 없는데 춤추는 것처럼 행동하고 돌아다니면, 그건 미친 고래일 가능성이 높다.

포기를 권장하자

최근의 여러 보도에서는 한국의 청년들이 과거와 달리 악착같지 않다고 얘기한다. 취업이 너무나도 어려운 이 시기에 좋은 직장에 취업해도 금방 그만두는 청년들이 늘고 있다는 것이다. 취업이 어려워서 포기하는 청년들도 많지만, 취업을 하려는 노력도 하지 않고 의지도 없는 '니트족 Not in Education, Employment or Training'이라는 청년들이 증가하고 있다는 보고도 있다. 근무 강도가 높은 정규직보다 조건은 나쁘지만 출퇴근 시간이 정확한 직장을 선호하고, 심지어 아르바이트로 살아가는 청년들이 늘어간다는 통계들이 나날이 쏟아지고 있다. 많은 기성세대들은 이러한 현상을 걱정한다. 상대적으로 어려움 없이 풍요로운 환경에서 자라난 청년들이 취업난에 직면하자 너무 쉽게 포기하고, 무의미한 소소한 재미만을 찾아 이기적인 삶을 살고 있다고 비난하기도 한다. 극심한 경제적 불황으로 지난 20년을 잃어버렸다고 하는 일본에서 일어난 현상과 비슷하다며, 마치 이런 청년들 때문에 한국의 경제가 더 나빠진다는 듯이 얘기한다.

하지만 청년들의 포기(실제 뭘 포기하는 것인지 확실하지 않지만)가 과연 나쁘기만 한 것일까? 이들이 포기하지 않고 끝까지 매달린다면 사회는 나중에 뒷감당을 할 수 있을까? 취업, 돈, 명예 등 세속적인 성공을 절대 포기하지 않고 노력하기만 하면, 한국 경제가 발전해서 선순환에 들어가고 이들에게 또 새로운 기회가 주어진다는 근거는 도대체 어디서 온 것인지 모르겠다. 그렇다면 이미 저성장의 경제구조에 들어가서 실제로 많은 청년들이 세속적인 성공에 집착하지 않고 살아가는 선진국들은 잘못된 것일까? 아니다. 이미 상당한 경제발전을 이룩한 선진국의 대부분은 저성장의 문제를 경험해왔다. 미국, 캐나다, 유럽의 많은 선진국들, 일본과 같은 나라의 청년들이 근무 강도보다는 개인시간을 중요시하는 현상은 오래전부터 있어왔고, 그들만의 삶을 추구하며 세속적인 성공을 포기한 청년들도 오래전부터 있어왔다. 일본의 사회학자 후루이치 노리토시가 쓴《절망의 나라의 행복한 젊은이들》이라는 책은 정확하게 얼마나 많은 일본의 젊은이가 세속적인 성공을 포기하면서 사는지를 보여준다. 더 흥미로운 점은 그 젊은이들이 결코 불행하지 않다는 것이다.

세속적인 성공을 포기한 청년의 비율로만 보자면 위에서 말한 선진국들도 한국 사회에 결코 뒤지지 않을 것이다. 단지 차이는, 그들은 스스로 세속적인 성공을 포기할 기회를 어려서부터 아주 체계적으로 제공받아왔다는 점이다. 그렇다고 그들이 삶 자체를 포기했다는 것은 결코 아니다. 그들이 포기한 세속적인 성공을 대체할 만한 수많은 다른 가치를 사회로부터 제공받기 때문이다. 그것이 종교, 문화, 예술, 봉사 등의 무엇이든 간에, 어려서부터 세속적인 성공을 이룰 필요가 없을 정도로 중요한 가치를 스스로 느끼고 간직할 수 있게 해준다. 그래서 그들은 스스로 포기한 게 아니라 선택한 것처럼 느낀다. 아니, 실제로 선택한 거다. 자신은 '다른' 삶을 살고 싶어서, 스스로 선택해서 그렇게 사는 것이다. 왜? 그게 재미있고 의미 있으니까. 누가 칭찬을 해주지 않아도, 누구로부터 처벌받지 않아도 되는 그런 삶을 선택해서 산다. 어찌 보면 평범하지만 행복한 소시민의 삶이 만들어지는 것이다. 하지만 한국은 대부분의 청년에게 똑같은 세속적인 성공을 위한 삶을 권하고, 강요하고, 칭찬한다. 한국의 교육체계에서는 세속적 성공과 그것을 위한 학업만이 거의 유일한 가치다. 그래서 한국 청년들은 세속적인 것 외에 다른 가치를 모른다. 그들의 포기는 진짜 포기다. 가진 것도 없이, 아무 의미도 없이 그냥 실패하는 것이다. 그런데도 사회에서는 여전히 포기하면 안 된다고, 그러면 영원히 실패하는 거라고 강요한다. 마치 그들 때문에 한국 사회가 어려운 것처럼 얘기한다. 어찌 보면 그들은 실패자이자 피해자다. 취업을 못해서, 성공을 하지 못해서가 아니라, 자신의 삶을 평가할 다른 가치를 얻지 못했기 때문에 재미와 의미를 잃은 실패자이자 피해자다.

한국의 축제가 망하는 이유

한국의 교육에서 가장 부족한 것이 재미다. 그런 교육체계에서 자란 우리의 청소년과 청년들은 재미가 무엇인지 모른다. 그러니 매일 스마트폰만 들여다보며, 감각적이고 일시적인 쾌락만 추구하고 있다. 대학에서 열리는 축제를 가보면 그 사실을 다시 한 번 확인할 수 있다. 대부분의 대학생들이 술장사를 하고 있다. 각 단과대학별로, 학과별로 이들의 가장 중요한 축제활동은 주점이다. 자신들의 축제인데, 정작 그들은 놀지 않고 돈벌이에 전념한다. 이들에게 재미는 술로 돈을 버는 것이다. 물론 친구들과 같이 하기는 한다. 대학축제뿐만이 아니라 한국의 축제는 대부분 이와 같은 모습이다. 전국에 약 700개가 넘는 축제가 있는데, 성공적인 축제는 손에 꼽힐 정도다. 왜? 대부분의 주민들이 축제는 즐기지 않고, 다 돈벌이를 하기 때문이다. 따지고 보면 시작부터 잘못됐다.

한국 사회에서 축제를 여는 가장 큰 목적은 지역경제 활성화다. 그래서 한국의 축제를 가보면, 대부분의 주민들은 장사만 하고 있고 오히려 관광객들에게 더 많이 참여할 것을 권한다. 하지만 해외의 많은 성공적인 축제에는 그 지역 주민들이 참여한다. 주민들은 관광객이 있고 없고에 상관없이 매년 또는 매달 대대로 내려온 방식대로 자신들을 위한, 자신들의 행사를 치른다. 많은 주민들은 그날만은 원래 하던 가게도 닫고 생업도 접는다. 상인이나 운영자가 아닌 실제 참여자로서 그들 스스로가 주인공이 되고, 관광객은 오히려 그것을 구경하거나 가끔 운이 좋으면 그들 사이에 끼어서 뭔가를 해보는 정도다. 이에 반해 한국 사회와 한국인들은 재미를 너무 모른다. 그러니 재미로 돈을 버는 법 또한 모를 수밖에.

교육의 다양성은 자사고나 일반고의 문제가 아니다. 어느 쪽이 더 입시성적이 좋고 대학진학률이 높냐의 문제도 아니다. 서로 다른 다양한 재능과 관심을 가지고 있는 청소년들에게 그 재능과 관심에 적절한 다양한 교육내용을 제공하는 것이다. 대학입시가 중요하지 않다는 얘기가 아니라, 수많은 중요한 기준 중에 하나일 뿐이라는 얘기다.

공부라는 춤을 추고 싶어 하는 청소년에게는 그에 맞는 공부라는 음악을 주면 된다. 그러면 자연스럽게 칭찬할 일이 생길 것이다. 하지만 다른 춤을 추고 싶어 하는 청소년을 채찍이나 심지어 칭찬으로라도 억지로 공부춤을 추게 하지 말자. 그들은 공부를 포기할 권리를 가지고 있다. 그 대신 다른 춤을 출 권리도 동시에 가지고 있다. 이들은 각자 원하는 춤을 췄을 때 가장 재미있어 할 것이고, 미래에 진정한 삶의 의미를 찾아 성공했다고 믿을 것이다. 그래서 현재의 우리 교육은 학생들이 원하는, 바로 그 다양한 음악을 제공해줄 의무가 있다.

일본이 과학 분야에서 노벨상 21개를 수상하는 동안 한국은 단 한 개도 받지 못했다는 사실은 매우 안타까운 일이다. 일본인들이 이러한 성과를 얻을 수 있었던 이유를 공통적으로 수십 년 동안 한 우물만 파는 장인정신, 즉 오타쿠 기질에서 찾고 있다. 한 우물만 판다는 의미가 무엇일까? 바로 선택에서 제외된 다른 것은 포기한다는 얘기다. 교육이면 교육, 연구면 연구, 그 연구도 본인이 정말 좋아서 해야 몇십 년을 할 수 있다. 노벨상을 탄 연구들은 보통 수십 년 전에 이루어낸 것들이다. 당시에는 그 연구 분야나 내용이 그리 관심받지 않았던, 미래에 노벨상을 탈 만한 연구라고 아무도 기대하지 않았을 때다. 그런데 복합유연성의 한국 사회는 한 학자에게 모든 분야를 다 잘하라고 한다. 성공하려면 이것저것 다 할 줄 알아야 한다고. 그래서 교육도, 행정도, 연구도 시대에 따라, 노벨상을 받을 것 같은 분야를 두루두루하라고 한다.

각기 서로 다른 연구를 진득이 하는 100명의 학자가 있을 때, 각 학자는 자기 분야만 연구하지만 그 사회는 100개의 연구다양성과 전문성을 가질 수 있다. 반면에 100개의 연구주제를 조금씩 얕게 하는 100명의 학자가 있을 때, 그 사회는 100개의 연구다양성을 가질 수는 있어도 전문성은 떨어질 수밖에 없다. 과연 노벨상은 어디서 나올 것 같은가?

Koreanism 6

불확실성 회피

□

□

안 보일까 봐 불안한 사람들

□

LTE 속도가 또 빨라진다고 한다. 조금씩 더 빨라질 때마다 새로운 이름을 달고 나와 이제는 지금 쓰고 있는 것이 LTE인지 뭔지도 잘 모르겠는데, 하여튼 또 빨라진다고 한다. 그런데 왜 이렇게 계속 빨라질까? 혹시 주변에 지금의 LTE 속도가 느려 터져서 답답해 죽은 사람을 본 적 있는가? 국민들 중에 LTE가 느려서, 하고 싶거나 해야 할 일을 못한 사람이 얼마나 될까? 십여 년 전 2G 시대에도 우리는 만족하며 잘만 살았다. 2G가 처음 나왔을 땐 그것도 무지하게 빠르다고 느끼며 무척 신기해했다. 그런데 지금은 1GB의 대용량 파일도 1분이면 내려받을 수 있지만 사람들은 더 빠른 속도를 원한다. 이동통신사들은 '더 빠른 속도!'를 외치며 치열하게 경쟁한다. 왜 빨라져야 하는지도 모른 채 속도만을 좇고 있다. 심리학적으로 보면 이런 게 중독이다.

한국 사람들은 '최신', '최고급', '비싼', '빠른', '큰', '가벼운' 등 눈에 보이고 손에 잡히는 물건이나 수치화할 수 있는 것들에 집착하는 경향이 있다. 바로 이런 불확실성 회피 성향은 한국인의 성공 비결이자 비극의 시작이었다.

십여 년 전까지만 해도 한국 사람들이 주로 해외여행을 가는 곳은 선진국이었다. 높은 건물과 최신 기술, 한국에 없는 최첨단스러운 무엇인가를 보고 감탄하며, 우리는 왜 저런 게 없나를 고민하고 배워오는 것이 대세였던 것 같다. 심지어 자연경관도 세계에서 제일 큰 것, 높은 것, 넓은 것이 있는 나라로 여행 가는 게 유행이었다. 그런데 어느 순간부터인가 사람들이 감동을 느끼는 풍경이 달라졌다. 이제는 최첨단이 아닌 오래된 것들, 자연의 소소한 것들을 점점 더 찾아다니기 시작했다.

실제로 유럽이나 동남아, 심지어 가까운 중국과 일본만 가봐도 도시 전체가 옛 모습을 간직하고 있거나 문화적인 내용을 담고 있는 경우가 많다. 또 도시마다 특색과 문화적 특성이 뚜렷해 굳이 어디인지 얘기하지 않고 사진 몇 장만 보여줘도(물론 간판과 같은 언어적인 힌트를 가려도), 대강 맞힐 수 있다. 하지만 한국의 도시들, 특히 서울의 풍경에서는 그런 특징을 거의 찾을 수 없다. 왜 그럴까? 일제강점기와 전쟁 통에 다 없어져서? 그것도 어느 정도 이유가 될 것이다. 그렇다고 전쟁 후에 과거의 우리 것을 회복하고 복원하는 데 우리 스스로가 얼마나 열심히 노력했는가를 생각해보면 그것도 아니다. 우리는 오히려 옛것을 싹 밀어버리고 새로운 건물과 아파트를 짓는 데만 몰두했다. 그 결과 우리의 삶에는 과거의 모습이 없다.

이런 한국 사회의 특성은 눈에 보이지 않는 것, 손에 잡히지 않는 무형의 무엇인가를 별로 중요하게 생각하지 않는 '불확실성 회피uncertainty avoidance'라고 할 수 있다. 원래 고등의 지적능력을 가진 인간은 존재하는 물질적인 것을 초월하여, 존재하는지 확인할 수 없는 상징적인 것들을 추구하게끔 되어 있다. 그래서 가치를 형성하고, 문화와 상징을 만들어내고, 종교를 믿으며, 때로는 이런 것들을 위해 실질적인 이득과 물질적 혜택, 심지어 목숨까지 기꺼이 포기한다. 문제는 한국 사회가 이런 가치보다는 생존만이 지배하고 있다는 것이다. 물론 역사적으로 우리는 가치가 충만한(이것이 너무 강해서 조선이 망했을지도) 문화를 가졌었지만, 근대의 역사적 비극은 우리 민족의 머릿속을 싹 비워버렸다. 그래서 우리는 눈에 보이고 손에 잡히는 것에만 집중하려고 한다. 불확실한 것, 눈으로 확인할 수 없는 것은 피하고, 직접 측정할 수 있는 것에만 집중한다. 모든 것을 수치화하고, 그 수치를 마치 진실인 것처럼 착각하면서 산다. 이것이 불확실성 회피다. 한국인 특유의 물질주의, 성공지상주의, 결과주의, 장기적 전략의 부재와 같은 현상들은 바로 이런 불확실성 회피의 성향에서 비롯된다.

한국인 상당수는 최첨단 스마트폰에, 최신식 디지털 카메라를 들고, 진짜가 아니면 진짜처럼 보이는 짝퉁 명품이라도 들고 다니려고 한다. 성공한 결혼의 기준은 얼마나 큰 집에서, 무슨 차를 타며, 얼마나 큰 TV와 얼마나 큰 반지와 시계를 주고받았는지가 증명해준다. 몇백만 원짜리 유모차에 아이를 키우면 아이의 인성과 지능이 올라간다고 착각한다. 청소년들은 몇십만 원짜리 아웃도어 점퍼에서 이제는 몇백만 원짜리 자전거를 새로운 등골브레이커로 선택했다.

정신적 성숙보다는 물질적 성공에 매달리고, 과정보다는 결과만 신경 쓰고, 장기적인 기다림보다는 '빨리빨리'를 외치는, 도전을 꿈꾸기보다 항상 실패할까 봐 두려워하는 그런 문화가 우리를 짓누르고 있다. 한국인의 행복지수가 낮은 이유도 바로 여기에 있다. 눈에 너무나 명확히 보이고 확연히 드러나는 객관적인 기준으로는 성공할 수 있는 사람이 빤하기 때문이다. 이런 기준으로는 스스로의 실패를 자기 멋대로 부인하기란 결코 쉽지 않은 일이다.

정의를 책으로 사는 한국인

몇 년 전부터 한국 사회를 지배해온 가장 중요한 키워드는 바로 '정의'다. 하버드대학교의 마이클 샌델 교수가 쓴 《정의란 무엇인가》라는 책은 한국에서만 100만 부가 넘게 팔렸다. 책 시장이 한국보다 수십 배는 더 큰 미국에서도 10만 부가 채 안 팔렸는데, 한국에서 제일 높은 판매고를 기록해 저자인 마이클 샌델 교수 역시 깜짝 놀랐다는 농담 아닌 농담이 나올 정도였다. 이 책과 관련해 더 재미있는 얘기는, 책을 처음부터 끝까지 다 읽은 사람은, 책을 산 100만 명 중에 100분의 1도 되지 않을 것이라는 슬픈 우스갯소리가 떠돈다는 것이다. 사실 그 책의 내용은 읽기 쉽지도 않을뿐더러 이해하기도 만만하지 않다. 그런데 왜 이렇게 많이 팔렸을까?

사실 《정의란 무엇인가》라는 책이 잘 팔려서 정의가 한국 사회의 키워드가 된 것이 아니라, 한국 사람들의 심리 속에 '정의'가 가장 중요하게 자리 잡고 있기에 그 어려운(결국 안 읽은) 책이 그만큼 팔린 것이다. 이것은 한국인들이 정의에 목말라하고 있다는 사실의 반증이다. 아마 과거에 정의롭다고 생각했던 수많은 일이 이제는 전혀 정의롭지 않게 된 현실에서, 이 책이 그 혼란스러움을 해결해줄 수 있다고 믿었을 것이다. 그렇다고 해서, 물론 대부분 끝까지 읽히진 못했지만, 이 책을 100만 부 넘게 산 한국인의 행동을 단순히 정의에 대한 갈증으로 해석할 수 있을까? 한국 사람들은 그 책을 사면, 정의가 무엇인지 바로 알 수 있고, 그 책이 마치 정의로운 사회를 가져다줄 거라고 믿었을지도 모른다.

사실 그 책의 어디에도 정의가 무엇인지에 대한 명확한 규정은 나와 있지 않다. 오히려 정의란 개념은 너무나 복잡해서 어떤 것이 실제로 정의로운지 알기 힘들다는 결론에 더 가깝다.

그 책을 읽고, 정의에 대한 고민과 담론을 통해 국민 한 사람 한 사람이 더 정의로워질 때, 한국 사회는 자동적으로 정의로워질 것이다. 하지만 한국 사람들은 그 책이 자신의 책장에 꽂혀 있고, 더 많은 한국인의 책상이나 테이블 위에 놓인다면, 한국 사회가 자동적으로 정의로워진다고 생각한 것 같다. 이것이 바로 한국인이 가진 불확실성 회피의 또 다른 모습이다.

340

CCTV는 사랑을 싣고

2015년 9월부터 어린이집 CCTV 설치를 의무화하는 영유아보육법 일부 개정안이 시행되었다. 몇 년 동안 잊을 만하면 반복적으로 일어난 어린이집의 아동학대 사건들에 대해 전 국민은 경악해왔다. 아동학대와 폭력과 같은 사건들은 도덕적이거나 윤리적인 측면에서 이해할 수 있는 수준을 넘었고, 급기야 보육원생이 보육교사의 폭행으로 사망하는 사건이 일어나면서, 이대로는 그냥 있을 수 없다는 공감대가 국민들 사이에 형성되었다. 가장 시급한 문제는 이런 학대를 방지하고 보육시설에 자녀를 보내고 있는 부모들의 불안감을 없애주는 것이었다. 그리고 그 결과가 바로 모든 어린이집에 CCTV를 의무적으로 설치하게 하자는 법안의 발의였다.

부모들이 어린이집에서 일어난 일들을 24시간 감시할 수 있게 해서, 학대를 근절하고 부모의 불안감을 막아보자는 논리였다. 사실 이와 유사한 법안은 벌써 4번이나 발의된 적이 있었고, 번번이 그 입법 시도는 무산되었다. 이런 입법 노력을 무산시킨 표면적인 논리는 CCTV 설치에 인권과 교권침해의 요소가 있다는 점과 사실상 별 실효가 없을 것이라는 이유에서였다. 일부에서는 영유아 보육시설 단체로부터의 로비 때문이라고 음모론을 제기하기도 했다.

CCTV를 설치한다고 아동학대가 근절되지는 않겠지만, 분명한 억

제요인이 되기는 할 것이다. 아동학대는 그 어떠한 명분으로도 합리화될 수 없으며 반드시 막아야 된다는 측면에서, CCTV 설치는 합당하다고 볼 수도 있다. 하지만 안 그래도 자기 자식만 귀하게 여기는 젊은 부모들이 늘어가는 시대에, 그런 부모들에게 많은 아동을 동시에 상대하고 돌봐줘야 하는 교사를 계속 감시할 수 있는 기회를 주는 것은 또 다른 차원의 갈등 소지를 만들어 줄 수 있다. 이 세상에 자기 자식에 관한 일을 객관적으로 공정하게 인식할 수 부모는 몇 명 존재하지도 않으며, 그런 사람은 별로 인간적이지도 부모답지도 않다고 생각하는 한국 사회에서는 더욱 그렇다.

사실 CCTV로 보육시설의 모든 곳을 감시할 수는 없다. 화장실과 같은 사각지대가 존재하기 때문이다. 더구나 보육시설을 떠나 문제가 생기는 영역과 장소마다 CCTV를 설치한다면, CCTV를 설치하지 않아도 되는 장소는 과연 몇 군데나 남을까? 각종 비리가 일어나고 게으름 피우는 직원이 있는 회사나 쓰레기를 무단으로 버리거나 질서를 지키지 않는 사람들이 있는 거리 곳곳, 부정부패와 야합을 일삼는 국회, 왕따와 폭력이 만연한 학교 교실, 이런 모든 곳에 CCTV를 설치할 수 있을까? 물론 자기 표현과 의사소통에 한계가 있는 영유아를 대상으로 하는 시설이라는 특수성이 있기는 하지만, 그래도 CCTV 설치가 어린이집 아동학대에 대한 궁극적인 해결방법이 될 수는 없다.

어린이집마다 CCTV를 설치할 것인가 말 것인가에 대한 논쟁에 온 사회가 집중하다보니, 오히려 더 중요하고 근본적인 문제에 대한 논의는 실종되어버렸다. 아동학대를 막으려고만 하는 현재의 모습은, 마치 아동학대가 반드시 일어날 것이라고 전제하고 있는 것 같다. 그래서 더 근본적인 질문, 도대체 왜 이런 아동학대가 일어나는가에 대한 진지한 고민은 상실되고 말았다. 직업적 소명의식의 부족과 도덕성의 상실, 생명존중과 같은 가치가 실종되었다는 허공을 떠도는 듯한 허탈한 외침들은 최근에 이런 아동학대가 증가하는 현상을 묘사하는 데 그치고 있다. 도대체 다른 곳도 아니고, 어린이를 가장 보호해야 할 어린이를 위한 시설인 어린이집에서 아동학대가 일어나고 있는 이 비극적 현실의 근본적인 원인은 무엇일까? 한국 사회에서 일어나는 이 역설적인 문제의 근본적 원인에는 한국인의 특성이 무언가 관계 있지 않을까?

한국인에게 정의란?

심리학적으로 보면 한국 사회의 문화적 특성은 가족확장성과 관계주의라고 말할 수 있다. 이것들은 한국 사회에서 올바른 행동이나 기준의 근간으로 작용하며, 사회적 태만이나 부정부패를 방지하는 효과를 가져오기도 한다.

국가나 기업과 같은 공적인 조직마저도 가족의 확장된 형태로 이해하는 한국인의 특성은, 그런 조직의 업무를 마치 내 가족의 일, 내 자신의 일처럼 여기게 만들어서 헌신적으로 행동하게끔 한다. 서로간의 개인적인 관계를 중시하는 관계주의적 심리 특성도 개인의 이득보다 사회적 체면을 우선시하고 서로의 평가를 중요하게 여기도록 해서, 더 열심히 양심적으로 행동하게 만들기도 한다. 사실 이런 특징은 한국이 전 세계 유례가 없는 경제성장의 기적을 이루어내는 견인차 역할을 했다. 하지만 동시에 거시적으로는 사회적 정의와 충돌할 위험도 커졌다. 일대일 인간관계에서는 인정에 끌리기 쉽고, 청탁을 거절하기 힘들며, 공정함을 잃을 수 있어 결국 부정부패를 일으킬 가능성이 높아진다. 그래서 실제로 과거에는 이런 한국인의 특성과 일치하는 다양한 '정의롭지 않은 일'들이 일어났었다. 그렇기 때문에 최근의 '정의로움'에 대한 한국인의 열망은 더 잘 이해가 된다. 일제강점기와 전쟁을 통해 일제나 공산주의 쪽에 기생하던 자들로부터 너무나 많은 국민들이 고통받았고, 그런 불의한 자들이 잘 먹고 잘사는 것을 봐왔기 때문이다. 더 중요한 것은 스스로 정의를 용인하거나 편승할 수밖에 없었던 과거에 대한 아픈 기억이다.

인간으로서의 기본적 삶이 거의 불가능했던 시절을 경험했던 대부분의 한국인들에게 생존 이외의 가치는 사치였다. 생물학적 생존과 욕구충족, 물질적 풍요와 발전이 국민과 국가의 가장 시급한, 최고의 목표였던 시대에는 오직 효율성과 생산성만이 추구되었다. 그래서 종종 절차적 공정성, 사회적 정의, 투명성과 같은 무형의 추상적 가치들은 무시되었고, 그 과정에서 많은 국민들은 부당한 피해와 상실을 경험했다. 오히려 그 와중에 정의로움과 공정함을 지키려 했던 이들이 가장 큰 손해를 보는 억울한 상황도 빈번하게 일어났다. 그 일차적 욕구로부터 해방된 현대에 와서야 한국 사회는 이제는 더 이상 참을 수 없는 '부당한', '정의롭지 못한', '공정하지 않는' 것들이 가득한 사회로 인식되기 시작했다. 과거의 우리의 부모들이 관행적으로 했던 수많은 일들이 오늘날의 기준으로 보면 대부분 공정함에 위배되고 정의로움을 위협하는 행위가 되어버린 것이다.

더 흥미롭게도 앞에서 설명한 가족확장성과 관계주의적인 한국인의 특성은 이제는 이러한 정의롭지 못한 행동들을 더 격렬하게 비난하게 만든다. 가족확장적이며 관계주의적인 특성은 부정부패나 불공정한 행동을 단지 규범이나 법규를 위반한 행동이 아닌, 가족을 배신하고 마치 국민 한 사람 한 사람을 개인적으로 배신한 패륜적 행동으로 인식하게 할 가능성이 높기 때문이다. 그래서 그런 한국인의 특성은 어찌 보면 미래의 우리 사회를 또 한 번 세계에 유례없는 빠른 속도로 정의롭고 공정하게 바꾸는 원동력이 될 수도 있다.《정의란 무엇인가》라는 책을 전 세계에서 가장 많이 구매한 기현상을 만들어낼 수 있었듯이….

공정하기만 하면 될까?

사회정의나 공정성, 공평함, 투명성을 추구하는 시대적 변화는 너무나 자연스러운 것이고, 당연히 그래야만 하는 것이다. 하지만 반론의 여지가 없고 궁극적인 절대 선처럼 보이는 이런 사회적 가치들도, 아무런 대가 없이 공짜로 얻을 수는 없다.

일반적으로 사회정의는 절차적 공정함을 통해 지켜진다. 너무나도 다양한 요인들이 영향을 미치는 복잡한 사회에서 정확한 미래 예측이나 절대적 정답, 혹은 궁극의 선을 확신하기 힘들 때, 절차적 공정함이야말로 가장 중요한 덕목으로 여겨진다. 일반적으로 정해진 규칙과 규정대로 예외 없이 모든 사람들에게 똑같은 원칙이 적용될 때, 절차적 공정함이 실현된다고 인식하기 때문이다. 그래서 어떤 사회적 문제가 일어났을 때, 흔히 우리는 그 문제가 일어난 과정이 규정대로 되었는지, 정해진 대로 진행되었는지, 원칙은 지켜졌는지를 가장 우선적으로 확인한다.

하지만 역설적이게도 우리를 감동시키는 세상의 아름다운 이야기들은 대부분 절차적 공정성을 뛰어넘고(무시하고) 정해진 규정대로 하지 않은 사연들이다. 규정에 따르면 무너진 건물 잔해에 깔린 조난자를 포기하고 나와야 하는 상황에서, 규정을 무시하고 자신의 목숨을 걸면서까지 조난자를 구하는 소방관을 상상해보면 이해하기가 쉽다(영화에서는 대부분 성공적으로 조난자를 구하고 소방관도 살아남는다. 현실에선 다르지만…). 규정만을 정확히 따르자면 기초생활수급이 불가능한 노인에게, 운영의 묘를 발휘해서 지원이 가능토록 한 공무원의 아름다운 사례는 있을 수 없다. 교통법칙상으로는 분명히 위법이지만 몸이 불편하거나 아픈 사람이 저지른 법규 위반을 눈감아주는 경찰의 유연성도 통용되지 않는다. 법률상으로는 유죄판결이 힘들어도 도덕적으로 나쁜 놈을 준엄하게 꾸짖으며 유죄를 판결하는 판사의 소신도 불가능하다. 이러한 수많은 사건들은 사실 절차적 공정성을 때로는 무시했기에 일어날 수 있었다. 더 커다란, 또 다른 측면의 정의를 실현하기 위해, 일시적으로 명문화된 절차나 규칙보다는 사회적으로 공유되는 암묵적 가치를 따랐던 것이다. 그런 점에서 정의로움과 절차적 공정함과 투명함은 항상 함께하지는 않는다. 때로는 충돌할 수도 때로는 독립적일 수도 있다.

더 중요한 것은 절차적 공정성과 공평함 그리고 투명함만을 강조하다 보면, 정당화할 수 있고 증명할 수 있는 것들만 강조되는 폐해가 생긴다는 점이다.

어떤 규정과 원칙을 정할 때, 상황에 따라 그리고 사람에 따라 다를 수 있는 것을 기준으로 삼지는 않는다. 그렇게 한다면 뭣하러 미리 규칙과 원칙을 정하겠는가. 규칙과 원칙은 항상 예측 가능하고 평가가 가능하고 객관적인 것으로 구성하게 되어 있다. 그래서 규범과 규칙은 보통 직접 관찰이 가능하고 수치화할 수 있는 것들로 만들어진다. 학벌과 스펙에 집착하고, 한 해에 한 번밖에 없는 수능에 목숨을 걸고, 토플이나 토익 점수에 매달리고, 뭘 의미하는지도 모르는 쓸데없는 각종 수치와 보고서에 매달리는 이유도, 바로 이런 절차적 공정성을 마련하기 위해서다.

우리 사회는 수많은 판단과 의사결정, 선택의 과정을 세분화하여 평가기준을 만들려고 노력한다. 대학을 평가할 때도, 교수를 평가할 때도 몇 가지 측정 가능한 요인들을 선정해서 그것들을 수치화하고 그 수치의 조합으로 평가한다. 정부에서 만드는 온갖 위원회도 그런 평가수치들을 만들어내는 과정이다. 사실 위원들 개개인은 매우 주관적으로 평가할지도 모르지만, 그 결과는 항상 점수로 만들어져서 제시된다. 왜? 공무원들은 점수가 필요하니까. 그래야 절차적 공정성이 확보되기 때문이다.

그런데 오늘날은 이런 수치화할 수 있는 것들의 중요성이 점점 줄어들고 있다. 세계적 추세에 따라 한국 사회도 최근에는 창의성, 잠재력, 인성과 같은 추상적인 것들을 강조하고 있다. 기업의 채용이나 대학입시, 대학교수 채용에서도 스펙이나 업적이 아닌 창의성과 잠재력, 인성, 사회성을 최우선시하라고 한다. 그와 동시에 공정성 또한 잃지 말아야 한다고 당부한다. 그러면서 정부는 항상 입시나 채용과정에서 불공정함이 드러나거나 평가와 다른 잘못된 결과가 나오면 처벌하겠다는 친절한 경고도 잊지 않는다. 그리고 또 한 번 강조한다. 눈에 보이는 빤한 스펙은 무시하라고. 그럼에도 창의적이고 잠재력이 있는 인재를 선발하라고 말이다. 정부는 과연 이 두 가지 요구를 모두 충족시키는 게 가능할 거라고 생각하는 건지 정말 의문스럽다.

무엇이든 증명해낼 수 있다?

절차적 공정성(합리성이나 엄격성이라는 표현이 더 정확하다)을 가장 중요시하는 학문 분야는 어찌 보면 심리학일 것이다. 그것이 없다면 심리학은 그냥 뜬구름 잡는 소리나 사기에 가까운 궤변이 될 수밖에 없을 것이다. 왜? 심리학은 궁극적으로 직접 확인할 수 없는 무언가에 대한 얘기이기 때문이다. 심리학에서 말하는 대부분의 개념은, 사실 심리학자들조차도 한 번도 직접 본 적이 없는 것들이다. 주의, 생각, 느낌, 감정, 성격, 태도 등 심리학에서 얘기하는 수많은 개념은 실제 그 존재를 확인한 것들이 아니다. 다만 그것들이 없다면 우리의 행동들이 이해되기 어렵기에, 있어야만 되는 것들이고 그래서 있다고 전제하는 것들이다. 그래서 필자의 개인적인 생각으로는 (훌륭한?) 심리학자가 되기 위한 가장 중요한 덕목 중의 하나가 바로 상상력이다. 실제 오감으로는 직접 확인할 수 없는 우리의 머릿속에서 일어나는 마음의 과정을 마치 눈으로 보듯이 상상하고, 사람들에게 설명할 수 있는 능력은 대단히 중요하다. 프로이드가 제시한 우리 마음속의 무의식은, 그것이 실제로 존재하는지 확인할 길조차 없다. 그럼에도 불구하고 프로이드는 인간의 정신세계를 빙산에 비유하여, 의식과 무의식 그리고 원초아와 자아, 초자아 간의 갈등을 마치 눈앞에서 일어나고 있는 듯이 묘사했다. 직접 뭔가를 보여줘서가 아닌, 그 뛰어난 상상력으로 사람들이 거부할 수 없는(최소한 그 당시에는) 이야기를 전파시켰고, 역사상 최고의 심리학 이론을 탄생시켰던 것이다.

　이런 프로이드급의 상상력이 없다면, 사람들이 부인하기 힘든 설득력은 과학적 방법론, 즉 절차적 합리성에서 나올 수밖에 없다. 현대 심리학은 과학적 방법론을 강조하면서 기존의 철학으로부터 분리되어 발전되어왔다. 심리학은 사람들을 논리적으로 압도하는 논리성과 합리성을 학문적 정체성으로 삼았고, 사람들이 부인하기 힘든 객관적 자료들을 보여줌으로써 그들이 주장하는 이론을 설득시킨다. 그러다 보니 대부분의 사람들이 납득할 수 있는 객관적이고 표준화된 척도와 방법을 사용하는 것을 선호한다. 이 과정에서 주관성은 철저히 배제해왔다. 그래서 모든 사람들에게 똑같은 질문을 하는 표준화된 척도와 절차를 개발하고, 인간이 주관적으로 관여할 수 없는 자동적이거나 암묵적인 반응을 연구하며, 심지어 신경세포 단위의 활동까지 조사한다. 이러한 노력들은 우리에게 새로운 지식을 제시해주고, 더 강력한 학문적 설득력을 제공해주고 있다.

　하지만 객관성을 강조하는 심리학적 기조는 사실 심리학의 의미와 가치를 모호하게 만드는 역설적 위험 또한 가지고 있다. 원래 본질적으로 주관적인 인간에게서 주관성을 제외하면, 심리학을 연구하는 대상은 더 이상 인간이 아니기 때문이다. 객관적으로 존재하는 세계는 있지만, 엄밀히 말하면 인간에게 객관적인 세계는 없다. 인간은 원래 세상을 있는 그대로 객관적으로 인식하고 반응하는 존재가 아니기 때문이다. 심리학에서 말하는 객관성은 제3자의 눈에 비친 객관성이고,

대부분의 사람들이 인식하는 것을 객관적 사실이라고 규정한 것일 뿐 실제 절대적 객관성은 인간에게 존재하지 않는다. 인간은 무의미한 자극에 반응하지 않고, 의미가 있는 자극에만 반응한다. 그 의미는 바로 주관적으로 해석되는 것이지, 원래 그 자극이 객관적으로 가지고 있는 것이 아니다. 따라서 주관적이지 않은 객관성은 원래 존재할 수 없는데도, 심리학은 편의상 그냥 객관성이 존재하는 것처럼 간주해온 것이다.

과학적 합리성이나 절차적 공정성은 원래 존재하는 것이 아니라, 그것을 바라보는 사람들의 주관적 해석에 의해 존재하는 것이다. 예를 들어, 성격을 측정하는 척도나 영어실력을 측정하는 토익시험의 문항들은, 어떤 문항이 선택되는가에 따라 그 점수가 달라진다. 성격검사 결과나 토익 점수는 성격과 영어실력을 부분적으로 반영하는 것이지, 그 점수 자체가 곧 그 사람의 실제 성격이나 영어실력이 아니다. 시험의 척도 및 문제를 결정한 사람의 주관성과 그에 답하는 사람의 순간적인 주관성이 반영된 매우 주관적인 결과일 뿐이다. 그냥 어쩔 수 없어서 마치 그것이 객관적인 것처럼 서로 약속하고 받아들이는 것이다. 그럼에도 불구하고 이렇게 객관적이라고 받아들여지는 자료들의 사회적 영향력은 엄청나다. 바로 절차적 공정성이 확보됐다는 환상을 심어주기 때문이다.

창의성을 측정하는 척도나 방법이 실제로 무엇을 측정하는지에 대해서 논란의 여지가 많아도, 일단 그 자료가 제공되는 순간 그것을 무시하기란 매우 어렵다. 그것을 무시하려면 또 다른, 더 강력한 자료가 필요하다. 그래야 공정하다고 믿어주기 때문이다. 그렇기 때문에 잠재력을 중요시한다고 하면서, 잠재력을 증명하라고 한다. 만약 증명이 가능하다면 그게 과연 잠재력이 맞나? 잠재력은 보통 표면적으로 드러나지 않은 어떤 능력을 얘기한다. 아직 드러나지 않은 능력을 증명하라고 하면 그게 말이 되나? 그런데도 대학교수를 초빙할 때, 대학 입학 면접을 볼 때, 신입사원을 채용할 때, 잠재력을 객관적으로 확인하고 뽑으라고 한다. 객관적으로 확인된 건 잠재력이 아니라고 아무리 얘기해도 알아듣지 못한다. 만약 그냥 잠재력이 있어 보인다고(느낌이 그렇다고) 누군가를 교수로 초빙하고 학생으로 선발하고 직원으로 채용한다면, 우리는 그 결과를 받아들일 수 있을까? 아마 또 그 느낌을 증명하라고 할 거다.

수치화할 수 없는 것들

아동학대 문제로 다시 돌아가보자. 왜 이런 아동학대가 계속될까? 아니, 왜 최근에 더 빈번해진 걸까? 어른들이 예전보다 아이들을 덜 사랑해서? 도덕성이나 인성이 더 나빠져서? 아니다. 그 답은 보육시설 선생과 직원이 되는 과정을 살펴보면 바로 나온다.

어린이집 선생이 되기 위해서는 보육교사 자격증을 따야 한다. 보육교사 자격증은, 필수교과 과정과 실습 과정을 거쳐 학점을 이수하면 딸 수 있다. 문제는 이 과정 어디에도 아동을 얼마나 사랑하는지를 확인하는 과정이 없다. 보육에 필요한 지식을 배울지는 모르지만, 아동을(자기 아이도 아닌 남의 아이를) 사랑하는 법을 배우는 과정은 어디에도 없다. 더 중요하게도 이러한 자질이나 성향은 사실 배운다고 해서 얻어지는 것도 아니다. 그런데 아직 자기표현 능력이 부족하고 행동도 미숙하며 제멋대로인 영유아들을 돌보는데, 원래 아이를 사랑하는 마음을 갖고 있어야 한다는 점이 얼마나 중요하겠는가. 이 중요한 마음을 검증하거나 키우거나 확인하는 절차가 보육교사 자격증 취득 과정에 없다는 것이 문제다. 직업 선택의 자유가 있으니 아동을 원래 사랑하는 사람들만 그 자격증을 취득하고, 어린이집 선생이 될 수 있을 거라는 기대는 거의 망상에 가까운 착각이다. 요즘처럼 취업이 힘든 시대에 사람들이 과연 실질적으로 직업을 선택할 자유가 있다고 생각하나?

이것은 보육교사만의 문제가 아니다. 초중고 교사는 어떨까? 이들이 교사 자격증을 획득하고 실제 교사가 되는 과정에 학생들을 얼만큼 사랑하고, 강의와 학생상담을 얼마나 즐기고 좋아하는지를 측정하고 확인하는 과정은 전혀 없다. 교사 자격 시험에 교사로서 학생들을 사랑하는 정도를 측정할 수 있는 부분은 아예 없다. 교생실습은 그냥 이수하면 되는 것이지, 그 과정에서 학생들을 얼마나 사랑했는지, 교사로서의 마음가짐을 얼마나 키워냈는지를 검증하는 점수나 추천서도 없다. 학생을 아끼는 마음이 부족해서 교생실습을 이수하지 못한 사람이 있다는 얘기를 들어본 적이 있는가?

의사가 되는 과정도 마찬가지다. 의대입시에서 수험생의 생명에 대한 존중사상이나 아픈 사람에 대한 측은지심을 입시기준에 포함했다는 대학은 내 평생 들어본 적이 없다. 오히려 어려서부터 생명을 아끼고 타인을 배려하는 청소년이 의대에 들어갈 확률은 사실 그리 높지 않다. 내신 상위 1퍼센트에 들지 못하면 의대는 아예 꿈도 꾸지 못한다고 하지 않는가. 그저 학교나 도서관에서 죽어라 공부한 학생이 교사가 되거나 의사가 되거나 공무원이 된다. 확률적으로만 생각해도 평소에 봉사정신이 투철하고 휴머니즘이 충만하며, 공적의식이 강한 학생이 그런 시험에 합격할 가능성이 더 높을까, 아니면 매우 목표 지향적이고 개인적인 욕망이 강하고 이기적인 학생이 합격 가능성이 더 높을까?

대학에서 교수를 채용할 때도 마찬가지다. 대학은 본질적으로 학생을 가르치는 교육기관인데도, 교수채용이나 평가의 기준에 교육영역은 매우 약하다. 수치로 측정하기 좋은 연구영역만 강조되어 있기 때문이다. 학생을 얼마나 아끼는지, 학생 교육에 대한 자질이 얼마나 뛰어난지는 측정하지도 않는다. 공개강의나 면접을 통해서 교육에 대한 열정, 자세, 교육자로서의 인성 등을 확인하는 과정은 많은 대학에서 요식행위로 바뀌었다. 설사 그런 평가에 근거해서 대학에 1순위 후보자를 추천하면, 대학 측에서는 연구업적이 높은 사람이 왜 1등이 아닌 지를 되물어온다. 그나마 되물어오면 다행이다. 많은 대학들이 그냥 연구업적에 기초해 교수를 채용한다. 왜? 그 연구업적에 근거해서 대학의 순위가 결정되기 때문이다. 교육부나 주요 언론의 대학평가에서 교육을 평가하는 지표는 거의 없다. 객관화하기 힘든 것들은 싹 빼버리고, 수치화하기 좋은 것, 예를 들어 교수 대 학생의 비율, 한 강의당 학생의 수, 영어강의 수와 같은 수치화하기 쉬운 자료만 사용한다. 실제로 강의의 내용과 질에 대한 고려는 없이 그냥 단순 숫자에 의존한다. 특히 영어로 개설되는 강의의 수는 무지하게 이상한 척도다. 만약 더 많은 학생이 영어강의를 들어서 영어에 대한 경쟁력을 갖게 되길 바란다면, 졸업하는 학생들이 얼마나 많은 영어과목을 수강했는지, 또는 영어실력이 어느 정도 되는지를 확인하면 된다.

그런데 왜 굳이 영어강의의 수를 세는 걸까? 이건 교수들에게 더 많은 영어강의를 하라는 얘기지, 학생들에게 영어교육을 시키겠다는 본질이 아니다. 이렇게 객관화된 수많은 척도들이 지금 한국 대학들의 경쟁력을 깎아먹고 있다. 특히 진정한 교육을 잊게 만들고 있다. 이런 기준에 따라 선발되고 평가되는 대학에서 왜 교육이 제대로 이루어지지 않느냐고 물어보면, 이건 진짜 제대로 된 개그다.

불공정을 감수할 용기

한국 사회가 이처럼 수치화된 객관적인 평가에만 매달리는 이유는 기본적으로 한국 사회의 신뢰수준이 낮아서라고 한다. 2005년 세계 가치관조사World Values Survey에서 '일반적으로 대부분의 사람은 믿을 만하다'라는 문항에 대해 한국인의 30.2퍼센트만이 '그렇다'고 응답했다. 이는 스웨덴(68.0퍼센트)과 같은 선진국들은 고사하고 중국(52.3퍼센트)이나 베트남(52.1퍼센트)보다도 낮은 수치다. 동일한 조사에서 한국 사회는 특히 공공기관에 대한 신뢰의 부족을 여실히 보여주었다. 국회 10.1퍼센트(OECD 평균 38.3퍼센트), 정부 28.8퍼센트(OECD 평균 34.6퍼센트) 정도다. 2009년 국가별 부패지수Corruption Perceptions Index에 따르면, 한국은 10점 만점에 5.5점을 기록해서 OECD 국가 중 최하위권을 기록하고 있다. 상황이 이렇다 보니 뭔가 객관적인 자료가 주어지지 않으면, 어떠한 결론도 내릴 수 없고 그 사실을 믿지도 않는 한국 사회가 돼버렸다. 그러니 형식상으로는 그나마 정당화할 수 있는 평가가 만능인 한국 사회가 된 것이다.

수치로 측정 가능한 능력이 중요한 영역에서 이런 객관화 방식의 선발은 사실 상관없다. 원래 똑똑한 사람, 그냥 능력 있는 인재를 원하는 영역은 그런 객관화된 평가로(완벽하지는 않지만) 선발하는 것이 어느 정도 가능하다. 하지만 봉사정신, 사랑, 애정, 열정 등과 같은 덕목이 필요한 공공적 성격이 강한 영역에 이런 선발 방식은 적합하지 않다.

아이를 사랑하는 마음, 학생을 아끼는 마음, 가르치기를 좋아하는 마음, 생명과 환자를 아끼는 마음, 국가와 국민을 섬기는 마음은 도대체 어떻게 측정할 수 있을까? 최소한 지금의 객관적이고 공정한 방식으로는 제대로 측정될 것 같지 않다. 사실 오히려 과거에는 어느 정도 그런 필수적인 마음이 반영되는 선발과정이 있었다.

같은 학력고사 점수를 가지고도 다른 학과를 갈 수 있었는데도, 사범대를 선택한 사범대 졸업생들에게는 교사임용에서 가산점을 주었다. 또 당시에 각광받던 공대나 법대 대신 의대를 진학한 학생들은 오히려 생명과 환자를 사랑할 잠재성을 가진 인재들로 평가받았다. 하지만 이러한 마음을 반영할 수 있었던 모든 가산점들은 대부분 기득권과 불평등이라는 오명을 쓰고 선발과정에서 퇴출되었다. 청년실업이 최고조에 이르고 있는 현재와 같은 초경쟁사회에서는 이제 직업선택의 자유도 사라졌다. 너무나 많은 사람들이 몇 개 안되는 자리를 놓고 경쟁하기에 객관적으로 비교할 수 있는 시험성적이 주요 결정요인이 되었다. 그 이외의 주관적인 요인들은 불공정과 부정이 개입될 여지가 있기 때문에 완전히 배제되었다. 이제는 모두들 너무 예민해져서 조금이라도 객관화되지 않은 요인이 개입하면, 이를 받아들이지 못하고 각종 의문을 제기한다. 그래서 현대 심리학의 비극처럼 마음이나 동기, 사랑과 같은 객관적이기 힘든 주제들은 심리학에서 그 중요성이 무시되기 시작한 것이다.

이제는 공공 영역에서라도 그런 주관적 가치의 회복이 이뤄져야 하고, 공정성을 조금 포기하는 용기를 생각해봐야 한다. 어찌 보면 그것이 절차적 공공성을 일부 포기하는 대신 궁극적 정의를 실현하는 것일 수 있다. 행여 여기에 또 사랑이나 봉사정신을 객관적으로 측정하라는 미친 요구를 하지는 않았으면 한다. 지금 중고생들의 봉사점수 제도가 얼마나 엉망으로 운영되고, 거의 사기에 가까운 범죄 수준의 일들이 벌어지고 있는지 알 만한 사람들은 다 알고 있다.

그냥 보육 자격증을 가진 사람보다, 그냥 의사 자격증을 가진 사람보다, 그냥 교사 임용고시에 합격한 사람보다, 그냥 공무원 시험에 합격한 사람보다, 아이를 사랑으로 돌보는 어린이집 선생, 환자를 가족처럼 걱정하는 의사, 학생을 인격적으로 대하는 교사, 나라와 국민을 위해 봉사하는 공무원이 존중받고 대우받는 세상을 모색해볼 시점이 되지 않았나 싶다. 그럼 우리는 결국 CCTV가 필요 없는 미래 세상에 살게 되지 않을까.

때리고 맞는 걸 좋아하는 한국 사회

//

1998년 연구년을 맞아 미국에서 살던 우리 가족에게 기적과 같은 일이 일어났다. 큰아들은 필자가 박사 유학 시절을 보냈던 미국에서 태어나 그곳에서 약 5년을 살았지만, 한국에 돌아온 이후 무식하고 용감한(?) 부모의 신념에 따라 영어유치원도 영어학원도 거의 다니지 않았다. 필자의 연구년에 맞춰 초등학교 4학년을 마치고 다시 미국으로 돌아간 큰아들은 1,000명이 넘는 학생들 중에 영어를 못하는 학생이라곤 '자기 동생'밖에 없던 미국 초등학교에서 엄청난 고생을 했다. 나중에 들은 얘기지만 친구들과 대화도 안되고, 수업시간에 선생님 말귀도 못 알아듣고, 숙제가 뭔지도 알 수 없었던 처음 몇 개월 동안 죽고 싶었다고 한다. 그런 큰아들이 1년이 조금 지난 어느 날, 학교에서 '독서왕'으로 뽑혀서 일일 교장선생님 역할을 하게 된 사건이 생겼다.

미국의 초등학교에서는, 학생들이 읽을 수 있는 거의 모든 도서에 대한 퀴즈문제를 만들어서 학교도서관 컴퓨터에 저장해놓고, 책을 읽은 학생들이 일정 수준 이상의 문제를 맞히면 점수AR point를 주는 시스템을 운영한다. 처음에는 유치원생이 읽을 법한 영어책을 읽던 큰아들이 꾸준히 수준을 높여가며 책을 읽어나갔고, 한 권을 읽을 때마다 도서관으로 달려가 점수를 얻은 끝에 자기 학년에서 제일 많은 점수를 획득한 독서왕이 된 것이다. 물론 아들 녀석이 원래 책을 좋아하기도 했지만, 새로운 책을 한 권씩 읽을 때마다 도서관에 달려가서 관련 문제를 풀면 책의 난이도와 정답 비율에 따라 점수를 주고, 그 점수에 따라 단계별로 다양한 상품과 권한이 주어지는 인센티브 시스템은 큰아들로 하여금 독서에 몰입하게 만들었다. 일일 교장선생님 역할을 하는 동안, 호루라기를 목에 걸고 각 교실을 돌면서 다른 학생들로부터 인사를 받던 큰아들의 모습은 그 자체로 가문의 영광이요, 감동의 도가니였다.

그런 큰아들이 한국에 돌아와서는 점점 책에 대한 흥미를 잃어가기 시작했다. 왜? 바로 독서를 권장하는 학교 시스템의 차이 때문이었다. 미국 초등학교에는 어떤 책을 읽어야 한다는 리스트도 없었고, 독후감 같은 숙제도 없었다. 다만 한 권이라도 더 읽으면 그에 대한 인센티브를 확실히 주는 시스템만이 있었다. 그에 비해 한국 학교의 독서 시스템은 완벽하게 정반대였다. 한국에서는 보통 학기 초에 읽어야 하는 책 리스트를 주는데, 그 책을 읽는다고 해서 특별히 보상을 받는 것도 없고 그냥 반드시 꼭 읽어야만 한다고 한다. 안 읽으면 평가점수를 깎는 처벌은 있어도, 다 읽었다고 더 읽었다고 포상을 주는 일은 거의 없다. 이런 미국과 한국의 독서권장(강요?) 시스템의 차이는 바로 인간의 행동을 이해하고 접근하는 근본적인 관점의 차이에서 비롯된다.

처벌에 꽂힌 한국 사회

인간으로 하여금 원하는 행동을 하게 하거나, 원하지 않는 행동을 막는 수많은 방법의 가장 근본적 본질은 바로 보상과 처벌이다. 인간을 포함한 모든 동물들의 행동을 통제하는 기본적인 원리는 바로 쾌락주의hedonism다. 즐거움을 추구하고 고통을 피하고자 하는 인간의 본성을 이용해서, 원하는 행동에는 즐거움을 가져다줄 보상을 제공하고, 원하지 않는 행동에 대해 고통을 가져다줄 처벌을 제공하는 방법은 동서고금을 초월한 사회적 체계의 근본이다.

심리학의 '효과의 법칙Law of effect'에 따르면, 긍정적 경험이 뒤따르는 행동은 증가하고, 부정적 경험이 뒤따르는 행동은 감소하는 보편적 원리는 인간을 포함한 모든 동물에게 적용된다. 그리고 대부분의 사회는 이 법칙에 근거한 크고 작은 시스템에 따라 움직인다. 물론 지적 수준이 높은 인간에게는 반드시 직접적이지 않더라도, 간접적이거나 비물질적인 상징적 보상과 처벌, 심지어 보상과 처벌에 대한 기대와 예상까지도 그런 사회적 체계에 사용된다. 부모가 자녀에게 주는 칭찬·꾸지람·사랑·용돈·무시·교육 시스템의 평가·상장·처벌·진학 등에서부터 직장에서의 봉급·승직·해고·좌천과 사회에서의 법률적 제재·고립·인지도·지지 등의 수많은 보상과 처벌이 사람들의 행동에 크고 작은 영향을 미치게 되고, 그런 과정에서 우리의 행동들은 결정·변화·교정되어간다.

이런 인간행동의 통제원리는 모든 사회에서 동일하게 적용되지는 않는다. 어떤 사회는 시대에 따라 보상을 더 중요시할 수도 있고, 또 어떤 사회는 처벌을 더 중요시할 수도 있다. 이런 관점에서 보면 현재 한국 사회는 처벌에 완전히 꽂힌 것처럼 보인다. 그 증거는 교육 시스템에서 극명하게 드러난다. 교육 시스템은 우리 사회에서 다음 세대들에게 그 사회에서 중요하게 생각하는 것들을 가르치고, 그 교육과정을 거친 사람들이 결국 또 사회를 구성하기 때문이다.

한국의 초중고등학교에는 소위 상벌점제도라는 것이 있다. 그 목적 자체가 학생들의 생각과 행동을 통제하기 위해 만든 장치로 말 그대로 어떤 행동에 상점을 받고, 벌점을 받는가를 규정해놓은 것이다. 그런데 이름에서는 '상'이 먼저 나오고 '벌'이 나중에 나오지만, 실상은 정반대다. 흔히 입학식 때나 학년 초에 학생들에게 배부되는 상벌점제도 가이드라인을 보면, 벌점을 받는 경우는 복장불량, 교복개조, 넥타이·실내화·두발상태 불량, 실내소란, 액세서리 착용, 종이비행기 날리기, 지시 불이행, 이성 간 풍기문란, 휴대폰 소지, 카드놀이, 청소년 유해품(만화, 술, 담배 등) 소지, 교실 컴퓨터 사용, 지각, 불량서클 가입, 따돌림, 침 뱉기, 껌 씹기, 기물파손, 수업태도 불량 등 무수히 많다. 항목이 자세할뿐더러 그 범위도 거의 모든 학교생활에 해당될 정도로 광대하다. 반대로 상점을 받을 수 있는 경우는 물건 찾아주기, 학교 명예 높이기, 청소, 왕따친구 도와주기, 수업태도 성실, 쓰레기 분리수거, 학습 적극참여 등 그리 많지 않다. 더 중요한 것은 단지 가짓수의 문제가 아니라 형평성의 문제다. 상점은 보통 1점에서 시작해서 3점을 넘는 것이 몇 개 안 되지만, 벌점은 제일 낮은 것도 2점이고 보통 4~5점, 심지어 7~8점이 넘는 것들도 많다. 실제로 학생들은 많은 선생님들이 아예 상점 카드는 들고 다니지도 않고, 벌점 카드만 들고 다닌다고 인식하고 있다. 이에 대해 선생님들은 학생들이 원래 상점을 받을 일보다 벌점 받을 일을 많이 하기 때문이라고 얘기할 수 있다. 그렇다면 전 세계에서 한국 학생들만 유독 태생적으로 벌점을 많이 받을 인간으로 태어났을까? 굳이 상벌점제도가 아니라도, 왜 대부분의 학교가 책을 읽을 때마다 칭찬과 보상을 주지 않고, 읽어야 할 책을 정해주고 안 읽으면 처벌하는 방식을 선택하고 있을까? 과연 우리 사회와 우리 교육체계 그리고 우리 선생님들이 보상보다는 처벌을 좋아한다는 주장을 부인할 수 있을까?

추구하는 삶과 예방하는 삶

우리의 교육제도는 왜 이렇게 처벌에 의존할까? 교육정책 담당자들이 무식해서? 교장선생님들이 이상해서? 학생들이 흔히 생각하듯이 선생님들이 학생 괴롭히기를 즐기는 변태라서? 아니다. 바로 '예방적 prevention 동기 성향' 때문이다.

한국인의 불확실성 회피 성향은 눈에 보이지 않고 손에 잡히지 않는 것을 싫어한다. 그래서 항상 더 명확하고 확인이 가능한 것을 중요하게 생각한다. 이런 성향은 막연하고 모호한 꿈을 좇는 것보다는, 바로 눈앞에서 일어날 나쁜 일을 막는 데 초점을 두게 만든다. 장기적이기보다는 단기적이고, 과정보다는 결과를 위주로 사고하는 특성을 가지게 한다. 바로 이것이 인간 동기의 예방적 특성이다.

최근 심리학에서는 단순히 즐거움을 추구하고 고통을 피하려는 쾌락주의를 넘어, 인간의 생각과 행동을 결정하는 새로운 동기 시스템을 밝혀냈다. 과거에는 고통을 피하는 것을 즐거움을 얻는 것과 동일하게, 즐거움을 받지 못하는 것을 고통을 받는 것과 동일하게 취급했다. 즐거움과 고통을 서로 반대쪽 끝에 있는 것으로 간주하고, 사람들은 고통에서 멀리 떨어질수록 즐거움 쪽으로 옮겨가고 있는 것이라고 믿었다. 하지만 최근의 많은 연구들이 즐거움을 좇는 것과 고통을 피하는 것은 본질적으로 다르며 서로 독립적이라고 제안한다. 예를 들어, 회사에서 해고되지 않으려면 열심히 일해야 하고 그러다 보면 승진하게 되며, 또 승진하면 해고되지 않는 현실적인 상관관계가 존재하더라도, 사람들에게 승진하려는 동기와 해고되지 않으려는 동기는 기본적으로 다르다는 얘기다. 비슷한 예로 피트니스 센터에는 멋진 식스팩이나 S라인의 몸매를 가지기 위해 운동을 하는 사람과, 건강을 잃지 않으려고 운동을 하는 사람이 섞여 있다. 이들 모두 열심히 운동하고 있고 궁극적으로 두 가지 효과를 비슷하게 얻을 수도 있지만, 이 두 가지의 다른 목표를 추구하는 사람들은 각각 전혀 다른 사고과정과 행동을 하게 된다. 이런 심리적인 동기의 차이를 '조절적 초점regulatory focus'이라고 부른다. 식스팩을 위해 운동하는 사람은 현재의 자신보다 더 나은 상태를 추구하고 있으므로 보통 향상적promotion 동기 상태라고 볼 수 있고, 반대로 건강을 잃지 않으려고 운동하는 사람은 현재보다 더 나쁜 상태로 떨어지는 것을 막으려는 예방적 동기 상태라고 볼 수 있다.

세상의 많은 일은 본질적으로 향상적이거나 예방적인 것으로 정해져 있기도 하지만, 대부분은 두 가지 동기적 요소를 동시에 가지고 있어서 사람에 따라 다르게 받아들여지기도 한다. 보통 싸움이나 전투와 관련된 컴퓨터 게임에서는 적을 많이 죽여야 공격점수가 올라가지만, 동시에 적의 공격을 잘 피해야 자신이 죽지 않는다. 이런 게임에서 어떤 사람은 자신은 죽건 말건 적을 죽이는 데만 몰두하고, 반대로 어떤 사람은 적을 죽일 생각은 거의 없고 자신의 목숨만 지키기에 급급한 사람도 있다. 전자는 강한 향상적 동기를, 후자는 강한 예방적 동기를 가지고 있다고 볼 수 있다.

　일반적으로 향상적 초점을 가진 사람들은 더 나은 상황, 즉 더 긍정적인 뭔가가 있는 상황을 추구하다 보니 보상에 더 민감해진다. 그래서 보통 공격적이고 위험감수형 결정을 하며, 확장적이고 창의적인 사고를 하는 것으로 알려져 있다. 따라서 뭔가를 더 해보려고 하는 적극성이 뛰어나며, 거시적이고 장기적인 과제에 잘 어울린다. 반대로 예방적 초점을 가진 사람들은 더 나쁜 상황, 부정적인 사건이 일어나는 것을 막으려다 보니 소극적이고 위험회피형 결정을 하고, 축소적이고 회피적 사고를 하며, 단기적이고 즉각적이면서 완결적인 과제에 잘 어울린다. 이런 예방적 동기가 강한 사회에서는 당연히 처벌에 더 민감하고, 그게 또 사람들에게 효과적으로 잘 먹힌다. 그러니 보상보다는 처벌을 이용한 사회적 제도가 당연하게 받아들여지고 만연할 수밖에 없다.

인센티브가 불편한 사람들

조절초점적 관점에서 한국인은 예방적이다. 실제로 비교문화심리학 연구를 통해서 동북아시아 사람들이 서양 사람들에 비해 더 예방적이라고 밝혀졌다. 그중에서 한국 사람들이 특히 예방적인 측면이 강하다고 한다. 가족 중심의 농경 사회라는 정체된 소규모 집단 사회는 매우 안정적이고 그것을 유지하는 데 더 큰 가치를 부여하게 된다. 여기에 가족, 부모, 국가에 대한 당위적 의무와 책임을 강조하는 유교적 사상은 우리의 삶을 반드시 해야만 하는 것들과 절대 놓치면 안 되는 것들로 가득 차게 만들었다. 그래서 우리는 '뭐 하면 더 줄게'보다는 '안 하면 죽는다'가 더 가슴에 와 닿는 사회에 살고 있다.

1997년 IMF 이후에 한국 사회는 '글로벌 스탠더드'라는 경쟁과 보상(특히 인센티브) 시스템으로의 전환을 시작했다. 지금도 진행 중인 이러한 변화를 대부분의 한국인들은 너무나 불편해했고, 아직도 많은 이가 거부하고 있다.

현대 사회에서 직장인들의 행동을 통제하는 가장 큰 보상체계는 누가 뭐래도 아마 연봉일 것이다. 한국 사회에서는 최근 들어 대기업의 CEO들과 임원들의 연봉이 너무 높다고 비난하는 소리가 늘고 있으며, 실제로 연간 5억 원 이상을 받는 대기업 등기임원의 보수를 공개하도록 하는 관련법까지 제정되었다. 하지만 객관적으로 보면 우리나라 대기업의 CEO들이 받는 연봉이 경쟁관계에 있는 외국 글로벌 기업들의 CEO의 연봉에 비해 그리 높지 않다는 것이 일반적인 사실이다. 예를 들어, 삼성전자의 사장 연봉이 171억 원이라는 뉴스에 많은 사람들이 납득할 수 없다는 반응을 보이지만, 애플의 CEO는 매년 398억 원을 받고 있고, 더구나 10년 동안 그 연봉이 보장되어 있다고 한다. 추신수 선수가 외국에서 197억 원의 연봉을 받는 것에는 열광하면서, 삼성전자 사장이 추신수보다 더 적은 연봉을 받아야 하는 이유는 뭘까. 삼성전자 사장이 삼성전자나 대한민국에 기여하는(기여해온) 바가 추신수가 자기 소속팀이나 대한민국(미국인가?)에 기여하는 그것보다 적은 걸까?

일반적으로 미국을 비롯한 서구 선진국의 기업들은 직원들을 더 열심히 일하게 하는 방법으로 인센티브 제도를 활용한다. 하루에 10시간 일하는 사람에게 11시간을 일하게 할 때에 비해서, 15시간을 일하는 사람에게 16시간을 일하게 하기 위해서는 앞의 경우와 똑같이 1시간분의 일당을 더 줘서는 안 된다. 그보다 몇 배는 더 줘야 된다. 같은 원리로, 극단적인 능력을 요구하는 직장이나 극단적인 노력과 능력이 필요한 자리에 대해서는 극단적인 인센티브가 주어져야 한다는 논리가 받아들여진다. 이런 식의 보상을 통해서 극단적인 천재성과 창의성을 이끌어내고, 다른 모든 것을 포기한 채 일에만 매달리는 헌신적인 근로자를 만들려 한다.

하지만 한국 사회는 어떨까? 그런 극단적인 보상 자체가 옳지 않다고 본다. 굳이 극단적이고 엄청난 인센티브가 아니더라도 누군가 뭔가를 더 받고 덜 받는 시스템 자체를 불편해한다. 대학에서도 경쟁과 보상체계를 도입하면서, 대학원생 두 명에게 등록금의 절반씩 장학금을 제공하다가 경쟁을 통해 더 나은 한 학생에게 전액 장학금을 수여하는 방식으로 바꾸면, 합의하에 한 명이 받아서 둘이 나눠가진다는 코미디 같은 단합이 벌어지는 나라가 한국이다. 내가 맡은 학부 수업에서는 보통 팀 과제가 필수인데, 여러 사람이 한 팀이 되어 한 학기 동안 특정 과제를 수행하고 학기 말 학급 발표회 때 레포트를 제출하는 형식으로 구성되어 있다. 학생들 스스로 7~8명 정도의 팀을 구성하도록 하는데, 보통 자신과 친한 친구들끼리 같은 팀이 되는 경우가 많다. 학기 말에 학생들은 자신의 팀원들을 평가할 기회를 가진다. 이때 누가 팀 과제에 얼마나 기여했는가와 팀원으로서 얼마나 만족스러웠는지를 평가하도록 요구받는다. 같은 팀의 팀원들은 과제 결과에 따라 기본적으로 같은 점수를 받는데, 서로 간의 팀원 평가에 따라 일부 팀원의 점수가 가감될 수 있다. 이러한 평가방식을 공지해주면, 학생들 가운데 일부는 매우 곤란한 표정을 지으며 괴로워한다. 이들은 그나마 팀원 평가를 진지하게 받아들여서, 진실된 평가를 해보려는 학생들이다. 그러나 나머지 대부분의 학생들은 이런 점수제도에 전혀 불편해하지 않는다. 그리고 그냥 모든 팀원이 똑같이 기여했고, 똑같이 만족스럽다고 써버린다.

우리는 원래 누군가에게는 더 주고 누군가에게 덜 주는 것에, 아예 평가 자체에 대해서 거부감이 있다고 볼 수밖에 없다. 평가를 하는 사람이나 평가를 받는 사람 모두 서로 비슷비슷한 점수를 주고받는 것을 더 선호한다. 그러다 보니 사회 전반적인 영역에서 수많은 평가를 실시하지만, 실제로는 형식적이고 요식행위에 불과한, 평가를 위한 평가가 되는 경우가 허다하다. 오죽하면 요즘은 웬만한 평가에서 반

강제적으로 상대평가를 실시하도록 한다. 무조건 몇 퍼센트는 최상위, 몇 퍼센트는 중간, 몇 퍼센트는 최하위를 정해놓고 강제로 배분하게 한다든지, 무조건 몇 퍼센트는 떨어뜨리라는 강제 규정이 들어가는 경우도 있다. 그냥 가만히 놔두면 평가 결과가 별반 차이가 나지 않으니, 억지로 만든 규정이다. 이런 규정이 있어도 머리 좋은 한국 사람들은 서로 돌아가면서 좋은 평가와 나쁜 평가를 받는 형식으로 평가 자체를 요식행위로 만드는 기지를 발휘한다.

평가를 무력화시켜라

재미있게도 원래 평가를 싫어할 수밖에 없는 한국 사람의 심리적 특성들은, 불신 사회에서 그 평가들을 더욱더 요식행위로 만들고 더 큰 불신을 키워내고 있다. 일반적으로 한국 문화는 확장된 가족주의적 성향을 띈다.

기본적으로 가족의 범위 내에서 적용되는 분배의 원칙은 투자와 결과에 비례하는 공평equity의 원리가 아니라, 다 같이 똑같이 가져가는 평등equality이나 필요한 만큼 가져가는 필요need-based의 원칙을 따른다. 그러니 가족 간에는 정확하고 차이를 있는 그대로 반영하는 평가는 별 의미가 없고, 오히려 쓸데없이 매정하게만 보인다. 앞서 말했듯이 같은 가족주의에 해당하는 남미 사회와는 달리, 한국 사회는 독특하게 혈연에서 한 단계 더 나아가 사회 전체 시스템을 가족의 형태로 이해하려는 성향이 있다. 남미 사람들 또한 한국 사람들처럼 넓은 범위의 친족까지 가족의 범위에 넣지만, 오히려 가족의 경계를 명확하고 안정적으로 구분 짓고 있어서 누가 가족이냐라고 묻는다면 명확히 대답할 수 있다. 하지만 한국 사회는 국가나 회사, 그 외의 다양한 조직까지 확장된 개념으로 이해하려 한다. 가족 같은 회사, 아버지 같은 상사, 어머니 같은 군대, 상사는 부하직원과 후임병사를 자식과 같이 (막?)대하며 무한 책임을 진다. 이런 사회에서는 있는 그대로를 잔인하게 드러내는 평가결과는 아무도 받아들이려 하지 않고 그것을 바라지도 않는다. 한마디로 '우리가 남이가?'의 평가 버전인 것이다.

한국 사람들이 확장된 가족주의를 넘어 평가를 유달리 싫어하는 또 하나의 이유는 바로 한국인의 불확실성 회피와 예방적 동기 성향 때문이다. 예방적인 한국 사람들은 보통 실패에 더 예민하다. 현재의 상황을 더 향상시키려는 향상적 동기와 달리, 현재 상황이 나빠지는 것을 막으려는 성향이 예방적 동기다. 똑같은 일을 해도 더 나아지는지 여부보다는 더 나빠지지 않는지 여부에 더 신경을 쓰고, 얼마나 더 많은 사람들이 더 잘하는지보다는 얼마나 더 많은 사람이 더 못하는지를 살펴보고, 똑같은 결과가 나왔더라도 전보다 나빠지지 않았으면 성공한 것으로 간주한다. 이런 한국 사람들에게 평가는 좋은 결과나 잘난 사람을 찾아내는 과정이 아니라, 나쁜 결과나 못한 사람을 찾아내는 과정으로 인식된다. 한국 사람들에게는 '누가 누가 잘했나', '참

잘했어요'가 아닌, '누가 누가 못했나', '참 안됐어요'를 하기 위한 절차가 바로 평가인 것이다. 그러니 평가를 통해 뭔가 얻는 사람은 없고, 잃는 사람만 생긴다.

한국인의 확장된 가족주의적 특성과 예방적 특성이 평가를 싫어하게 만드는 데, 마지막 화룡점정은 바로 한국 사회의 단기적 사고특성이다. 사고의 구성수준construal level이 추상적abstract인 사람은 관념적이고 창의적인 생각을 즐겨 하고 장기적 행동전략을 선호한다. 반면에 구성 수준이 구체적concrete인 사람은 세부적이고 섬세한 현실적인 사고를 하는 특성을 보이지만 동시에 매우 단기적인 전략을 선호하는 경향이 있다. 이런 단기적인 전략을 선호하는 사람은 눈에 드러나는 빠른 결과를 중요하게 생각한다. 그러니 평가의 결과가 무엇인지를 중요시하게 여기며, 매우 빠른 피드백을 좋아하고, 주어진 단기과제에서는 매우 훌륭한 성과를 보인다. 하지만 딱 거기까지다. 이들은 상대적으로 먼 미래에 대한 고민은 하지 않는다. 그래서 결과를 얻는 것까지만 집중하지, 그 결과를 어떻게 활용할지에 대한 계획은 없다. 한국 사회에서 평가를 내리는 방식의 본질적인 문제는 바로 여기에 있다.

한국 사회에서는 평가를 하는 방식에 대해서는 구체적으로 고민하지만, 그 평가를 근거로 무엇을 어떻게 해야 할지는 거의 논의되지 않는다. 기업에서 직원평가는 그냥 연봉과 승진, 해고를 결정하는 요소이지, 그 평가를 근거로 직원들의 능력을 어떻게 향상시킬지에 대한 논의는 이루어지지 않는다. 논란이 되고 있는 학력평가는 어떤 학교의 성적이 좋은지만 알려줄 뿐 그 학력평가 결과로 무엇을 할 것인지에 대한 얘기가 없다. 이런 사회에서 평가는 단지 과거를 확인하기 위한, 특히 과거를 처벌하기 위한 평가로서만 존재한다. 적어도 미래와 관련해서는 전혀 의미가 없다. 이러니 한국 사람들 중 누가 평가를 좋아할 수 있을까?

평가를 무력화하는 작업은 평가받는 사람만 하는 것이 아니다. 평가하는 사람들도 같이 하고 있다. 수능을 쉽게 출제하려고만 하는 교육부의 사례를 한번 생각해보자. 철저하고 공정한 평가보다는 다소 쉽고, 두루뭉술하고, 모호한 평가를 만들고, 때로는 평가나 문제의 수를 줄이려는 시도를 한다. 하지만 어떤 평가의 문제점은 그 평가의 기준을 뭉개버린다고 결코 줄어들지 않는다. 오히려 혼란만 가중시킨다. 모든 평가는 철저하고 공정해야 하지만, 거기서 끝나기만 하면 절대 안 된다. 그 평가를 근거로 어떠한 대처를 해야 할 것인지를 고민해야 한다. 일을 못하는 직원 또는 직원의 약점을 파악해서, 더 나은 직원으로 발전시키는 방법을 개발해야 한다. 학력평가를 통해 성적이 좋지 못한 학교들에는 예산과 지원을 집중해줘야 한다. 공부를 잘 못하는 학생들에게는 공부 말고 다른 삶의 방법을 찾아줘야 한다. 이런 평가라면 누가 마다하고 누가 싫어하겠는가? 이렇게 하다 보면 평가에서 일부러 더 낮은 결과를 얻으려고 하는 사람이 생길지도 모르겠다. 그 후에 더 많은 혜택이 기다릴 테니 말이다.

절벽 끝에 선 사람들

심리학 연구에서는 예방적 동기에 비해 향상적 동기가 더 효율적이고 생산적이며 건설적이라고 간주하고, 이것이 더 높은 정신 건강과 행복과 관련 있다고 주장한다. 하지만 이건 이미 향상적인 서구 사회적 관점에서 진행된 연구결과들이다. 평가를 싫어하고, 더 받는 것도 덜 받는 것도 싫어하는 예방적 동기로 가득 찬 한국 사회에서 예방적 동기 자체가 굳이 문제가 될 필요는 없어 보인다. 서양은 평균보다 앞서는 소수를 찬양하지만, 우리는 평균보다 뒤처지는 사람을 돌아보는 인간적인 면을 가지고 있다. 외국 영화들을 보면, 슈퍼맨이나 람보 같은 영웅들이 적을 싹쓸이하는 이야기가 자주 등장하지만, 우리 영화들은 뒤처지는 낙오자를 돕고 이끌어서 모두가 함께 어깨동무를 하고 결승점을 통과하는 이야기를 주로 다룬다. 그래서 아마 우리 사회는 사회적 평등을 중요시하고, 교육 평준화를 추구하고, 모두를 위한 보편적 복지를 선호하고, 약간은 사회주의적 성향을 띠는 모양이다. 이러한 것들이 어떤 정치적 옳고 그름을 떠나서 아마 한국인의 예방적 심리 성향과는 잘 맞을 수 있다.

하지만 이런 예방적 동기에는 치명적인 약점이 있다. 바로 사람을 불안하게 만드는 것이다. 심리학적 연구에 따르면 향상적 동기를 가진 사람은 원하는 보상을 얻었을 때는 기쁨을 느끼고, 얻지 못했을 때는 실망감을 느낀다. 그 과정에서는 기대감이 주를 이룬다. 하지만 예방적 동기를 가진 사람은 원하는 결과, 즉 나쁜 일을 성공적으로 막았을 때는 안도감을 느끼지만 그 과정에서는 불안감을 느낀다. 식스팩을 만들기 위해 운동하는 사람은 머릿속에 자신의 미래의 모습을 그리며 기대감에 차서 운동을 하지만, 암에 걸릴까 봐 건강을 지키기 위해 운동하는 사람은 열심히 노력하면서도 계속 불안한 것과 같은 이치다.

현재 한국 사회를 지배하는 정서는 불안이다. 우리 사회에서 초중고등학생들은 대학입시에 대한 불안, 청년은 취업과 진로에 대한 불안, 중년은 자녀양육과 실업에 대한 불안, 노년은 노후와 죽음에 대한 불안으로 불행을 겪고 있다고 진단된다. 이런 불안은 전 세계 같은 연령대의 거의 모든 사람들이 공통적으로 가지고 있는 고민들에서 비롯하지만, 현재 우리 사회에서 유달리 두드러지게 나타나고 있다. 이는 한국인들이 그런 인생의 도전과 과제들을 바로 예방적 동기에서 접근하고 있기 때문이다. 예방적 동기의 관점에서 그런 과제들은 단지 달성하면 좋은 보상이 아닌, 반드시 달성해야만 하는 어떤 것, 그래서 달성하지 못 하면, 저 아래 절벽으로 떨어지는 처벌이 기다리고 있는 불안의 존재가 된다. 그래서 부모들은 자녀들에게 '대학에 가면….'이라는 말보다 '대학에 못 가면 끝이야.'라는 말을 더 많이 한다(사실 뭐가 끝나는지를 구체적으로 설명해주지도 않는다). 그래서 70퍼센트가 넘는 고등학교 졸업생이 대학에 간다. 고등교육인 대학진학은 더 이상 보상이 아니라, 안 가면 처벌을 받는 필수가 되어버린 것이다. 취업 역시 마찬가지다. 나에게 과연 잘 맞는 일인지, 더 나은 미래를 가져다줄지 아닐지에 대한 고민 없이 무조건 취업부터 해야 한다. 서양의 버킷리스트는 원래 'Wish list'인데, 한국에서는 이게 'Must list'가 되었다. 명품은 극소수의 부자들을 위한 보상이 아닌, 중산층들도 하나씩은 가져야 하는 없으면 안 되는 필수품이 되었다. 청소년들은 몇십만 원까지 나가는 점퍼를 입고 싶어서가 아닌, 입어야만 해서 산다. 부모들 역시 이 옷을 자녀가 추운 겨울을 따뜻하게 보내라는 이유만으로 사주지는 않는다. 다른 친구들에게 기죽고 무시당할까 봐 사준다. 반드시 해야 하는 것들로 가득 차 있는 사회에는 해서 얻는 것은 없는데, 안 하면 손해 보는 것들이 가득하다. 왜? 모두 다 하니까.

언제까지 때릴 건데?

20세기 후반 한국은 눈부신 사회경제적 발전을 이루어냈다. 전쟁 직후의 한국은 몇몇의 천재나 소수에 의해서 발전을 이루어낼 만한 상황이 아니었다. 모든 국민이 똘똘 뭉쳐서 죽을힘을 다해도 될까 말까 한 극단적인 상황이었다. 이때 한국인의 예방적 성향은, 자원도 자본도 없던 한국에서 배우고 익히고 일하는 그 모든 것들을 반드시 해야 하는 의무와 책임으로 느끼게 해줬다. 그리고 처벌에 민감하고 처벌을 이용하는 사회적 제도는, 소수가 아닌 다수를 움직이는 효율적이고 효과적인 방법이었다. 죽을지도, 망할지도, 진짜 끝날지도 모른다는 불안감은 당시에 경제발전을 이루게 한 주요 원동력이었다고 볼 수 있다.

이제 우리에게 던져진 질문은 간단하다. 21세기에도 지금과 같은 예방적 동기로 우리 사회가 발전할 수 있을까? 세계 1등 상품만 살아남고, 천재 한 명이 수만 명을 먹여 살리고, 생산이 아닌 창조가 필요한 시대에 과연 어떤 인재가 필요할까? 수많은 벌점 제도하에서 반드시 읽어야 하는 책들을 읽고, 시험을 잘 치르기 위해 다 같은 공부를 하고, 값비싼 점퍼를 다 같이 입는, 그러면서도 불안해하는 우리 청소년들이 과연 미래가 원하는 인재가 될 수 있을까?

만약 그럴 거 같지 않다면, 이제는 절박하게 바꿔야 한다. 학교나 회사에서 벌점리스트보다 더 길고 다양한 상점리스트를 한번 만들어보자. 생각만큼 쉽지는 않겠지만 그만큼 효과는 확실할 것이다.

인문학은 그런 게 아니다

//

최근 몇 년간 인문학 열풍이 한국 사회를 휩쓸었다. 각 지자체나 백화점 문화센터에서는 인문학 특강 시리즈를 만들었고, 수많은 기업이 인문학자들을 초청해서 강연을 들었으며, 미디어에서도 인문학 특강을 필수처럼 다루었다. 서점가의 베스트셀러 목록을 보면 인문서의 돌풍이 어느 정도인지 쉽게 확인할 수 있다. 사실은 필자도 그 열풍 덕에 여러 혜택을 누렸다. 각종 인문학 특강에 초대받아서 강의할 기회도 가졌고, 대우도 좋아졌으며, 강연료도 올라갔다. 더구나 2012년에 출간한 《가끔은 제정신》도 인문학서로 분류되면서 베스트셀러의 반열에 올랐다. 하지만 이런 열풍을 겪으면서도 한편으로는 '이건 아닌데…'라는 느낌을 지울 수가 없었다.

우선 한국 사회의 인문학은 그 정체성이 잘못됐다. 즉, 인문학을 보는 한국인의 인식이 그리 바람직하지 않다는 얘기다. 현재 한국 사회에서 인문학이 인기를 끄는 데는 두 가지 인식이 있다. 문제가 되는 인식 중 하나는 교양이다. 철학, 역사, 문학, 심리학 등의 지식들을 익혀서 자신을 교양 있는 인간으로 만들려고 하는 것이다. 이런 인식에 근거해서 각종 매체에서는 단순히 가십거리가 되기 좋은 이야기 수준의 지식을 제공하고, 지적유희와 현시적인 목적으로 얄팍하게 인문학을 다루고 있다. 흔한 예로, 인문학 특강 시리즈가 와인 배우기나 영화 감상과 같이 철학, 역사, 문학 등의 한 강좌로 구성되는 경우를 보면 특히 그렇다(결코 와인 배우기나 영화 감상이 문제가 있거나 수준이 낮다는 얘기가 아니다. 다만 인문학을 그런 성격으로 인식한다는 얘기다).

또 다른 문제는 인문학을 돈벌이 수단으로 생각하는 인식이다. 애플의 스티브 잡스, 페이스북의 마크 주커버그와 같이 성공한 기업가들이 기술과 인문학의 융합을 통해 아이디어를 얻고 큰 성공을 이루었다는 얘기에, 기업들은 앞다투어 인문학 강좌를 만들었다. 인문학 강의를 몇 개 들으면, 마치 창의력이 용솟음쳐서 엄청난 아이디어가 나오고 큰 성공을 이룰 거라고 기대하는 것이다. 많은 기업들이 필자에게 인문학 강의를 요청하면서 관습 타파나 창의성, 변화, 혁신 등의 주제를 요구하는 것과 일맥상통한다. 이런 인문학에 대한 관심은 반갑기는 하지만, 결국 그 한계를 드러낼 것이다. 왜? 그들이 원하는 결과가 그리 쉽게 나타나지는 않을 테니 말이다. 한국 사회는 지금 엄청난 인문학 열풍을 맞아 그에 관해 공부하면서도, 가장 중요한 질문을

까먹고 있다. '왜 인문학을 공부해야 하는데?', '왜 인문학적 고민을 해야 하는데?' 바로 그 질문들 말이다.

왜 우리는 '왜'라는 질문을 못 할까?

최근에 출시된 전자제품들에는 플렉서블(휘는) 디스플레이가 열풍이다. 삼성전자와 LG전자는 휘는 화면을 탑재한 스마트폰을 출시했고, 최근에는 화면이 곡면인 TV도 계속 광고하고 있다. 스마트폰의 끝부분을 곡면으로 처리해 옆에서도 화면의 일부를 볼 수 있는 스마트폰도 출시되었다. 기존의 평평한 형태의 스마트폰과 대비되어서, 이런 플렉서블 스마트폰에 관한 광고는 매우 인상적이었다. 화면의 휘어진 부분에 문자나 전화가 온 것을 알려주는 메시지가 나오는 광고를 보고, 필자 역시 하마터면 멀쩡한 스마트폰을 바꿀 뻔했다. 원래 휘어진 것을 펴는 것인지, 원래 평평한 것을 휘게 한 건지 헷갈리지만, '아! 이제 저런 휘어진 스마트폰도 가능하구나!', '한국이 세계 최초라는데 기술력이 정말 대단하다!'라고 광고를 보면서 감동하는 동안 필자의 머릿속에는 한 가지 질문이 계속 맴돌았다. 근데 왜 휘어져야 하지?

화면이 구부러진 스마트폰이 처음 나왔을 때, 삼성전자와 LG전자는 서로 다른 형태의 플렉서블 스마트폰을 선보였다. 삼성전자의 스마트폰은 가로로 휘었고, LG전자의 스마트폰은 세로로 휘었다. 가로로 휜 이유는 손으로 큰 스마트폰을 쥘 때 그립감(잡는 느낌)을 좋게 하기 위해서고, 세로로 휜 이유는 통화할 때 얼굴에 밀착되는 느낌이 더 좋아서라고 광고했다. 근데 사실 그립감을 좋게 하기 위해 굳이 화면까지 휠 필요는 없다. 그냥 아이폰 5처럼 손으로 잡는 뒷면만 약간의 곡선을 주면 충분하다. 그리고 휘지 않은 평평한 스마트폰을 쓰는 대부분의 사람들 중에 스마트폰이 얼굴에서 밀착되지 않아서 불편하거나 불만인 사람이 몇 명이나 될까? 역시나 휘어진 스마트폰은 신선함이나 놀라움만큼의 가치는 없었나 보다. 기대보다 안 팔린다는 실적이 이를 증명해준다. 화면이 휜 스마트폰은 오래지 않아 시장에서 퇴출되고 있으며, 그래서인지 최근에 출시되는 스마트폰은 화면이 아닌 뒷면이 휘어져 있다.

이렇게 굉장한 세계 최초의 상품이 도대체 왜 안 팔리는 걸까? 그 답은 역설적이게도 바로 '왜 휘어야 하는데?'라는 질문이 충분하지 않았기 때문이다. 사실 '왜?'라는 간단한 질문은 한국 사회에서 한국인들에게는 금기시되어왔던 질문이다. 상명하복과 사회적 의무와 규범이 강조되는 가족확장적 집단주의 문화를 가진 한국 사회에서, 주어진 상황이나 명령, 사회적 규범과 행동에 대해 '왜'라는 질문을 던지는 것 자체가 곧 거부이며 반항으로 받아들여졌기 때문이다. 이를 증명하는 예가, 군대에서 비 오는 날에 땅을 파라고 하면 그냥 파야 한다. 이유를 알 수도 없고, 알려고 해서도 안 된다. 직장에서 회식을 가자면, 폭탄주를 마시라면, 기획제안서를 특정한 형태로 만들라면, 그냥 아무 말 없이 따라야 한다. "왜요?"라고 물어보면, 그 질문을 했다는 이유로 미움을 받는다. 학교에서 선생님이 뭔가를 하라거나 하지 말라고 하면 그냥 따라야 한다. "왜요?"라고 묻는 학생이 어떻게 됐는지 우리 모두는 너무나 잘 알고 있다. 그래서 대부분의 한국 사람들은 자신이 왜 하는지도 모르면서, 청소년기에는 공부를 하고, 그렇게 대학에 가고, 대기업 직장인이나 공무원을 꿈꾸며, 폭탄주를 돌리고, 시키는 대로 하면서 산다. 사춘기의 반항기를 지난 어른들은 "왜요?"라는 질문을 하지 않는다. 우리 사회는 결국 모든 것을 그냥 당연한 것으로 받아들이고 스스로 의문을 가지지 않는 본질주의적 오류Naturalistic fallacy에 빠져 살고 있다.

이런 한국인의 특성에 암울하고 빈곤했던 근현대사가 합쳐져서, 우리에게는 항상 "할 수 있냐?"는 질문이 "왜 해야 하는데?"보다 중요했다. 모든 것이 부족했던 시절에는 뭔가 없던 것을 만들거나 새로운 것을 가져야 하는 게 너무도 당연한 일이었다. 누구도 그게 왜 필요한 건지, 어디다 쓸 건지를 물어볼 필요는 없었다. 단지 만들 수 있느냐와 가질 수 있느냐의 여부만 중요했다. 이런 과거의 습관은 결국 지금에도 우리의 생각을 필요가 아닌 '기술'에, 창조가 아닌 '발전'에 묶어두고 있다. 왜 휘는 스마트폰이 필요한지에 대한 고민과 사람들이 어떤 스마트폰을 원하는지에 대한 연구 없이, 과거에는 휘는 스마트폰을 만들 수 없었지만 이제는 그것을 만들 수 있는 기술이 있다는 사실에 너무 반가워서 그냥 만들어버리는 오류를 범한 것이다. 그냥 시험 삼아 만들어보는 것도 아니고 상품화하여 시장에 내놓고, 또 사람들이 그걸 안 사면 당황해한다. 그러면 그제야 물어본다.

"이렇게 멋진 제품을 왜 안 사지?"

이런 비극은 융합교육을 외치는 대학에서도 똑같이 일어난다. 대부분의 융합교육은 인문사회계와 이공자연계 전공자의 협동과제 형태로 진행된다. 이런 과제의 시작은 매력적이지만 뜬구름 잡는 인문학의 추상적이고 현학적인 '구라'와 매우 놀라운 '최신 기술'에 대한 구체적이고 논리적인 소개가 곁들어져 진행된다. 하지만 시간이 흐를수록 매우 뛰어난 인문학자의 구라는 이해하기가 힘들고, 아직 내공이 부족한 인문사회학 전공학생의 구라는 별로 설득력도 없다. 결국 상대적으로 이해하기 쉬운 신기한 기술에 대한 얘기가 주를 이루게 되고, 어느새 질문은 '이 기술로 뭘 할 수 있지?'로 바뀌어 있다. 결국 대부분의 협동과제 아이디어는 그 기술을 사용할 만한 것들로 자연스럽게 한정된다. 휘는 화면을 만들 수 있는 기술이 있다는 얘기를 들은 사람들은 그 휘는 기술로 뭘 만들지를 고민하지, 왜 휘어야 하는지를 고민하지 않게 되는 것이다.

모든 물건은 간절한 필요성에 의해, 그것을 만들기 위한 기술을 개발하면서 실현되는 것이 정상이다. '창의성의 신'이라 불리던 스티브 잡스도 먼저 만들 물건을 정하고 나서, 그에 필요한 기술을 구했다고 한다. 하지만 현대 과학은 그 발전 속도가 너무 빨라서, 이제는 필요해지기도 전에 기술부터 나오는 형국이 됐다. 아니, 사실은 그 기술이 사용된 어떤 제품에 대한 필요성을 깨닫기도 전에, 이미 기술들이 먼저 개발되어 있는지도 모르겠다. 그래서 사실 무엇이 필요한지를 고민하기도 전에, 기술부터 눈에 들어오는 거다. 요즘 기업의 경영자들과 기술자들만 봐도 그렇다. 무엇을 만들어야 하는지를 고민할 틈이 없다. 전 세계에서 날마다 발전하는 기술에만 촉각을 세우고 있다 보니, 기술이 소개될 때마다 '그걸로 뭘 해야 하지?'라는 고민을 하느라고 정신을 못 차리는 것 같다.

기술에 열광하고 경험을 잃어버린 사회

삼성전자나 LG전자에서 선보인 최신형 TV는 그 자체가 예술작품이다. 새까만 색상에 거의 보이지도 않는 테두리와 진짜로 얇은 두께를 가진 '슈퍼 울트라 고화질 어쩌고저쩌고' 하는 TV는 배달 온 날 벽에 떡하니 걸어놓으면, 저절로 감동이 몰려온다. 몇백만 원이 투자됐으니 당연하다. 어느 각도에서 보건, 볼 때마다 감탄사가 나온다. 하지만 그렇게 꺼져 있는 상태의 TV를 보고 감탄하는 현상이 3일 이상 지속된다면, 빨리 병원에 가봐야 한다. 보통 정상적인 사람들은 3일이 지나면, 꺼진 TV를 보고 더 이상 감탄하지 않는다. TV가 켜졌을 때만 감탄한다. 이건 무엇을 의미할까? 바로 우리는 그 물건만 사는 게 아니라는 얘기다. 우리는 그 물건이 가져다줄 놀라운 경험을 원하는 것이지, 물건 그 자체는 경험을 얻기 위한 수단일 뿐이다. TV는 방송프로그램을 보며 기쁘고, 웃고, 슬픈 경험을 하기 위한 수단이고, 전화기는 그리운 사람의 목소리를 듣기 위한 수단이며, 자동차는 멀리 있어서 못 보던 것을 보고 못 만나던 사람을 만나기 위한 수단이고, 집은 따뜻하고 안전하고 편안한 느낌을 얻기 위한 수단이다. 같은 맥락으로 명품은 그것을 소유하는 기쁨과 자부심을 경험하게 하는 수단이다. 그런데 언제부터인가 우리는 그 궁극적 목적인 경험을 잊어버리고, 물건에 집착하기 시작했다. 왜? 물건이 경험을 통제한다고 믿었기 때문이다.

이런 물건에 대한 집착은 어찌 보면 이해가 된다. 생존에 필수적인 의식주가 절대적으로 부족했던 한국의 불운한 근대사를 고려하면, 한국 사람들이 그 필수품들에 집착하는 것은 충분히 이해가 가능한 일이다. 여기에 한국인의 불확실성 회피 성향은 아주 잘 맞아떨어졌다. 불운한 역사가 먼저인지 불확실성이 먼저인지는 확실치 않지만, 이처럼 눈에 보이는 것만 중시하는 한국 사람의 특성은 엄청난 경제적 발전을 가져왔다. 더 나은 물건을 가지고 싶어 하는 욕망과 그것을 구현하는 기술에 대한 열정은 지난 70여 년 동안 한국 경제를 일으킨 원동력이었다. 사실 지난 몇십 년간은 물건이 경험을 지배하던 시대였다. 기술적으로 더 나은 물건, 더 비싼 물건이 인간에게 더 나은 경험을 제공해주었다. 불과 10여 년 전만 해도 한국산, 일본산, 중국산 TV의 브랜드를 가리고 비교해보면, 화면만 봐도 우리는 그것이 각각 어느 나라 제품인지 구별할 수 있었다. 즉, 기술력이 인간의 경험을 좌우하는 시대였다. 그래서 한국 사회는 기술에 열광하며 선진기술을 따라잡기 위해 모든 노력을 기울였다. 우리만 그런 것이 아니라 전 세계의 많은 나라가 그랬다. 그 결과 이런 기술력과 더 세고, 빠르고, 강하고, 큰(때로는 작은) 물건에 대한 집착이 더해져 우리나라는 세계 최고의 제조국 중 하나로 성장할 수 있었다.

그런데 지금도 여전히 이런 시대일까? 이제는 전 세계의 기술이 고도화되고 평준화되면서, 더 이상 기술에 의해 경험의 차이가 만들어지지 않는 세상이 되고 말았다. 즉, TV 브랜드를 가리면 어느 나라 제품인지 알 수 없을 정도로 기술력이 비슷해졌다는 얘기다. 그렇다고 시각적으로 휘어진 TV와 평평한 TV 간에 어떠한 경험의 차이가 있는지도 잘 느껴지지 않는다. 또 어떤 스마트폰을 써도 사실 별 차이가 없는 것 같다. 우리보다 더 싼 인건비에 대량생산이 가능한 국가들은 이미 우리를 따라잡기 시작했다. 심지어 국내 경기가 좋지 않아서 해외진출로 버티던 건설업 분야까지도 중국기업들이 위협하기 시작했다. 그들도 이제는 웬만한 기술은 다 갖추었다고 보면 된다. 이런 기술의 한계를 가장 먼저 예견하고 우리에게 처절하게 알려준 사람이 바로 스티브 잡스다. 그가 세상을 뒤집어놓은 제품인 아이팟, 아이폰과 아이패드는 기술력으로 결코 우리가 만들 수 없었던 제품들은 아니었다. 그런 기술력은 우리도 이미 충분히 갖추고 있었다. 그렇기에 그토록 빨리 뒤따라 만들 수 있었던 것이다. 그런데 문제의 본질은 기술의 유무가 아니라, 바로 뭘 만들어야 하는지를 모른다는 것이다. 어떻게 만들 것인지 이전에 뭘 만들어야 하는지에 대한 통찰력이 우리에게는 없었다.

더구나 물건의 크기, 속도, 무게 등 측정 가능하고 수치화할 수 있는 측면에만 집착해온 한국 기업들이 몰랐거나 무시했던 것은 바로 인간의 '경험'이다. 눈에 보이지 않고, 수치화할 수도 없고, 확인할 길도 없는 인간의 경험 따위는 그들에게는 그저 헛소리에 불과했다. 누군가 힘들다, 왠지 느낌이 좋지 않다, 하기 싫다고 얘기하면, 그런 사람에게 "너가 아직 배가 덜 고프구나."라고 핀잔이나 주는 사회에서 인간의 섬세한 감정이나 경험 따위는 아무도 신경 쓰지 않은 것이었다. 그런데 스티브 잡스의 제품들은 달랐다. 그의 제품에는 사용자를 배려하는 감성이 담겨 있었다. 그 감성은 터치감일 수도 있고, 디자인일 수도 있고, 그냥 아무것도 아닐 수도 있다. 하지만 분명한 건 사용자에게 더 나은 경험을 제공함으로써 그들을 마니아로 만든다는 것이다. 한국 기업들이 기술과 같이 측정할 수 있는 측면에서 훨씬 더 좋은 물건을 만들어도 마니아가 생기지 않는 것은 그 때문이다. 아주 미치고 펄쩍 뛸 일이다.

그럼에도 불구하고 한국 사회는 아직도 경험이 뭔지 깨닫지 못한 채 여전히 물건에만 집착하고 있다. 특히 정부는 더욱 그러하다. 얼마 전 전 세계를 강타한 우버택시가 한국에 상륙하면서 한 차례 난리가 났었다. 모바일 차량예약 서비스인 우버는 자동차를 택시처럼 사용할 수 있어 입소문을 타고 고객이 급증했는데, 이에 기존의 택시업계가 난리가 난 것이다. 고객을 뺏겨 생존권이 위협받는다는 이유에서였다. 우버가 합법이냐 불법이냐는 논란 속에 정부와 택시업계, 운송업계 간의 갈등은, 결국 우버의 패배로 끝났다. 사실 그럴 줄 알았다. 하지만 정작 필자를 놀라게 한 것은 따로 있었다. 바로 우버택시 혼란에 대한 정부의 후속조치다.

정부는 사람들이 우버택시에 열광했던 이유를 고급택시에 대한 수요로 제대로 인식하긴 했다. 사실 그전부터 불법 자가용 영업은 존재해왔다. 운송영업 허가 없이 고급자가용 승용차를 가지고 택시와 같은 서비스를 제공하는 영업 형태로 대부분 유흥업소 종사자들이 많이 이용한다고 알려져 있다. 이용자들은 택시보다 비싸기는 하지만, 사생활 보호가 가능하고 마치 자가용 같은 '간지'가 나서 이용한다고 한다. 그런데 이런 한국 사람들의 욕구를 우버택시가 충족시켜준 것이었다. 한국에서 우버택시는 대부분 고급자가용이었고, 사람들은 마치 기사가 있는 자가용을 타는 기분을 즐겼다. 사실 원래 있던 모범택시도 이와 비슷한 고급차였지만, 그 외관에는 너무나 많은 것들이 덕지덕지 붙어 있어서 택시라는 존재감을 강하게 드러냈다. 사람들은 그런 택시보다는 기사 딸린 자가용 같은 서비스를 원했던 것이다. 사실 미국에도 일반 노란색 택시 외에 리무진 서비스가 있다. 영화에서 나오는 긴 리무진이 아니라, 밖에서 보았을 때 아무런 표시가 나지 않는 (뒷 범퍼에 아주 조그만 번호가 적혀 있다) 고급승용차를 예약해서 택시처럼 이용하는 서비스다. 그래서 정부도 그런 국민의 욕구를 읽은 것 같다. 그런데 그게 끝이다. 그 욕구를 또 벤츠와 BMW로 채우겠다고 결정했다. 다시 '물건'으로 돌아간 것이다. 국민들이 원했던 것은 기사가 있는, 문을 열어주는, 택시 티가 전혀 나지 않는, 간지나는 고급자가용 서비스였는데, 그런 욕구를 꼭 외제차로 채워야 한다는 물건의 착각에서 또 벗어나지 못한 것이다.

First mover가 되고 싶다고?

지난 70여 년 동안 한국이 이루어낸 산업과 경제의 엄청난 발전을 한마디로 요약하면 바로 'Fast follow' 전략이다. 누군가 만들어서 잘된다고 하면, 우리도 재빨리 따라 만들어서 팔아먹는 거다. 그때는 섬유, TV, 자동차, 건설 등 거의 모든 분야에서 선진국의 제품들을 베끼고, 따라 하고, 추월하면서 살아왔다. 처음에는 가격 경쟁력이 무기였지만, 시간이 지나면서 서서히 기술력을 따라잡아 이제 선진국과 별반 차이가 없거나 오히려 더 나아진 제품군도 많이 있다. 그런데 갑자기 이런 경쟁력이 의미가 없어진 세상이 되었다. 기술력에서 차이가 거의 나지 않는 인건비가 저렴한 국가들이 우리 뒤를 따라오면서, 한국 산업이 샌드위치 신세가 된 것이다. 각 기업이나 심지어 정부도 뭔가 새로운 돌파구를 찾아야 했다. 그래서 기업은 창의력을 강조하고, 정부는 창조경제를 말하고 있다. 모두가 1등, 즉 'First mover'가 되자고 얘기하며, 창의성이니 융복합이니 창조니 하는 용어들에 열광하고 있다.

그런데 이런 논의들은 항상 기술로 회귀되는 경향이 있다. 대부분의 정부 정책과 기업의 노력은 또다시 과학기술 개발과 확대에 집중되고, 정부 연구비는 과학기술에 더 집중되고 있다. 물론 과학기술에 대한 투자는 게을리 하지 말아야 한다. 하지만 우리의 담론이 과학기술에만 머무른다면, 아직도 문제의 본질을 이해하지 못했단 얘기다. 우리 문제의 본질은 무엇을 만들 기술이 부족한 것보다 무엇을 만들어야 하는지를 모르는 것이다.

2등은 뭘 만들어야 하는지 몰라도 된다. 그냥 1등이 만들어서 잘되는 걸 따라 하면 된다. 하지만 1등은 자기가 따라 할 사람이 없다. 자기가 무엇을 만들어야 할지를 스스로 결정해야 한다. 아마 한국의 대부분의 기업은 이 문제에 봉착해 있을 것이다. 세계 1위의 전자기업인 삼성전자는 스마트폰 이후에 어떤 제품을 만들어야 할지 몰라서 우왕좌왕하고 있다. 그래서 엄청난 영업이익을 내고 있는 지금이 위기가 아니라, 미래가 위기라고 한다.

그럼 무엇을 만들어야 하는지는 어떻게 알까? 그 해답은 의외로 간단하다. 인간이 원하는 것을 만들면 된다. 특히 지금의 인간이 아닌 미래의 인간이 무엇을 원할지를 알면, 이미 반은 성공했다고 보면 된다. 인간이 원하는 걸 만들면, 안 팔고 싶어도 인간들은 그걸 사려고 난리를 칠 거다. 그렇다면 인간이 무엇을 원하는지는 어떻게 알 수 있을까? 그걸 알기 위해서는 바로 인간이 어떤 경험을 원하는지, 인간의 본질이 무엇인지를 알아야 한다.

그런데 한국 사회는 그걸 모른다. 한국 사회는 지난 수십 년 동안 인간의 마음이나 경험, 욕구, 꿈 따위는 그리 신경 쓰지 않았다. 사실 그걸 신경 쓸 여유가 없었다는 게 더 맞는 말일 것이다. 기술을 개발하고, 물건을 만드는 데만 모든 정신을 쏟았을 뿐, 그걸 배우고 있는, 개발하고 있는, 만들고 있는 사람은 주인공이 아니었다. 그래서 한국 사회는 인간을 너무 모른다. 그렇다고 지금보다 미래가 더 나아질 것 같지도 않다. 요즘의 청소년과 젊은이들은 인간에 대해서 더 모른다. 왜? 공부만 죽어라 했지, 자기 주변에 있는 사람을 쳐다볼 시간도 기회도 적었기 때문이다. 그래서일까, 요즘 젊은이들의 삶은 과거보다도 더 삭막한 것 같다. 그들의 경험은 책, 학원, 공부, 시험, 경쟁, 이런 것들이 대부분이다. 그들이 인간의 본질이나 다양한 욕구와 경험을 더 잘 이해할 거라고 전혀 기대가 되지 않는 것은 과연 근거 없는 비관일까?

인간이 다시 중요해질 수밖에 없는 이유

한때 산업화 시대에 인간은 그 중요성을 잃은 적이 있었다. 찰리 채플린의 영화 〈모던타임즈〉에서 그렸듯이 큰 조직에서 한 사람의 존재는 미미해졌고, 공장 생산라인의 직원은 그냥 생산도구에 불과했다. 전국, 나아가 전 세계의 소비자 중에 한 명은 별 의미가 없었다. 대량생산, 대량소비의 시대에서 사람은 그냥 의미 없는 수백만, 수천만 중에 하나였다. 수많은 인간들이 자신이 뭘 만드는지도 모르면서 대량으로 만들어낸 제품 속에 맞추어져 사는 작은 존재였다. 그래서 마치 군대에서 '신발에 발을 맞춰야 한다'는 듯이 살아왔다. 모두 더 좋은 물건을 가지고 싶어 하고, 물질적으로 더 나은 삶을 살고 싶어 할 때, 그 지향점은 비슷해지고 그들의 개인차는 없어진다.

그런데 역설적으로 모든 것이 표준화되고, 균등해지고, 비슷비슷해진 세상에서는 다시 인간의 중요성이 살아날 수밖에 없다. 기술이 발달하고, 세상이 상대적으로 풍요로워지자 서로 원하는 게 달라지기 시작했다. 자기만의 뭔가를 추구할 여유가 생기면서, 이제 그들을 하나로 통일시키기 힘들어졌고, 그런 획일성은 더 이상 의미 없어졌다. 그래서 결국 다시 인간이 소중해진 것이다. 여기에 바로 인문학의 가치가 있다.

인간의 본성과 경험에 대한 가장 직접적인 지식이 바로 철학과 심리학이고, 인간의 경험을 가장 효율적으로 창조하는 방법이 문학이다. 과학기술은 인간에게 더욱 진짜 같은 경험을 전달하기 위해 지난 수십 년 동안 엄청난 비용을 지불하며 노력했지만, 소설가들은 오래전부터 몇 장의 종이와 펜만으로 그걸 해왔다. 사람들은 하얀 종이에 검은색 글씨만 적혀 있는 시와 소설을 보고, 울고 웃고 슬퍼하고 두려워해왔다. 여기에 인문학의 가치가 있다.

어떤 대학교수는 취업하기 힘든 요즘 같은 시대에 학교에서는 학생들이 취업에 필요한 실질적인 지식을 알려줘야 한다고 얘기한다. 먹고살기 힘든 현실에서 인문학은 사치이고, 어차피 대단한 인문학자가 될 것도 아닌데, 인문학을 얘기할 때냐고. 하지만, 한국의 교육에서 제일 부족한 것이 바로, 왜 취업을 해야 하고, 왜 공부를 해야 하며, 왜 그렇게 살아야 하는지, 인간으로서 자신의 존재의 의미에 대한 성찰과 자신은 어떤 가치를 추구하며 살 것인가에 대한 고민이다. 이런 고민을 통해 스스로 정한 무엇인가를 얻어야 되겠다는 결정을 한 다음에, 그것을 어떻게 얻을지 배워도 된다.

인문학은 결코 교양도, 수단도 아니다. 바로 우리 한 사람 한 사람이 살아가야 하는 이유를 찾기 위한 과정이다.

에필로그

외국에서 몇 년씩 지내다 한국에 귀국할 때마다 문화 충격을 받았다.

　8년간의 유학생활을 마치고 한국에 들어왔을 때는, 그때 당시 미국에서도 보기 쉽지 않았던 디지털카메라가 이미 한국에서는 대세가 되었다는 사실에 충격을 받았다. 미국으로 연구년을 떠났다 돌아왔을 때쯤에는, 초고속 인터넷과 스마트폰에 충격을 받았다. 그 시기 미국에서는 전화선 모뎀에 비해서 몇 배가 빠른 인터넷 어쩌고 하는 광고를 했었다. 그것도 엄청나게 비싼 가격에. 그런데 한국에서는 이미 전화선 모뎀은 잊혀진지 오래였다. 오히려 전화선 모뎀과의 비교는 인터넷이 얼마나 느린가를 표현할 때나 썼었다. 여러 방면에서 한국은 더 이상 미국이나 다른 선진국을 따라가는 모습이 아니었다.

우린 누굴 닮아가지 않는다

심리학자로서 필자가 별로 좋아하지 않는 말 중에 하나가 '서구화-Westernization'란 개념이다. 서구가 아닌 사회가 정치, 제도, 경제, 산업, 문화, 식습관 등에서 서구의 영향을 받아 비슷해져가는 과정을 일컫는 말이다. 그런데 한국 사회에서의 서구화란 일반적으로 미국을 닮아가거나 따라가고 있다는 의미로 사용한다. 자본주의의 발달, 산업화의 과정, 도시적 삶의 보편화, 민주적이고 개인주의적으로 변하는 문화를 그 증거로 인용한다. 하지만 지금으로부터 몇 십 년이 지나면, 한국 사회와 한국 사람들이 서구 사회와 서구인들처럼 될지는 진정으로 의문이다. 과연 우리는 지금 서구처럼 되어가고 있으며, 우리가 당면한 문제들은 그 과정에서 서구화가 충분히 완성되지 않아서 겪어야 하는 것들일까?

어떤 사회와 비슷한 점이 늘어간다고, 그 사회처럼 되어가고 있는 것은 아니다. 요즘 같은 시대에는 한국이 미국과 비슷해지는 것만큼이나, 미국도 이민자의 유입과 문화교류를 통해서 동양과 비슷해지는 측면이 있다. 그렇다고 미국이 동양화되고 있다고 주장하기는 쉽지 않다. 또한 지금 동양의 여러 나라나 한국 사회가 겪고 있는 수많은 변화의 상당 부분은 산업화, 경제구조의 변화, 과학기술의 발달에 의해 필연적으로 일어날 수밖에 없는 것들이다. 그냥 산업화를 먼저 겪은 나라들이 있는 것일 뿐 한국 사회가 그들을 따라가는 건 아니다. 한국의 초고속 인터넷이 미국보다 먼저 발달했다고 해서, 나중에 미국의 초고속 인터넷이 보편화될 때 그들이 한국화되어가고 있다고 얘기할 건가. 한 남자와 한 여자가 우연히 같은 길을 가고 있었는데, 조금 앞서 가고 있던 여자가 갑자기 뒤돌아보며 남자에게 따라오지 말라고 치한 취급을 하면 얼마나 억울하겠는가.

젊은이들이 나이가 들면 당연히 노인의 특성이 생기기 마련인데, 그것이 노인을 따라가는 것이라고 하면 이상한 것처럼, 서구화의 개념도 어딘가 이상하다. 나이가 들어서 어쩔 수 없이 비슷해지는 부분들이 있는 것뿐이기에, 이 시대의 젊은이들은 그들의 삶을 살아가는 것이지, 지금의 어른을 따라가는 게 아니다. 한국 사회가 서구화되어간다고 이해하면 안 된다. 서구화의 논리로 보면 평생 그들의 논리로 우리를 이해해야 하고, 그들과 다른 모습이라도 보이면 이상하게 보고 비난하게 되며, 그들을 평생 앞지를 수 없다. 날마다 벤치마킹이라는 이름으로 서구가 변해가는 모습에 따라 우리의 미래를 예측해야 한다. 어떤 유명 정치인의 자식처럼 '미개한 한국인'과 같은 표현을 할 수 있다는 것은 바로 이런 문화진화론적 논리에 빠져 있기 때문이다. 이런 자세는 주체적이지도 창의적이지도 않다.

다행히도 한국 사회는 서구와 다르고, 이 책에서 주로 비교 대상이 되었던 일본과도 다른 모습을 보여준다. 한국인으로서 미국과 일본에서 살아본 필자의 눈에는, 한국은 여러 요인들이 교묘하게 섞인 독자적인 길을 가고 있는 것 같다. 어찌 보면 한국인은 일본과 비슷한 환경에서 미국인처럼 사는 것으로 보인다. 일본과는 기후, 자연재해, 지형과 바다 등 자연환경에서 공통점도 많고, 섞어놓으면 구별하기 힘들 정도로 비슷한 신체적 특징도 가지고 있다. 좁은 땅에 많은 인구가 도시를 중심으로 모여 살고 있는 것도 마찬가지다. 이렇게 일본과 비슷한 물질적 환경을 가지고 있는데도, 한국인들의 삶의 모습은 미국인의 모습에 훨씬 가깝다. 일본보다 평균적으로 큰 집에서, 큰 자가용을 타고, 주말에 대형마트에서 장을 보며 미국과 서구의 유행을 따라간다. 그렇다고 미국인처럼 개인주의적이지도, 일관성이 있지도 않다.

100년이 지나도 한국인과 한국 문화는 결코 서구의 선진국을 따라가지도 않을 것이며, 같은 동양이라고 일본과 같아지지도 않을 것이다. 반만년의 역사와 고통스러운 근대사, 그런 역사가 만든 한국인의 특성들, 지난 70년의 성공과 발전 그리고 바로 오늘의 경험은, 이 세상 어느 문화도 겪지 않은 것들이고 또 가지고 있지 않은 것들이다. 우리는 전 세계 어느 문화와도 다른 삶을 살고 있다. 그리고 한국 사회는 앞으로도 우리들의 고유성에 선별적으로 외부의 영향을 받는, 한국인만의 삶과 문화를 살아가게 될 것이다.

그냥 지나가는 과정이 아니다

흔히 사춘기를 어른이 되어가는 과정이라고 한다. 마치 어른이 되지 못한, 뭔가 부족하고 완성되지 못한 모습으로 이해한다. 하지만 13살의 1년은 2살의 1년이나, 30세의 1년, 60세의 1년과 똑같은 1년이다. 결코 버려져도 되는, 중요하지 않은, 다른 1년을 위해서 존재하는 1년이 아니다. 질적 변화를 겪는 과도기라는 얘기는, 그 뒤에 어떤 인생을 살게 될 것인지에 더 많은 영향을 미친다는 의미다. 그래서 사춘기는 다른 시기를 위한 시간이나 준비하는 시간이나 미래에 종속된 시간이 아니다. 오히려 미래가 사춘기에 종속되어 있다. 즉, 사춘기가 그 어떤 시기보다 더 중요하단 얘기다. 현재 한국인의 문화적 특성을 사춘기에 비유한 이 책의 해석은, 결코 지금의 어려운 시기나 고통이 빨리 지나가기만을 기다리는 의미 없는 과정이라는 얘기가 아니다. 더구나 과거의 한국인에 비해서 지금의 한국인이 더 나은 상태이고 앞으로도 더 나아질 것이라는, 직선적이고 단선적인 문화발달을 전제로 하고 있지 않다. 과거의 100년, 50년, 20년 전은 오늘을 위해서 존재했던 게 아니다. 같은 원리로 지금 이 순간도 20년, 50년, 100년 후를 위해 존재하지 않는다. 매 순간이 우리의 중요한 삶이고, 그 모습이 우리의 문화이다.

이렇듯 우리의 모습은 어떤 더 나은, 발전된 모습을 위한 과정이나 수단이 아니다. 그래서 현재 한국인의 심리적 특성과 문화는 중립적이다. 무엇보다 나쁘지도 않고, 무엇보다 좋지도 않다. 그 특성 때문에 과거를 통해 지금의 우리 모습으로 존재한다. 그리고 그 특성 때문에 우리만의 고유한 역사를 이루며 살아갈 것이다.

이 책에서 이야기하는 한국인의 특성은 현재 우리 모습을 보여주고, 가까운 과거를 설명하고, 가까운 미래의 우리 사회를 예측하는 데 유효할 것이다. 그렇기 때문에 지금의 우리를 제대로 알아야 한다. 자꾸 '우리는 왜 이러지?', '우리는 이래서 안돼….', '왜 이렇게 못하지.'와 같은 불만이나 하소연을 해봐야 무슨 소용이 있는가. 냉정하게, 부정적이지는 않게, 더구나 근거 없이 긍정적이지도 않게, 우리 스스로를 파악하는 것만이 앞으로 우리가 어떤 모습으로 살고, 어떤 사회를 이루고, 어떤 문화를 누릴지를 결정할 것이다.

그러면 먼 미래에는 '그때 한국 사람들과 한국 문화는 그랬다며?'라고 얘기하게 될 것이다. 지금 우리가 지난 70년을 돌아보았을 때 엄청난 것들을 얻었지만 동시에 무엇인가를 잃었다고 얘기하듯이. 그때 건강한 젊은이로서, 멋진 중년으로서, 여유로운 노인으로서, 지금의 질풍노도의 시기를 좋은 추억으로 기억할 수 있으면 좋겠다.

이 마지막 문장을 쓰는 순간에, 필자를 포함한 모든 한국 사람들이 의미 있는 사춘기를 함께하고 있기를 바란다.

감사의 글

학문적으로 필자는 지금도 사춘기의 방황 속에서 헤매고 있다. 아직도 학자로서의 정체감도 약하고, 지금까지 내가 해온 공부와 연구가 무엇인지도 어떤 가치가 있는지도 잘 모르겠다. 앞으로 무엇을 할 수 있을지도 사실 자신이 없다. 과거의 부족함과 현재의 혼돈, 그리고 미래의 불확실성 속에 우왕좌왕하는 필자는 학자로서 사춘기가 맞다.

그런 필자가 '무식하면 용감하다'고 한국인의 의식 특성으로 한국 사회를 진단하는 책을 쓰기까지 너무나 많은 고마운 분들의 도움이 있었다.

가장 먼저 필자의 은사이신 고려대학교 한성열 교수님께 감사드린다. 대한민국 문화심리학계의 선구자로, 국내 최초이자 유일한 문화심리학 전공을 만들고 이끌고 계신 고마운 분이시다. 필자가 심리학을 사랑하게 된 것도, 20여 년 전 학부 시절 한성열 교수님의 강의를 들으면서부터였다. 미국에서 학위를 받고 돌아와 전형적인 서구 심리학이 마치 전부인 줄 알던 필자에게, 한국인을 위한 문화심리학의 필요성과 한국 사회에 기여하는 심리학을 해야 한다는 학문의 가치를 일깨워주신 분도 한성열 교수님이시다. 그분의 부족한 제자에 대한 애정과 믿음이 없었다면, 이 책은 시작도 될 수 없었을 것이다.

또 꼭 감사드려야 하는 분은 서울종합과학대학원 김일섭 총장님이시다. 한국 경제의 더 큰 도약을 위해 새로운 기업경영 철학과 기법이 필요하다는 것을, 그 기반에 한국인에 대한 본질적인 이해가 중요하다는 것을 남다른 혜안으로 짚어주시며 이를 적극적으로 지원해주셨다. 김일섭 총장님의 연구비 지원으로 이루어진 '한국인의 마음' 연구는 필자로 하여금 한국인의 심리적 특성으로 한국 사회의 거시적 문제를 관찰하게 되는 본격적인 계기가 되었다. 총장님의 선도적이고 전폭적인 도움이 없었다면 이 책의 구성과 전개는 훨씬 부실했을 것이다.

그리고 이 책의 내용이 풍성해지는 데는 고려대학교 문화 및 사회 심리학을 전공하는(일명 문화방) 가족들의 기여를 빼놓을 수 없다. 한국인과 다른 나라 사람을 비교 연구하는 필자에게 일본, 중국, 프랑스, 칠레, 미국에서 온 동료 연구자와 학생들이 있었다는 것은 천운이었다. 특히 '한국인의 마음' 연구에 같이 공동연구원으로 참여해준 서정대학교의 이누미야 요시유키 교수님께 감사드린다. 한국인을 설명한 일본 자료들에 대한 이누미야 교수님의 날카로운 분석과 통찰력은 이 책을 집필하는 데 크나큰 도움이 되었다.

그리고 그 연구에 참여해서 수백 개의 국내외 자료를 검토하고 정리해서 한국인의 심리 특성을 추출하는 작업을 같이 한 문화방 학생들의 고생은 대단했다. 서신화, 류리나, 이애리, 양석주, 소옥, 이종원, 이진안 학생, 모두의 고생 덕분이다. 또한 한국인의 심리 특성에 대한 수업에 참여해서 필자와 함께 고민하고 토론하며 연구한 문화방 학생들에게도 감사 인사를 전한다. Joane Adeclas, Paloma Benavides, 이채린, 김정명, 허용회, 정고운, 김세헌, 주민주 학생, 모두 고맙다.

지금 이 책은 일본 오사카에서 마무리 짓고 있다. 연구년을 맞아 간사이 대학교에 교환교수로 와 있기에, 관념적으로 이해했던 한국과 일본의 차이를 실제 생활에서 확인하며 이 글을 쓸 수 있었다. 이런 기회를 만들어준 Morio Hiroaki 교수님께 감사드린다.

마지막으로 이 책의 완성은 김정운 교수님의 격려가 없었다면 불가능했다. 문화심리학에 있어 초보자인 필자에게 한국 최고의 문화심리학자로서 항상 "해도 된다" "해야 한다"고 용기를 불어 넣어주셨다. 깊이 감사드린다.

굳이 사랑하는 아내와 두 아들, 서영과 순영에게는 감사하지 않겠다.

이 책은 나 혼자 쓴 게 아니기에.

함께 이 책을 쓴 나의 가족 모두가 고마운 분들 모두에게 진심으로 감사드린다.

대한민국 사춘기 심리학

어쩌다 한국인

초판 1쇄 2015년 12월 7일
      21쇄 2023년 1월 16일

지은이 | 허태균

발행인 | 박장희
부문 대표 | 정철근
제작 총괄 | 이정아
편집장 | 조한별

발행처 | 중앙일보에스(주)
주소 | (03909) 서울시 마포구 상암산로 48-6
등록 | 2008년 1월 25일 제2014-000178호
문의 | jbooks@joongang.co.kr
홈페이지 | jbooks.joins.com
네이버 포스트 | post.naver.com/joongangbooks
인스타그램 | @j__books

ⓒ 허태균, 2015

ISBN 978-89-278-0702-5 03180

중앙북스는 중앙일보에스(주)의 단행본 출판 브랜드입니다.